中国法学会"研究阐释党的十八届六中全会精神"重点专项课题
"国家监察立法研究"研究成果

大阅

国家监察立法研究

GUOJIA JIANCHA LIFA YANJIU

江国华 ◎ 编著

中国政法大学出版社

2018 · 北京

图书在版编目（ＣＩＰ）数据

国家监察立法研究/江国华编著. —北京:中国政法大学出版社,2018.7
ISBN 978-7-5620-8441-9

Ⅰ.①国… Ⅱ. ①江… Ⅲ.①行政监察法－立法－研究－中国 Ⅳ.①D922.114.1

中国版本图书馆CIP数据核字(2018)第177619号

出　版　者	中国政法大学出版社
地　　　址	北京市海淀区西土城路 25 号
邮寄地址	北京 100088 信箱 8034 分箱　邮编 100088
网　　　址	http://www.cuplpress.com（网络实名：中国政法大学出版社）
电　　　话	010-58908586(编辑部) 58908334(邮购部)
编辑邮箱	zhengfadch@126.com
承　　　印	北京鑫海金澳胶印有限公司
开　　　本	720mm×960mm　　1/16
印　　　张	16.5
字　　　数	270 千字
版　　　次	2018 年 7 月第 1 版
印　　　次	2018 年 7 月第 1 次印刷
定　　　价	49.00 元

目 录 CONTENTS

国家监察体制改革的逻辑与取向 *

中国现行的反腐败制度主要由行政监察、纪检监督和检察反腐这三个基本版块构成。这种分治体制有其特定的产生背景和发展历程，并发挥了特定的历史作用。但是，面对新的反腐败压力，多个反腐主体之间在工作中出现的职能分散、衔接不力等弊端日渐凸显。为因应制度反腐的需要，对现行反腐体制予以整合，构建以监察委员会为基本内核的反腐败体制，实属正当其时。制度建设的核心问题在于立法。基于现实条件，国家监察委员会立法可采行"先总后分"的模式，即先出台具有基本法属性的《监察法》，待条件成熟，再制定《国家监察委员会组织法》和《国家监察程序法》等单行法律。作为一项重大的政治制度改革，国家监察委员会改革将促使国家监察体制由"党政分工"向"党政合体"转变、刑事法治结构由"三元线性架构"向"四元立体架构"转变、宪法权力秩序由"四权分隶模式"向"五权分隶模式"转变，从而有望极大地优化国家政权治理结构。

一、"分久必合"的历史逻辑：当代中国反腐败体制的历史变迁

绝对的权力导致绝对的腐败，在权力缺乏足够制衡的政制之下，当代中国在人大监督之下又发展出了独具特色的监察制度。其主要通过对国家公职人员行为的监督和处理，尤其是以对党员干部的反腐败活动为中心，事实上发挥了对国家公权力运行进行监督和制约的重大作用。而在此种语境之下所进行的反腐败实践，从本质上就与从古至今所发生的"运动式反腐"有很大

---

* 本书曾以"国家监察体制改革的逻辑与取向"为题，发表于《学术论坛》2017 年第 3 期，特此说明。

的区别，即更深层次上的"制度反腐"，其意指"在由法律确立起来的制度框架内，全面而有效地设置权力的存在和监督权力的行使，并对违法或不当行使权力进行法律规制"。[1]一般而言，制度建设是反腐败的根本性举措，其中制度的规范性与系统性建设则又居于制度建设的首要位置。[2]而在长期制度化实践之后，我国也逐渐形成了以行政监察制度、党内纪检制度、检察反腐制度为主干的国家反腐败体制。

（一）当代中国三大专门反腐败制度的产生与发展

1. 行政监察制度

行政监察是指行政权力的自我监督，相对于政党监督等监督方式而言，其在制约行政权力以预防和规制腐败上更具有专业性、经济性、实时性。[3]行政监察制度从新中国成立以来经历了数次大的变革。

第一次变革系 1949 年，初步确立了行政监察制度。新中国成立后，《中国人民政治协商会议共同纲领》（以下简称《共同纲领》）明确规定："在县市以上的各级人民政府内，设人民监察机关，以监察各级国家机关和各种公务人员是否履行其职责，并纠举其中之违法失职的机关和人员。"随后，《中央人民政府组织法》《大行政区人民政府、人民监察委员会试行组织通则》《省（行署、市）人民政府、人民监察委员会试行组织通则》分别就地方各级人民监察委员会的职权、机构及其隶属关系进行了具体规定。这些法律制度事实上构成了我国行政监察制度的雏形，初步建立了由中央人民政府领导，并覆盖县市以上各级人民政府以及各种公务人员的行政监察体系。[4]

第二次变革为 1954 年到 1959 年，系行政监察制度的调整和撤销时期。1954 年 4 月召开的第三次全国监察工作会议对行政监察体制做出了调整，撤销了县和不设区的市人民政府的监察机关，随后，第一届全国人大将人民监察委员会改组为监察部。[5]至此，监察部成了国务院的行政部门，其职能也就集中在监督行政机关公务人员及其任免或管理的人员之上。之后，在 1955

〔1〕 包玉秋：《反腐倡廉立法研究》，中国社会科学出版社 2013 年版，第 18~21 页。
〔2〕 参见吴海红："度反腐与政党兴衰——基于国外一些长期执政政党的经验与教训"，载《当代世界与社会主义》2014 年第 3 期。
〔3〕 参见杜兴洋：《行政监察学》，武汉大学出版社 2008 年版，前言第 1 页。
〔4〕 参见《共同纲领》第 19 条："在县市以上的各级人民政府内，设人民监察机关，以监察各级国家机关和各种公务人员是否履行其职责，并纠举其中之违法失职的机关和人员。"
〔5〕 参见项继权、李敏杰、罗峰：《中外廉政制度比较》，商务印书馆 2015 年版，第 183 页。

年 12 月国务院所发布的《监察部组织简则》中又对监察部的监察对象、职责范围和工作程序等重要内容进行了规定。然而，过于强调垂直领导的行政监察体制逐渐出现了脱离党的领导的危险。为此，中央决定，取消政府的行政监察机构，其职能由党的监察委员会行使，地方各级政府的行政监察机构也随之被撤销，其职能归于党的监察委员会。1959 年 4 月，全国二届人大一次会议正式决定行政监察体系的人员与职能被并入党的监察体系，昔日拥有着检查权、审计权、评议权、审查权、建议权和复查权的监察部门也被予以撤销，不复存在。[1]

　　第三次变革为行政监察的恢复，从 1982 年持续到 1987 年。自从 1959 年监察机关被取消之后，很长一段时间内，党的纪律检查部门代行了其相应的职责。直到"文革"结束之后，1982 年的《宪法》才再次肯认了中央政府的监察职责。随后，也就是 1986 年 12 月，全国人大常委会为了恢复国家行政监察体制，决定重新设立监察部。1987 年，监察部正式挂牌并对外办公。随后，国务院制定了一系列行政法规使得地方的监察机关体系得以完善。至此，行政监察体系再次恢复。

　　第四次变革为 1992 年到 1993 年的行政监察与党内纪律检查的合署办公。因行政监察和纪检部门的职能重复，1992 年底，中共中央和国务院决定纪检、监察机关合署办公，实行"一套班子，两种职能"，分别履行党的纪律检查和政府行政监察两项职能。[2]至此，行政监察结束了 1986 年以来与党的纪检监察二元独立的局面，但也有别于 1959 年到 1986 年间的党内纪检制度吸收行政监察的形式。二者的合署办公模式一直持续到当下。1997 年，全国人大常委会通过了《中华人民共和国行政监察法》，将行政监察的对象定位为行政机关公务员以及行政机关任命的其他人员，行政监察的范围也扩大至包括违反法律、法规和行政纪律的行为，执法、廉政和效能情况，遵守和执行法律、法规、人民政府的决定和命令的情况等。通过《监察法》的颁布和施行，我国行政监察所拥有的措施更加多样化，相关程序也更为明确和具体，这些发展都意味着我国行政监察体制开始走向成熟。

　　第五次变革为 2007 年预防腐败局成立后行政监察新阶段。随着腐败现象

---

〔1〕　参见杜兴洋：《行政监察学》，武汉大学出版社 2008 年版，第 67～68 页。
〔2〕　姬亚平："我国行政监察体制改革研究"，载《党政论坛》2010 年第 9 期。

的日益严重化，既往的反腐败机制也显得力不从心，源头反腐的理念呼之欲出，加之中国监察部、外交部签署了《联合国反腐败公约》，为履行《公约》，推进预防反腐败工作走向深入，国家预防腐败局应运而生，而预防腐败局的成立也标志着我国行政监察工作的重大转向，实现了由重事后规制到重事前预防的巨大转变。

2. 党内纪检制度

党内纪检制度作为党的重要政治控制机制，尽管在各时期的主要作用有所不同，但其反腐败的功能却是新中国成立以来尤其是改革开放以来的重要功能。[1]由于我国大部分的公务人员都是共产党员，党内纪检制度实际上也就在很大程度上助力国家的反腐败工作。我国党内纪检制度经历了建立、被取代、被取消、恢复重建这四个大的阶段。

1949年11月，党中央做出了《关于成立中央及各级党的纪律检查委员会的决定》，这标志着中国共产党在取得执政党地位后在全国范围内确立了党内纪检制度。但值得注意的是，此时的纪委还只是隶属于各级党委之下的一个工作部门，同级监督的形式化困境导致了纪检监督的效力大打折扣。为此，1955年3月，《中国共产党全国代表会议关于成立党的中央和地方监察委员会的决议》决定建立党的各级监察委员会，以垂直领导为主，旨在替代党的各级纪检机关，而这样的党的监察委员会制度一直延续到1969年。[2]尽管党的监察委员会在很大程度上推动了党内反腐，但由于党内政治斗争形势的变化，在中共九大中，党的纪律检查机构被彻底取消，相关工作也被彻底废止。[3]

在经历了"十年动荡"之后，加强党内监督，恢复党的纪律检查机关成了全党的共识。为此，在1977年召开的党的十一次全国会议，以修改党章的方式重新设立了党的各级纪律检查委员会；1978年，十一届三中全会的召开进一步肯定了党内纪检制度，并选举产生了中央纪律检查委员会。至此，党内纪检制度再次恢复。在各级纪委恢复之后，纪委内部的职责分工和纪委与党委的关系都得到了重新厘定和明确。此后，虽然行政监察与党内纪检制度的关系产生了一系列的变化，从党政分开到党政合署，但这些都未从根本上

---

[1] 参见徐理响："试论中国共产党纪检制度的改革和完善"，载《政治学研究》2014年第1期。

[2] 参见陈挥：《中国共产党反腐倡廉史》，上海人民出版社2014年版，第223～229页。

[3] 参见李雪勤：《中国共产党纪律检查工作60年》，中国方正出版社2009年版，第61页。

影响到党内纪检制度。

3. 检察反腐机制

1949 年,《中华人民共和国中央人民政府组织法》《中央人民政府最高人民检察署试行组织条例》确立了新中国的检察制度,中央人民政府最高人民检察署被确定为全国人民最高检察机关,并且其对政府机关、公务人员和全国国民之严格遵守法律,负最高的检察责任。这一系列的立法废除了审检并署结构,采用审检并立且检察机关独立的体制。此外,在组织上规定最高人民检察署受中央人民政府委员会之直辖;各级人民检察署独立行使职权,不受地方机关干预,只服从最高人民检察署指挥,实行垂直领导的体制。

1954 年 9 月,第一部《中华人民共和国宪法》《中华人民共和国人民检察院组织法》的颁布,进一步发展完善了我国的检察制度,将人民检察署改称人民检察院,形成了全国人民代表大会及其常务委员会之下的国务院、最高人民法院、最高人民检察院的"三院"体制,突出了检察机关在国家机构中的地位;重新确立了垂直领导体制(新中国成立之初检察机构曾实行垂直领导体制,后根据 1951 年《各级地方人民检察署组织通则》,改为双重领导)。需要注意的是,1954 年《宪法》和《检察院组织法》规定了检察机关实行一般监督的职权,即最高检察机关和地方各级检察机关分别对国务院所属各部门和地方国家机关的决议、命令和措施是否合法,国家机关工作人员和公民是否遵守法律行使检察权。但实践证明,由检察机关包揽一切监督职权(比如对其他国家机关的规范性文件以及国家工作人员和一切公民行为的合法性进行审查)不符合人民代表大会制度的政治体制,这样的规定既不现实也无必要。在 1979 年修订《人民检察院组织法》时,彭真同志指出,检察院对于国家机关工作人员的监督只限于违反刑法需要追究刑事责任的案件,至于一般违反党纪政纪并不触犯刑法的案件概由党的纪委监察部门和政府机关去处理,现行宪法也将对国家机关规范性文件以及其他工作的审查监督权交由人大及其常委会行使。[1]

1978 年以后,检察系统开始恢复重建。1979 年 7 月 1 日,彭真同志在第五届全国人大第二次会议上所作的《关于七个法律草案的说明》中就《人民检察院组织法》的立法明确指出:列宁在十月革命后,曾坚持检察机关的职

---

〔1〕 韩大元:"论我国检察机关的宪法地位",载《中国人民大学报》2002 年第 5 期。

权是维护国家法制的统一，我们的检察院组织法是运用列宁这一指导思想，结合我国实际情况制定的。人民检察院的性质是法律监督机关，而不是单纯的公诉机关。1949年的《中央人民组织法》和1954年《宪法》，以及相应的《检察机关组织法》中，都规定了检察机关对国家机关、国家工作人员和公民是否遵守法律行使检察权。当时虽然没有明确提出法律监督的概念，但有关条文已经明显体现了检察机关的法律监督性质。

1979年《人民检察院组织法》明确规定："中华人民共和国人民检察院是国家的法律监督机关"，并于1982年把这一规定写入了《宪法》。现行《宪法》和《人民检察院组织法》，根据我国实际和国家整体制度的建构，将检察机关对国家机关和国家工作人员法律监督的范围和重点放在了对国家工作人员职务犯罪行为的监督上，即通过对国家工作人员犯罪事实的揭露，追究犯罪人的违法责任，从而形成对国家工作人员的司法弹劾制度。[1]随着《刑事诉讼法》的颁布，检察机关被赋予了对贪污罪、侵犯公民民主权利罪、渎职罪立案侦查和提起公诉的权力，而在1995年11月，最高人民检察院反贪污贿赂总局正式成立，标志着检察机关对贪污贿赂犯罪行为的打击活动迈向了常态化和制度化。之后，反渎职侵权局的成立也进一步对现有的检察反腐机制进行了优化和发展。而检察系统内的这部分由法律监督职能衍生出的监督职权，即查处贪污贿赂、失职渎职以及预防职务犯罪的相关职权，一般是由各地检察机关下设的反贪污贿赂局、反渎职侵权局及职务犯罪预防局具体行使。

（二）构建统一的国家反腐败体制的历史必然

如前所述，我国广义上的反腐败体制中至少包含了行政监察、党内纪检监督、检察机关的法律监督等几种形式，而其所涉及的主体则既有作为行政机关的监察部门，还有作为党内组织的纪律检查部门，司法机关中的检察机关。这样多形式、多主体的反腐败体制虽然可以从不同的领域和方面加强对国家监督的效力，但是多主体共同主导的监督体制也不可避免地会陷入"九龙治水而水不治"的困境中。尽管在1993年以后，行政监察与纪律检查部门的合署办公，在一定程度上有助于避免工作重复、职能重叠，增强反腐工作的衔接性，但是不可否认的是，多个监察主体之间依然存在责任划分不清、

----

[1] 石少侠："列宁的法律监督思想与中国检察制度"，载《法制与社会发展》2003年第6期。

工作衔接不畅的问题，从而成了阻滞国家反腐败体制发展的难题。具体如下：

1. 对象的交叉重复与不周延

对象范围是各监督主体职权内容的主要体现，从当下的监督工作来看，行政监察机关、党内纪检机关以及检察机关所能够监督的对象范围是存在交叉和互有重复的。具体而言：①行政监察的对象主要为行政机关及其任命的工作人员，而人大机关、政协机关、党的机关等工作人员就被排除在行政监察的范围之外了；②党的纪律检查部门的监察对象仅限于中共党员，对于非中共党员的国家公职人员就无权进行有效监督；③检察机关虽然拥有较为广泛的法律监督权，但其监察行为也主要集中在对贪腐贿赂和渎职犯罪所具有的侦查和起诉权之上，如果行使国家公权力的主体的违法程度并不构成犯罪，或者仅仅是违反了内部规章和纪律的话，检察机关就无权对其处理。由此观之，虽然在我国现有的监察体制下包含了多元的监察主体，但是这些主体受自身属性和职权范围的限制，只能对一部分的监察工作发挥作用，而无法有效地统摄所有监察工作的进行。这种"各管一段"和"分类而治"的方式，虽然提高了监督的专业性和针对性，但却在一定程度上损害了反腐败体制的完整性和严密性，导致在多重力量的交叉管理下依然存在着不少体制的盲区。例如，对于非党员非行政系统的公职人员来说，三方监察主体对其不构成犯罪的贪污贿赂和渎职行为就难以进行有效的处理。

2. 衔接和协调机制不畅

当下多元的监察体制存在的另一重要问题就是诸多监察主体之间工作难以协调和衔接的问题。尽管我国行政监察机关与党的纪律检查部门合署办公在很大程度上便利了证据移送与信息共享，在很大程度上减少了职能交叉带来的重复工作。然而，党的纪律检查部门在调查中获取的证据如何转化为国家监察机关执法的证据并转化为检察院立案侦查的证据，这些问题在现行的反腐制度框架下都没有较为理想的答案。与此同时，检察院反贪污贿赂部门在对相关犯罪嫌疑人进行立案侦查时获取的证据是否可以作为行政监察部门以及党内纪检监督部门做出相应处分的依据，这也是一个亟待解决的问题。当然，衔接不畅还可能导致彼此间职权重叠，引起资源浪费。按照"惯例"，涉及高级领导干部的贪腐案件由纪检机关先行查办，转入司法程序后，再由司法工作人员从总体上重复之前的工作。如果党纪部门获取的证据无法为司法机关所认可，那么由此浪费的反腐资源将会更甚。[1]

3. 党内纪检监察制度的法定主体定位缺失

这类问题即纪检监察在理论或是法律规定层面上的监察范围受限，实务操作中可能受到"无法律依据、不符合法律规定、违背法治原则"等批评。前文已述，虽然我国涉及领导干部贪腐及职务犯罪的案件调查在实践中往往以领导干部的党员身份为依据由纪检监察率先行使职权，但由于纪检人员不是《刑事诉讼法》规定的犯罪侦查主体却可以优先行使实质上的国家司法权力，而在转入司法程序之前，党内决策又可以先行对调查对象行使某些侵犯公民基本权利并且由法律规定只能由司法侦查行使的侦查手段，故而会受到类似上文党政先于国家权力、违背现代法治精神等批评。

鉴于我国现行反腐败体制所存在的主体多元、对象交叉和不周延、协调和衔接机制不到位等问题，我们有必要重新审视这一体制所能够发挥作用的现实空间，并就其制度革新和发展的可能方向进行研究和探讨。从域外的经验来看，构建统一和权威的反腐败体制，成了20世纪后半叶各国加强反腐力量的共同路径选择。如我国香港特别行政区发轫于70年代又在回归后加以改良发展的廉政公署制度[2]；相似时期与历史条件下受香港制度刺激并借鉴吸收前者又具备自身特点的澳门特别行政区廉政公署制度；台湾地区沿袭民国时期"五权宪法"下的监察委员会相关体制又历经发展变革的监察院制度；韩国自1963年整合审计与监察职权、合并各自独立的审计院和监察委员会形成的监查院制度。[3]众多欧美国家也在其国家权力机制中设置或增添了监督、监察的因素，如美国行政机关大多配备针对本机关及公务人员的监察员制度。再如众多东欧国家如捷克、波兰亦建立起本国独立的监察系统，一些国家还以宪法上明确的独立权力性质定位为监察体制的有效运行提供保障。特别是波兰在20世纪末建立独立监察系统的过程中直至今日都与我国的相关部门保持交流。[4]尽管它们所建立起来的反腐败模式各有不同，有的为议会主导，

---

〔1〕 何家弘："反贪局不宜并入监察委"，载凤凰网：http://bbs.ifeng.com/article/46523137.html，访问日期：2017年1月2日。

〔2〕 石东坡、石东伟："香港廉政公署的组织法分析——兼论对内地廉政机构组织法制发展的启示"，载《法治研究》2009年第5期。

〔3〕 田雅琴："韩国：监审合一的行政监查"，载《中国监察》2005年第6期。

〔4〕 明金维、马世骏："贺国强与波兰最高监察院院长会谈"，载《人民日报》2011年7月8日。

有的为行政主导，甚至有的是相对独立的司法机关反腐机制，[1]但构建一个强有力的反腐机构，却成了绝大多数国家共同的反腐败制度选择。其往往通过权威的反腐败机构的统筹来促进反腐败工作的整体推进，以解决反腐败机制的运转不灵与效力低下的问题。

鉴于当下反腐败工作的现实需要，革新现有的反腐败体制和机制成了必然的选择。而从理论和域外国家的实践经验来看，解决反腐败机制运转不灵的有效方式之一即为建立统一和权威的反腐败工作机构，并由此机构对分散的反腐败资源与力量进行整合，共同作用在反腐败事业的一线之中。所以，在此次监察体制改革中所建立的监察委员会，事实上也将成为未来我国反腐败工作的领导机构，肩负起监督国家权力行使和反腐败治理的双重任务。而该机构设置的高配置也为其有效领导现有的反腐败力量和监察力量提供了必要基础。可以预见，这样统一、权威的专门机构必将为我国反腐败事业的发展和国家监察制度的完善提供充足的动力。

二、"先总后分"的立法逻辑：国家监察体制立法的路径选择

在法理上，国家监察体制内在地需要三部基本法律，即《国家监察委员会组织法》《国家监察法》和《国家监察程序法》。鉴于目前条件，同时出台三部法律显然不现实。所以，在立法逻辑上应当选择分步走的办法，即先出台《监察法》，而后再制定《国家监察委员会组织法》和《国家监察程序法》。

（一）《监察法》：国家监察基本法之地位

在立法逻辑上，至少需要出台《监察委组织法》《监察法》和《监察程序法》三部法律才能完成国家监察委员会的基本建构。鉴于我国反腐败形势依旧严峻，反腐攻坚战将在很长一段时间内持续，而现行的反腐体制却存在着诸多问题，这就要求我们国家对现行反腐体制予以改革与完善，在此基础上建立新的国家监察体制。基于这种逻辑，原本扮演"国家监察实体法"角色的《监察法》，须稍稍调整其功能，充当"国家监察基本法"的角色，初步构建新的国家监察体制。

为了确保改革的稳健与持续，更为了确保重大改革于法有据，本次改革

---

〔1〕　参见李秋芳、孙壮志主编：《反腐败体制机制国际比较研究》，中国社会科学出版社 2015 年版，第 8~9 页。

依旧由全国人大常委会依据党中央确定的《关于在北京市、山西省、浙江省开展国家监察体制改革试点方案》，以决定的方式推动试点地区国家监察体制的改革。鉴于党中央确定的试点方案原文难以一窥，本部分将以第十二届全国人民代表大会常务委员会做出的《全国人民代表大会常务委员会关于在北京市、山西省、浙江省开展国家监察体制改革试点工作的决定》作为规范解读的主要材料对国家监察体制改革的理路予以梳理。同时，本书还将适当借鉴有关立法对我国当下试点地区的监察体制做一概括。本部分主要对《监察法》中国家监察委员会的性质和地位、国家监察委员会的组织结构、国家监察委员会的职权以及国家监察委员会行使权力的必要程序等内容进行简要论述。

1. 监察委员会的性质和地位：以监察权的独立属性为切入点

十九大已经召开，结合试点地区的试点经验与全国范围内监察体制改革工作相关工作的全面开展，基于已经形成并逐步完善的国家监察制度，本次重大政治改革即国家监察体制改革对国家根本制度、国家权力设置格局产生的变革将在宪法层面被予以确认。新型的国家根本制度即新型的国家权力与国家权力机关、国家监察体制将以宪法的规定获得合法、明确的定位。由此产生的一个问题就是，新型的国家权力与国家权力格局应当怎样审视。

依据中共中央办公厅《关于在北京市、山西省、浙江省开展国家监察体制改革试点方案》、第十二届全国人民代表大会常务委员会《全国人民代表大会常务委员会关于在北京市、山西省、浙江省开展国家监察体制改革试点工作的决定》，"试点地区人民政府的监察厅（局）、预防腐败局及人民检察院查处贪污贿赂、失职渎职以及预防职务犯罪等部门的相关职能整合至监察委员会"。"党的纪律检查委员会、监察委员会合署办公，建立健全监察委员会组织架构，明确监察委员会职能职责，建立监察委员会与司法机关的协调衔接机制，强化对监察委员会自身的监督制约。"这意味着起码从机构职能与理想的法律制度描述层面上看，行政监察职能、检察系统检察职能、中共纪律检查委员会检查职能将整合于监察委员会一处，并形成集中、统一的监察体系。这类由改革整合的权力包含了人民政府的监察厅（局）、预防腐败局基于《行政监察法》对于国家行政机关及其公务员和国家行政机关任命的其他人员实施监察的职权；人民检察院查处贪污贿赂、失职渎职以及预防职务犯罪等部门（反贪污贿赂局、反渎职侵权局及职务犯罪预防局等）基于《宪法》《人民检察院组织法》所确立的法律监督职能中的针对国家工作人员的反腐败职权；中共纪委基于党规党纪对于党员行使的纪检监察职权。

明确了整合权力的构成之后，接下来的问题就是该权力的属性问题。可以预见，改革正式全面开展以后，统一、强力的监察体系所具备的职权在法律维度，尤其是宪法层面上的性质定位究竟是什么，将是之后以宪法确认将新的国家制度设置法律化所要解决的首要问题。这类监察权力是与立法权力、行政权力、司法权力分列独立的新兴国家权力，抑或是从属于行政权或司法权。面对这一问题，我们很容易联想到我国检察机关权力由来已久的定位问题，上文已介绍了新中国成立后检察制度的主要发展历程，而由于我国的检察制度受列宁思想及苏联的制度实践影响很大，故而从检察制度初立以至而今，我国检察机关的职权内容范围之广在世界上都是少见的，由此即引发出了我国检察机关职权定位的长期争论。与监察系统权力争论类似，关于检察权定位的主张亦主要包括独立权（检察权、法律监督权）、从属权（行政权或司法权）及双重属性等主张。但更为混乱的是，争论中的很多概念亦存在不同理解，如对于我国司法权力的理解，有主张认为我国长期确立的是二元司法权力格局，司法权包括审判权与检察权。那么由此出发，作为司法程序依赖极深的检察权力亦可归入司法权力。而一元狭义的司法权主张，即司法权只包含即等同于审判权，则以司法权、审判权的终局性、中立性、消极被动性等特征与行政权的主动性等特性作为区分，坚持认为检察权更明显地表现为积极主动的权力作用，故而应归入行政权。由此推理，我国改革过后整合的监察体制权力亦应归属于行政权，其他相关的争议理由，不胜枚举。

对于我国监察体系权力的性质定位，本书认为还是应当从宪法确立的国家权力格局出发进行分析。通过对宪法文本的分析，我们可以很明显地感受到我国宪法有意地将国家权力体制与三权分立等西方国家的理论实践加以区别，集中体现在《宪法》第2、57条对于人民代表大会最高权力制度的强调和第3、57、123、129条等以行使不同部分国家权力的国家机关（如审判机关、法律监督机关）作为国家权力不同部分区分依据，此外宪法亦通篇避免行政权、司法权、法律监督权等表述。[1]由此我们可以得出结论：我国宪法

---

〔1〕　虽然立法权在第58条、审判权在第126条、检察权在第131条及各国家机关分章中出现，但这些权力概念亦仅仅存在于各自的领域，加之总则的涵盖效力在宏观的权力格局层面自然地强于分则，故而并不影响宪法淡化三权分立甚至分权理论在我国权力制度之中存在的意图。

层面的国家权力制度设计是区别或淡化西方三权分立、分权制衡等模式的痕迹，而建立起人民代表大会的最高权力机制，其下由不同国家机关分别行使不同部分的国家权力的"一权并行"模式。实际上，这类国家权力思想与自然法学派代表卢梭的唯一主权、权力不可分割等观点十分契合[1]。

在这样的前提下，结合我国监察体制改革工作的各种明显信号，如2016年10月27日发布的中共十八届六中全会公报将监察机关与人大、政府等并列提出、2016年11月7日中共中央办公厅印发的《关于在北京市、山西省、浙江省开展国家监察体制改革试点方案》强调的"建立监察委员会与司法机关的协调衔接机制"、2016年12月25日第十二届全国人民代表大会常务委员会第二十五次会议通过的《全国人民代表大会常务委员会关于在北京市、山西省、浙江省开展国家监察体制改革试点工作的决定》（以下简称《决定》）指出"实行监察体制改革，设立监察委员会，建立集中统一、权威高效的监察体系，是事关全局的重大政治体制改革"等都预示着当前的监察体制改革将在我国现有"一权并行"的宪法权力格局内，整合出一类平行于行政机关权力、审判机关权力、法律监督机关权力的监察机关权力。[2]

由此，国家监察委员的性质与地位也就不难理解了。如前面所述，国家监察委员会行使的权力系一种平行于行政机关的行政权、司法机关的司法权的新型权力，并且这种权力和其他两种权力同样都居于人民代表大会的最高权力之下。权力主体作为权力行使的载体，行使权力的各主体之间的关系自然也就是各权力之间关系的反映，行使监察权的国家监察委员会拥有与政府、检察院、法院平等的宪法地位自属题中之意，将其划入行政机关体抑或是司法机关体系都不甚合理，因为国家监察委员会行使的权力既有别于传统的行政监察，更有别于传统的具有消极性质的司法权。此外，国家监察委员会的产生模式与"一府两院"亦无过多区别，都是由权力机关产生，其对人大代表机关负责自无悬念。

2. 监察委员会的组织结构

明确了国家监察委员会的应有法律性质与地位之后，我们还有必要讨论

---

〔1〕〔法〕卢梭：《社会契约论》，何兆武译，商务印书馆1980年版，第36~37页。

〔2〕上文已述，在各部分国家权力自身的范围内（如行政权、法律监督权）的提法并无不可。以此类推，监察体制改革整合的权力被称为监察权在某种程度上说亦无不可，此类表述与权力格局描述是为了适应确立已久并具备稳定性的权力制度模式。

国家监察委员会的组织结构。由于国家监察委员会具有与"一府两院"相平行的地位，而一府两院的设立都具备相应的宪法依据以及相应的组织法依据，这就意味着国家监察委员会这一新型国家机构的设立离不开相应的组织法。鉴于我国目前的条件，没有办法立即制定出一部《国家监察委员会组织法》，因此需要在《监察法》中对国家监察委员会的组织结构予以初步规定。

全国人大常委会的《决定》为国家监察委员的组织结构进行了初步勾勒，尽管并不完善，但结合一府两院的组织法可以对其组织结构做出以下概括：简单来说主要涉及各级国家机关之间的关系、各级国家机关的产生方式、监察机关的职权范围。

首先，国家监察委员会实行垂直管理为主的模式。根据《决定》"建立集中统一，权威高效的监察体系"的规定，国家监察委员会应当采取类似于行政机关以及检察机关的垂直领导管理模式。其原因有二：其一，我国当下各地"一把手"腐败的现象屡禁不止，很大程度上在于同级监督缺乏权威，如果地方监察委员会由各地党委领导，那么其独立性将受到很大程度的制约，反腐效果将大打折扣；其二，监察权虽是一种新型权力，但无论从其构成还是从属性来看，都与行政权和检察权有着千丝万缕的联系，而当下行政机关以及检察机关都存在垂直领导的模式，监察委员会实行垂直领导自属应有之义。

其次，国家监察委员会由同级人大及其常委会产生，并对其负责。根据《决定》，不难发现国家监察委员会的主任由同级人大选举产生，其副职与成员则由其主任提名，由同级人大常委会决定产生。这种规定与一府两院的产生有着类似之处，也契合我国宪法所确立的人大及其常委会的权力中心理念。

最后，国家监察委员会享有制定监察法规的权力。众所周知，无论是国务院还是最高人民检察院抑或是最高人民法院，它们都拥有一定的立法权，其中前者为行政法规，后者为司法解释。国家监察委员会与一府两院居于同等地位，监察权是一种与行政权、司法权都不完全相同的新型权力。监察机关在履行监察职能时自然不能依据一府两院的相关立法，而全国人大及其常委会指定的法律又多具有抽象、概括的特点。此时，就有必要允许（中央）国家监察委员会根据相关法律制定相应的监察法规以便利监察机关履行职责。

3. 监察委员会的职权

国家监察委员会作为行使国家监察权的专门机关，其行使的权力系公权力，按照法理的要求，应当恪守"职权法定"的原则。当下，全国人大常委会已然将《监察法》纳入年内立法计划也正说明了此点。而从长远来看，国家监察委员作为与"一府两院"相并列的国家机关，其职权还应在试点完成以后适时地由全国人大通过修宪的方法予以确定。[1]

根据《决定》，国家监察委员会整合了行政监察部门的行政监察职能、预防腐败局的预防腐败职能、检察院的查处和预防职务犯罪职能。这就意味着国家监察委员会的职权也将在很大程度上是对三者的整合，按照《决定》的表达方式即为"监督、调查、处置"。

监督，就是"监督检查公职人员依法履职、秉公用权、廉洁从政以及道德操守情况"。就监督这一职权而言，其与行政监督相比有较多的相似之处，只是监督对象更为广泛，不仅涵盖行政机关公务员及其任命的人员，还包括其他行使公权力的人员。

调查，就是"调查涉嫌贪污贿赂、滥用职权、玩忽职守、权力寻租、利益输送、徇私舞弊以及浪费国家资财等职务违法和职务犯罪行为"。其范围则较行政监察中的调查更为广泛，即国家监察委员的调查权不仅有行政监察中的调查权之义，更有原由检察院对职务犯罪案件行使的刑事侦查权之内涵。其理由有二：其一，根据《决定》的描述，原行使检察院自侦权的反贪污贿赂及反渎职局的职能已为监察委员会吸收，相应的侦查权自然应当转由监察委员会行使；其二，监察委员会的定位在于监察公职人员依法行使权力，自然也就不仅仅限于调查仅仅构成违法的公职人员，当然地也包括调查构成犯罪的公职人员。

处置，就是"对职务违法和职务犯罪行为作出处置决定，对涉嫌犯罪的，移送检察机关依法提起公诉"。对于处置的理解，学者们几乎达成了共识，即国家监察委员会的处置权系非完全意义上的处分权力，即在被调查对象构成违法而不构成犯罪的情况下，由其行使相应的处分权，在其构成犯罪时，则由司法机关行使终局处分权。[2]不过，即便如此，本书仍然主张应当对此观点进行必要的反思，不宜认定此处的处置权为终局性权力：其一，在不构成

---

〔1〕 参见童之伟："将监察体制改革全程纳入法治轨道之方略"，载《法学》2016年第12期。
〔2〕 参见吴健雄、李春阳："健全国家监察组织架构研究"，载《湘潭大学学报（哲学社会科学版）》2017年第1期。

犯罪的情形下，各类公职人员的内部处分由国家监察委员会做出并不合适，比如党的领导人员构成违法，对其做出的开除党籍等一系列处分并非作为国家机关的监察委员会所具有的职权，应当由党组织做出相应处分。其二，各类公职人员的内部处分形式存有区别。比如，对于法官的处分就有别于对党员和对行政机关工作人员的处分，如果由国家监察委员会行使最终处分权，将会出现国家机关适用党内法规或者国务院制定的行政法规这种情形，无疑是与其自身独立地位不相匹配的。是故，本书建议将此处的处置权理解为非终局意义上的处分权，即由监察委员会根据调查结果，分别做出相应的决定，不构成犯罪的交由各个机关人事部门给予相应主体必要的内部处分，涉嫌构成犯罪的，则交由检察机关予以公诉，由人民法院作出判决。

4. 监察程序

"现代法治在很大程度上表现为程序法治。有无正当法律程序是法治与人治的根本区别。"[1]这就意味着在法治观念日益深入人心的当代中国背景下，我们尤须重视正当法律程序的构建。国家监察委员会作为行使监察权这一公共权力的国家机关，其监察行为自然亦须受到法律程序的约束。[2]

就监察程序的具体理解，有学者主张监察程序也就是监察程序制度如监察公开、公众参与、证据审查核实、回避、排除干预、听取陈述申辩。[3]不过还有的学者认为监察程序应当是一系列的按时间顺序排列的工作程序，比如先接受申诉控告然后进行立案调查，最后进行案件处理。[4]尽管他们对于监察程序的理解有所不同，但实际上，他们其实是从不同层次对监察程序做出了概括。

我们主张对于监察程序的理解应当采取多层次的标准：其一为监察程序所需要恪守的原则；其二为监察程序的具体工作流程。这样理解主要有以下依据：其一，仅有监察程序所恪守的宏观原则，监察程序无法落地；其二，仅有具体工作程序、缺乏宏观原则理念的引导，程序本身的价值将会大打折扣。

---

〔1〕 吴传毅："论正当法律程序的作用及其原则"，载《行政论坛》2008 年第 3 期。

〔2〕 参见姜明安："正当法律程序：扼制腐败的屏障"，载《中国法学》2008 年第 3 期。

〔3〕 参见姜明安："国家监察法立法的若干问题探讨"，载《法学杂志》2017 年第 3 期。

〔4〕 参见李景平、赵亮、于一丁："中外行政监察制度比较及启示"，载《西安交通大学学报（社会科学版）》2008 年第 4 期。

《决定》本身并没有对国家监察程序做出规定，但结合其产生的渊源来看，国家监察程序应当会在很大程度上吸收行政监察程序以及刑事侦查程序。我们主张国家监察程序应当在恪守正当程序理念的基础上对现行《行政监察法》关于行政监察的程序以及《刑事诉讼法》中关于检察院的职务犯罪侦查程序予以整合。当然，这并不意味着要完全平移，还需要在其基础上加以完善，比如可以丰富投诉方式、公开投诉处理结果、赋予被监察者必要的救济权利。

（二）《监察委员会组织法》

为重要的国家机关制定组织法是我国立宪实践的重要表现，例如当下分别有《全国人民代表大会组织法》《国务院组织法》《法院组织法》《检察院组织法》等法律对人大、国务院、法院以及检察院进行了组织法的规定。作为由人大产生并向人大负责，地位与"一府两院"相平行的监察委员会，也应当制定《国家监察委员会组织法》。

1. 监察委员会的组织体系

国家监察委员会的组织体系就是对其机构性质的自然延伸，也是对其职权行使方式所做的必要组织规定。具体如下：

（1）监察委员会的上下级关系。根据《决定》"监察委员会对本级人民代表大会及其常务委员会和上一级监察委员会负责，并接受监督"的规定可以看出，试点地区的监察委员会实行的是对同级人大负责和对上级负责的双重领导体制，而对于此种双重领导体制该如何落实，《决定》并未给出具体化的解决方案。根据我国以往的双重领导体制的实践，[1] 我们可以在《国家监察委员会组织法》的总则内容中进行如下规定："中央监察委员会对全国人民代表大会和全国人民代表大会常务委员会负责并报告工作。地方各级监察委员会对本级人民代表大会和本级人民代表大会常务委员会负责并报告工作。中央监察委员会领导地方各级监察委员会的工作，上级监察委员会领导下级监察委员会的工作。"对于各级监察委员会主任的任免程序也可以参照人民检

---

〔1〕 如《检察院组织法》中在作出"最高人民检察院对全国人民代表大会和全国人民代表大会常务委员会负责并报告工作。地方各级人民检察院对本级人民代表大会和本级人民代表大会常务委员会负责并报告工作。最高人民检察院领导地方各级人民检察院和专门人民检察院的工作，上级人民检察院领导下级人民检察院的工作"这种原则性规定的同时，还通过各级检察院检察长的任命程序将该原则性的规定予以具体落实。

察院检察长任免规定，作出相应的制度设计。

（2）监察委员会的内部机构设置。内部机构设置是完成机构职责的必要组织保障。考察我国已有的组织法立法，对于内部机构设置的规定往往非常原则和简单，并未就各个内部机构作出明确的规定。[1] 之所以采取这样的立法方式，大多是因为我国机构还处于调整和改革阶段，如果在基本法中将内部机构的设置确定得太死，就会为后续的机构改革带来阻碍。但是，在当下，立法背景已经发生了重大改变。通过之前几十年的实践，我国的立法经验已经相对充足，并且这一组织法的立法是在经过试点工作以及《监察法》基础上完成的，已经累积了大量的实践经验，故而没有理由再对监委会的内部组织结构进行简单规定。另外，国家监察委员会作为专职监督权的重要机关，未来将承担起职务犯罪侦查和党内监督、行政监督的重要职责，而这些职权的不当行使无疑会给公民的基本权利带来阴影，故而出于限制监察委员会权力以及保障公民基本权利的考虑，有必要在监察委员会组织法立法之时就确定好其内部的机构设置。此外，只有明确国家监察委员会的内部机构设置和任务分工，才能使国家监察权真正行使在阳光之下，防止享有监察权的监察机构自己享有不受监督的特权，出现"灯下黑"的自我违法违纪情况。因此，我们认为，国家监察委员会的组织立法不应当继续采用以往的立法模式，应当明确规定国家监察委员会的内部机构设置。

2. 监察委员会的职责权限

机构职责是机构组织体系的重要内容，监察委员会的机构职责已经与原监察部的职责发生了本质性改变。根据全国人大常委会通过的试点决定，监察委员会拥有"监督、调查、处置"三方面职责。这一内容应当在《国家监察委员会组织法》立法过程中予以进一步的明确和具体化，以类似政府权力清单的方式进行列举，而不应当只是简单的概括规定。此外，《决定》虽然明确指出了"将试点地区人民政府的监察厅（局）、预防腐败局及人民检察院查处贪污贿赂、失职渎职以及预防职务犯罪等部门的相关职能整合至监察委员会"，但并未说明三机构尤其是原监察部的剩余职权如何进行划归的问题。事

---

〔1〕　如《检察院组织法》中规定"最高人民检察院根据需要，设立若干检察厅和其他业务机构。地方各级人民检察院可以分别设立相应的检察处、科和其他业务机构"；《国务院组织法》中也并未直接就各部的设置作出明确的规定，只有对国务院直属机构的规定，"国务院可以根据工作需要和精简的原则，设立若干直属机构主管各项专门业务，设立若干办事机构协助总理办理专门事项"。

实上，行政检察机关除了有受理和调查的职责外，还有"检查国家行政机关在遵守和执行法律、法规和人民政府的决定、命令中的问题"以及"受理国家行政机关公务员和国家行政机关任命的其他人员不服主管行政机关给予处分决定的申诉，以及法律、行政法规规定的其他由监察机关受理的申诉"的职责。《决定》中国家监察委只是吸收了行政检察机关的"调查"职责，对于后两项内容是划归到监察委员会进行统一行使，还是通过保留监察部由其继续行使，又或者将该职权转移到国务院其他部门甚至交给进行承担法律监督职责的检察院行使等问题并没有明确规定，需要在立法过程中得到明确和正式的回应。

3. 监察委员会的人员任免和选任资格

根据《决定》的要求，监察委员会主任由本级人民代表大会选举产生，监察委员会副主任、委员，由监察委员会主任提请本级人民代表大会常务委员会任免。因此，在《监察委员会组织法》中，应当根据《决定》的要求，明确规定有权任免监察委员会组成人员的主体以及任免程序。此外，由于监察委员会享有一定的侦查权，在公职人员专业化的发展趋势之下，作为直接参与到刑事侦查活动中的监察委员会工作人员应当在选任时符合一定的专业素质要求，如要求任职者要有法学教育背景、通过司法考试等，而对于不参与到反贪反渎活动中的工作人员可以不作此要求。

（三）《监察程序法》

同《监察委员会组织法》一样，《监察程序法》应当以《监察法》中对"监察程序"的规定为基础，包含监察委员会行使检察权的基本原则、监察委职权的具体内容和行使方式以及规范监察权行使的基本制度等内容。

1. 监察权行使的基本原则

作为监察法律规范体系的构成要素和根本性规范，监察权行使的基本原则对整个国家监察法律制度的实施以及国家监察权的规范行使具有极其重要和关键的作用。它们不仅是国家监察立法的重要内容，也是国家监察在执法和司法过程中的基本凭据和准则。这些程序法则的确立为国家监察制度搭建了基本的内容框架，也为国家监察权的行使明确了基本的准据和方向。当然，最为重要的是确立了国家监察制度的价值取向和特定追求。基于目前监察制度改革所拟定的改革方向，我们认为在国家监察立法中应当建立以下基本原则：

（1）监察公开原则。阳光是最好的反腐剂，公开原则已经成为贯穿于公权力行使所有阶段的基本法则，在国家监察程序立法中，有必要在总则中确立监察公开的基本原则，严格控制涉及国家机密和个人隐私的内容范围，对国家监察权力行使的全过程进行充分的公开。此外，应当将监察公开体现在监察权行使的各个阶段，详尽规定各环节需要向社会公开的内容范围，并规定公开的时限和方式，确保相关信息可以及时、充分、有效地为被监察对象家属和社会知晓。

（2）监察公正原则。国家监察权的行使也须遵循"正当程序"原则的要求，"正当程序"原则至少应当包括以下两个方面：一是任何人不得做与自己有关案件的法官，由此利害关系人或者心存偏见的人不得参与到相应判决或者决定中；[1]二是任何人在遭受不利的公权力影响时，有获得告知、说明理由和提出申辩的权利，必须提前为接受相应判决或行为不利影响的人提供辩护和异议的机会。[2]为体现监察公正原则，《国家监察程序法》中应当至少包括以下几个制度：①回避制度，回避制度是指被审查人或检举人的近亲属、主要证人、利害关系人或者存在其他可能影响公正审查审理情形的，均应当主动回避，不得参与相关审查审理工作。建立审查回避制度，有利于确保国家监察的公平公正，避免偏见和歧视。②不受干预制度。监察制度既是对国家公职人员是否合法行使权力进行监督的制度，也是保障国家公权力保持良好的运行秩序的制度。为此，有必要禁止领导干部违规干预监察活动，建立监察工作不受外部干扰的保障机制，形成领导干部干预监察活动、插手具体案件处理的记录、通报和责任追究制度。③听取申辩制度。陈述和申辩的权利是任何人在其权益要受到克减之时，必须享有的被告知、可陈述、申辩和得到辩护的权利，这一权利对于被监察对象的基本权利保护来说至关重要，是监察工作是否合法正当的重要体现。为此，在国家监察程序立法中有必要在重要决定作出之前设置法定的听取被监察对象陈述和申辩的环节，以保证监察工作的公正进行。

（3）人权保障原则。2004 年，尊重和保障人权原则被写入宪法，成为我国宪法的一项基本原则。在国家监察委员会行使监察权的过程中，不可避免

---

［1］ H. W. R. Wade, *Administrative Law*, New York：Oxford University Press, 1988, p. 466.

［2］ ［英］丹宁：《法律的训诫》，杨百揆等译，法律出版社 1999 年版，第 102～104 页。

地会对被监察人采取一些限制人身自由的手段，如何防止滥用职权和刑讯逼供就成了一个非常重要的问题。因此，要在《国家监察程序法》中确立人权保障原则，在行使监察权尤其是审问被监察人时应当保障被监察人的基本人权，禁止刑讯逼供，不得强迫被监察人自证其罪，保障被监察人获得辩护的权利。

2. 各项监察手段的内涵及行使方式

在明确了监察权行使的基本原则之后，应当具体规定监察委的监察权内容以及行使方式，此可谓监察程序立法的核心所在。在现有的十二项权限中，除了留置之外，其他手段都可以在诉讼法或者党的纪律监督规则中找到可供参考的规范意义，厘清其内容并明确界定其行使方式，如处置权的行使有哪些条件，需要经过哪些必要的讨论、审批和决定程序等，都需要在监察程序立法中得以体现和明确。

"留置"作为一项新出现的监察手段，在以往的法律法规中并未涉及，故而本书将重点对留置这一监察手段进行探讨。对于留置的具体内涵，学界主要出现了三种观点：一是认为留置可以作为强制措施的一种监察手段；二是认为留置是对当前纪委和监察机关"双规""双指"进行规范化的一种监察手段；三是认为留置是兼具强制措施性质和调查取证措施性质的一种监察手段。[1]对此，我们认为界定留置权的科学内涵不能离开当前的监察实践。目前纪检机关和监察机关所采取的"双规""双指"手段由于缺乏严格的法律规范和监督而饱受诟病，而此次改革中新提出的"留置"就是为了解决这一问题，将"双规"和"双指"合法化，并防止监察机关在调查取证过程当中滥用职权和刑讯逼供。为此，我们认为留置权应当是针对之前调查取证过程中的"双规""双指"手段所产生的一种新的强制措施，在程序立法中应当通过规范留置行使的范围、时间和程序来防止其滥用。

3. 规范监察权行使的基本制度

国家监察委员会程序立法除了要明确权力行使的基本原则和基本手段之外，还要从操作程序层面建立规范监察权行使的基本制度，通过这些制度的实施来达到保障监察权力合法规范运行和保障被监察对象的合法权益的目标。为此，有必要在监察程序立法中建立以下基本制度：

（1）建立全程同步录音、录像制度。全程同步录音、录像制度是防止刑

---

〔1〕 姜明安："国家监察法立法初探"，载《中国法律评论》2017 年第 2 期。

讯逼供，保障被监察对象人权不受侵犯的重要制度。根据我国新修订的《刑事诉讼法》，司法活动的各个环节都应当建立全程同步录音、录像制度。改革后的国家监察委员会也要行使职务犯罪的侦查权，因此有必要在国家监察程序立法中确立全程同步录音、录像制度，要求在行使监察权的过程中，每次讯问被监察人时，应当按照审、录分离原则，对讯问全过程实施不间断的录音、录像。

（2）建立律师参与监察工作制度。根据正当程序原则的要求，任何人在遭受不利的公权力影响时，都应当享有进行陈述和辩护的权利。因此，在被监察对象接受调查期间，应当为被监察对象提供法律服务，由律师参与监察工作。正如有学者指出的那样，如果监察委员会的"调查活动包含了侦查，并且在程序上与检察院的审查起诉阶段相衔接，那么公职人员接受调查时就应当允许辩护律师介入"。[1]根据我国《刑事诉讼法》的相关规定，自被侦查机关第一次讯问或者采取强制措施之日起，犯罪嫌疑人就可以聘请律师，并且规定了律师在会见时的谈话不被监听等保障性措施。鉴于此，我国监察程序立法中应该按照《刑事诉讼法》的相关规定，保障律师参与监察工作，为被监察对象提供法律服务，以确保监察工作的合法进行以及保障被监察对象的基本权利。

（3）建立人民监督员制度。我国目前的人民监督员制度是一种公众参与司法活动的形式，其通过对法律监督机关管辖的职务犯罪案件进行程序性监督，以规制职务犯罪侦查权、侦查监督权以及起诉权，保障其有序、公正、廉洁地运行，是维护公平正义的社会监督制度。[2]但随着国家监察委员会试点工作的展开，试点地区人民检察院反贪反渎和职务犯罪侦查部门将整体转隶于国家监察委，那么就是为了消除社会对检察院自侦案件程序合法性质疑而设置的人民监督员制度。在其制度基础已经消失的情况下，人民监督员制度就有必要移植到监察制度中去，对监察委的职务犯罪侦查活动进行监督，以监督监察权的行使，提高监察机关的权威。

---

〔1〕　陈光中："监察体制改革需启动系统修法工程"，载财新网：http://china.caixin.com/2017-01-17/101044638.html，访问日期：2107年5月9日。

〔2〕　徐汉明："人民监督员制度的根据、特征与功效"，载《法学评论》2006年第6期。

三、"国家治理结构"优化的实践取向：国家监察改革后的权力秩序

在法治中国建设的宏观背景之下，有必要对从宪法及相关法律规范中的权力维度出发，对当前的重大改革进行审视，并对改革的未来影响予以评估，以促进国家政治决策与制度发展的法治化，从形式与实质两个方面保证权力的良性运行与人民权利的切实保障，实现社会公平正义与国家发展愿景。基于此，我们认为国家监察体制改革之后，我国当下的国家权力秩序将产生重大变革。这一变化将体现为以下几个方面：一是从"党政分工"到"党政合体"的反腐败体制架构；二是从"三元流水作业"到"四元立体制约"的刑事司法格局；三是从"四权架构"到"五权分隶"的国家治理结构。以上权力秩序的变化，必须引起我们的高度关注。

（一）从"党政分设"到"党政合体"的反腐败体制

党政分开是我国政治体制改革的重要成果之一。改革开放以来，以邓小平同志为核心的党的第二代领导集体强调党政分开的重要性，极力反对以党代政，干涉政府的正常工作和活动。邓小平同志指出："改革的内容，首先是党政要分开，解决党如何善于领导的问题，这是关键，要放在第一位"[1]；"党要管党内纪律问题，而对于法律范围内的问题应当交由国家和政府管"。[2]党政分开是为了解决党政不分、以党代政问题，理顺党与国家政权的关系而进行的一项党和国家领导体制的重大改革。党的十三大报告即指出，"党政分开即党政职能分开"，而党政分开的基本意图和目的就是为了避免党政不分、以党代政的弊端，使党能够处在超脱的、驾驭矛盾和总揽全局的地位，不使自己成为行政工作的执行者，成为矛盾的一个方面，从而摆脱各种繁杂事务的干扰，发挥"总揽全局、协调各方"的领导作用，并能够真正履行监督的职能。

根据《方案》的要求，由省（市）人民代表大会产生省（市）监察委员会，作为行使国家监察职能的专责机关。同时，党的纪律检查委员会和监察委员会合署办公。由此可以确定以下三点意涵：其一，监察委员会由同级人民代表大会产生、对产生它的人民代表大会负责并报告工作、受产生它的人

---

〔1〕《邓小平文选》（第3卷），人民出版社1993年版，第177页。

〔2〕《邓小平文选》（第3卷），人民出版社1993年版，第163页。

民代表大会监督，因而，监察委员会与由同级人民代表大会产生的"一府两院"处于同等法律地位；其二，监察委员会是行使国家监察职能的专责机关，这表明将监察权从行政权中剥离出来，交由监察委员会专门行使，是对国家权力的重新配置，监察权直接向产生它的人民代表大会负责；其三，党的纪律检查委员会和监察委员会合署办公，这表明党的纪律检查和国家监察无缝黏合，是建立"全面覆盖"监察制度的内在要求。基于此，在监察体制改革之后，作为行使国家监察职能并由人大产生的监察委员会，其性质应属于国家机关且其行使的权力也为国家公权力重要组成部分的监察权。但是值得注意的是，由于监察委员会在成立之后还要与党的纪律检查委员会合署办公，这样的制度安排虽然还是对以往纪检和监察机关合署办公惯例的沿袭，但鉴于监察委员会的权威地位以及其所承担监察职能的重要性，监察委员会和党的纪律监察委员会的合署可能在更深层面上对日后的反腐败体制产生影响。

　　两者合署办公的工作机制确立之后，保证了监察委员会与党的纪律检查委员会可以在同一工作平台上形成更加紧密的衔接和协调机制。其可能的影响如下：其一，加快案件流转，提高反腐工作的效率。在监察体制改革之后，国家公职人员中的相当部分既要接受监察部门的监督，又要接受党的纪律检查部门的监督，因此，行政监察和党的纪律检查在职能上存在很大部分的交叉重合。若两个部门分别履行各自的职责，一个行政机关工作人员很可能既要接受行政机关内部监察部门的调查，也要接受党的纪律检查部门的调查。这将造成办案资源的极大浪费，而两者的合署办公则将实现相关信息的充分共享以及相关程序的快速流转，从而实现国家监察和党纪监督的良好无缝衔接，节约国家反腐败工作的成本，提高反腐败工作的效率。其二，推动党纪与国法的紧密衔接，从而实现依规治党和依法治国有机统一。"合署办公"意味着职能上有分工但又密切配合，以此形成国家监察的强大合力，实现监察的全面覆盖。继续实行中国共产党纪律检查机关与国家监察机关合署办公，既要充分发挥纪委的党内监督作用，又要保证国家监察机关依法独立行使职权。[1]从中央层面而言，中纪委的主要职能是对党组织和党内党员领导干部进行监督，执纪问责；国家监察委员会的职能是对所有公权力主体进行监督，意味着所有国家财政供养的组织、群体都有必要纳入国家监察范围，包括法

---

[1]　马怀德："全面从严治党亟待改革国家监察体制"，载《光明日报》2016 年 11 月 12 日。

院、检察院、公立医院、公立学校，都纳入监察范围。[1]就反腐败工作而言，通过监察委员会的设置以及与党的纪检机关的合署办公，事实上为我们展示了党政关系发展的另一种可能，就是在"党政分开"的根本前提之下，形成工作上的"党政合体"的关系。在此关系之中，党与国家公权机关在工作中通过良好的分工和协作形成了相互支持、相互补充的协同关系。而这一关系也正如王岐山同志所言："党政分工才是我们中国应有的党政关系模式，即党权与政权既不能走极端的合一模式，也不能走极端的分开模式，而是应当既有区别又有联系的分工协作，共同致力于国家善治。"

（二）从"三元流水作业"到"四元立体制约"的刑事司法格局

按照我国《刑事诉讼法》的相关规定，公安或者国安机关、检察机关、审判机关构成了我国刑事司法的基本格局。在普通刑事案件中，公安或者国安机关为侦查机关，检察机关为公诉机关，法院则为审判机关。它们依据宪法的规定在办理刑事案件中分工合作并相互制约，共同勾勒出我国"三足鼎立"的刑事司法格局。

检察机关以法律监督权拥有者的角色将职务犯罪侦查权收归囊中的做法在学界历来存在着不同的声音。有学者甚至认为检察机关行使法律监督权并不能推导出其为当然的职务犯罪侦查机关。[2]尽管这种呼声在学界较为屡弱，但却具有很强的先进性与预见性。因为检察机关的侦查与起诉一体化的模式极其容易导致权力滥用、内部监督乏力，当下诸多检察机关滥用职权对职务犯罪群体进行刑讯逼供即是例证。[3]

以香港廉政公署为蓝本，我国国家监察体制改革设立的国家监察委员会承担检察机关的公诉职能在一定程度上有助于遏制职务犯罪侦查权的滥用。当然，依据《决定》，国家监察委员会行使职务犯罪侦查权也就意味着在刑事诉讼领域中又多了一个国家机关的介入即监察委员会，与公安或者国安机关、检察机关、审判机关共同构成了我国刑事司法"四元并立"的格局。其中，在普通犯罪中公、检、法相互制约与合作，而在职务犯罪中则是监、检、法相互制约与合作。相应的，我国宪法所规定的公、检、法三机关所构成的刑

---

〔1〕 席志刚："国家监察委：点燃政治改革的引擎"，载《中国新闻周刊》2016年11月21日。

〔2〕 参见高一飞："从部门本位回归到基本理性——对检察机关职权配置的思考"，载《山西大学学报（哲学社会科学版）》2008年第6期。

〔3〕 参见李建明："检察机关侦查权的自我约束与外部制约"，载《法学研究》2009年第2期。

事司法格局也将随着国家监察委员会的设立及其对职务犯罪案件侦查权的行使而予以终结。

（三）从"四权架构"到"五权分隶"的国家治理结构

政权治理结构问题主要涉及的是同一层级的立法权、行政权和司法权等国家权力的配置及其相互间的宪法关系。[1]申言之，政权治理结构并非仅限于立法权、行政权以及司法权三权分立这一种权力配置模式，凡属于宪法文本明确的各个具有独立属性的国家权力之间的关系都可以被称为政权治理结构。

监察体制改革之前，我国宪法所明定的权力配置模式可谓是立法权"一权独大"的立法权、行政权、检察权、审判权四权并立的模式。这种四权并立的模式饱受一些学者的批判，比如检察权究竟属于行政权还是司法权等等，这些发难在一定程度上有将检察权笼统归入司法权的倾向，从而实现三权分立的架构。不过，检察机关行使的检察权相对广泛，既有涉及司法权的批准逮捕权，还有法律明确规定的公诉权，更有具有行政权属性的侦查权，当然还有所谓的法律监督权。多元的权力使得检察权与司法权和行政权并非同类，也为四权分立的政治治理结构奠定了基础。

随着监察体制改革的推进，监察委员会由同级人大产生，并对其负责，其享有与一府两院同等的法律和政治地位。亦如前述，监察权乃一种有别于立法权、行政权、检察权、审判权的新型国家权力，而这五种权力相互关系共同构成了我国的政权治理结构。

就监察权与各种权力的关系来看，这种政权治理模式仍然呈现出立法权"一权独大""四权平行"的"五权分野"。监察权与行政权、检察权、审判权乃平行权力，彼此相互分工合作又相互制约。申言之，监察机关有权对于行政机关、检察机关、审判机关进行监察，而行政机关则可以依法控制监察机关的人员编制与财政拨付。与此同时，检察机关则可以对监察机关行使国家监察权进行法律监督，在刑事诉讼中则可以决定是否批准逮捕等，而法院则可以通过行使最终审判权的方式对监察机关的行为予以认可或反对。至于监察权与立法权的关系则较为复杂，一方面监察机关有权监督立法机关的工作人员，却无权监督非工作人员的人大代表，在一定程度上展现出制约的色

---

〔1〕　参见沈寿文："论人民代表大会制度国家权力配置功能"，载《法学论坛》2015 年第 3 期。

彩。但更主要的还是从属性的关系，也即立法权衍生出监察权，监察权需要依法行使并且对立法机关负责，作为立法机关的人大及其常委会始终居于核心地位。

此外，值得注意的是，五权分野与三权分立虽然在语用形式上较为接近，但是却有着本质的区别，此处的"五权分野"实际上与孙中山先生主张的"五权宪法"的理念颇为类似。[1]五权分野实际上是国家职能在国家机构之间的划分，只是这五种职能中立法权职能居于更为核心的地位罢了。当然，这五种国家职能都统一于党的领导。

---

〔1〕 参见王英津："'五权分立'思想与'三权分立'思想之比较分析"，载《政治学研究》2009 年第 6 期。

第一章

监察立法思路与框架

　　党的十八届三中全会提出"重大改革要于法有据",法律在社会变革的过程中发挥着稳定社会秩序和引领改革实践的重要功能,[1]任何改革如欲取得成功,就必须确保将其放置于法治的轨道内有序运行。无此,改革就会面临着合法性不足和正当性阙如的理论与实践困境。但改革立法工作在一定程度上是区别于其改革的试点和推进的,鉴于立法工作自身的特有属性,我们认为有必要在"重大改革于法有据"这一改革要求之外,确立"重大改革立法有序"这一立法工作层面的要求,以确保改革立法工作的系统化和体系化。基于本次改革对现有权力格局和法律秩序的重大更改,我国现行法律体系必将迎来大规模的调整,宪法、相关的基本法、组织法以及法规和规章等都会因为此次改革进行部分的修改甚至是废止,体量如此巨大的立法工作必须进行提前准备和统筹安排。"工欲善其事,必先利其器",在围绕监察制度改革进行大规模的立法制定与修改工作之前,有必要对监察立法的体系化问题进行研究,以构建国家监察立法体系为核心目标,预先确定国家监察立法的思路,制定详细的监察立法工作计划,分步骤、分层次地推进监察制度的立法工作,合理安排立法工作的次序和重点,以减少立法修改工作对整个法律体系结构的破坏和影响。

第一节　国家监察立法的理论问题

　　法律应当是一种体系化的存在,法律体系就是由一系列法律规范按照一

---

　　[1]　姜伟:"全面深化改革与全面推进依法治国关系论纲",载《中国法学》2014年第6期。

定逻辑所形成的统一整体。[1]正如凯尔森所言:"法并不是像有时所说的一个规则,它是具有那种我们理解为体系的统一性的一系列规则。"[2]"立法作为系统的观念是作为一种在法律实践和法律科学的不同阶段都应当适用的调控理想而展开的",[3]法律体系也并不是一个实证主义的概念。法律体系理论并不能解决如何描述现实中的立法状况及其相互关系这一问题,其只是作为一个"想象的概念"或言"纯粹的理论",对立法的内容和相互关系所作的理性思考和合乎逻辑的制度设想。这一概念的形成及其在各部门法中的运用,所反映和体现的就是立法主体对于法律融贯性和科学性的良好追求,由此来看,经过理性思考和逻辑改造所形成的法律体系设想,事实上就是对立法内容如何组织以及立法工作如何开展所作出的蓝图设计,其对于立法的制定和完善起着重要的指导作用。

在我国法律体系形成之前,为了形成"有法可依"的基本法治秩序,各级立法机关在改革开放的三四十年间迅速通过了大量规范社会生活方方面面的法律规则。这些法律规则的出台有力地提高了我国的法治水平,或者说是法制建设水平,在此基础上初步建立起了基本满足社会发展需求的法律体系。[4]但是观察我国现有的法律体系,虽然各部门法的主要立法已经基本到位,但是不可忽视的是,在目前的法律体系之中还充斥了不少相互冲突与重复的法律规则。在此意义上而言,我国现有的法律体系的形成更接近于立法数量上的胜利,并非是实质上规则体系的建成。"法律的完整性只能是永久不断地对完整性的接近而已",[5]在所谓的"后立法时代",有必要更加注重立法的体系化问题,解决法律法规之间不相协调和不合逻辑的地方,以促进法律体系内的全面系统与高效协调。

国家监察立法是国家监察体制改革工作的核心工作,也是"后立法时代"

---

[1] 参见张文显教授对于法律体系的定义。其认为法律体系是"由一国现行的全部法律规范按照不同的法律部门分类组合而形成的一个呈体系化的有机联系的统一整体",国内学界大多也持类似主张。张文显主编:《法理学》,高等教育出版社2003年版,第98页。

[2] 参见〔奥〕凯尔森:《法与国家的一般理论》,沈宗灵译,中国大百科全书出版社1996年版,第1页。

[3] 〔比〕范·胡克:《法律的沟通之维》,孙国东译,法律出版社2008年版,第146~147页。

[4] 朱景文:"中国特色社会主义法律体系:结构、特色和趋势",载《中国社会科学》2011年第3期。

[5] 〔德〕黑格尔:《法哲学原理》,范扬等译,商务印书馆1961年版,第225页。

对我国立法工作的一次重大考验。此次改革将在人大之下设置在法律地位上与"一府两院"相平行的监察委员会，由其集中统一行使国家监察和反腐败职能。面对如此重大的政治体制改革，就不仅仅要对改革成果进行立法转化，还必须将立法工作从幕后摆到改革的前台，以充分发挥立法对改革实践的指引作用，确保改革始终在法治的轨道内进行。观察我国之前的重要国家机关立法或重大改革立法，往往因缺乏必要的立法规划而呈现出严重的"碎片化"和体系性不足问题。[1]如有学者以刑事立法的"碎片化"问题为例，认为碎片化的刑法修正案立法方式在实质上破坏了 1997 年《刑法》的外部面相和内部逻辑；[2]还有学者以消费者保护领域惩罚性赔偿规则的碎片化的问题为例，指出正是由于赔偿规则的系统化缺失造成了国内惩罚性赔偿规则的适用困难[3]；等等。以上研究所指出的问题并非个例，而是事实上存在于各部门法中的普遍问题，可以说立法体系性缺失的问题也是我国法律体系尚待完善的重要原因。

为此，对于国家监察立法来说，由于本次立法工作涉及的法律法规数量众多，如果再像以往一样，本着"成熟一个、通过一个"的"碎片式"立法思路进行立法，就不可避免地会由于立法工作的失序导致监察改革步伐的失调，进而直接影响监察制度的落地和建立。所以，为保持立法工作自身的节奏和计划，就必须预先确定立法工作的规划和具体方案，并按照该方案逐一推动监察立法的出台，通过科学的立法逻辑和规则来规控改革的内容和方向。为此，在监察立法工作中必须坚持和贯彻以下体系化要求：

其一，形式的一致性。形式的一致性即要求构成监察立法体系的诸项法律规则应当符合系统性和融贯性的外观要求。国家监察立法工作涉及的立法任务种类繁多，有的立法是必须先于改革出台，以确认改革的合法性以及引领改革方向的，而有的立法则要在全部改革结束之后才能进行修改，其主要目的是对改革成果的固定和转化。由于这些立法工作分散于不同的立法领域和不同的改革时期，受特殊的时势和立法背景影响，这些立法不可避免地会出现前后规定不相一致，立法的重复或者缺失的问题。为此，就必须要使用

---

〔1〕 怊解君："法治建设中的碎片化现象及其碎片整理"，载《江海学刊》2005 年第 4 期。

〔2〕 梁根林："刑法修正：维度、策略、评价与反思"，载《法学研究》2017 年第 1 期。

〔3〕 刘大洪、段宏磊："消费者保护领域惩罚性赔偿的制度嬗变与未来改进"，载《法律科学（西北政法大学学报）》2016 年第 4 期。

体系化的思维和方法，有序安排"监察立法群"中各项立法的立法时机和立法内容，确保整个监察法律制度先后一致，既不遗漏也不重复。

其二，价值的统一性。价值的统一性即要求构成监察立法体系的诸项法律规则在立法目的和价值取向方面是整体统一的。国家监察立法作为我国法律体系中重要的子系统，只有在整体一致的立法价值之上才可能形成体系化的制度实践。胡克认为，法律系统的融贯性应当建立在系统内各要素的内在聚合性之上，具有共享的价值目标。[1]如对于监察程序法的立法来说，最重要的目标就是规控监察权的行使以保障被监察对象的合法权益。那么在监察立法体系的其他规则中就不能出现要扩大监察范围的条款和表述，以避免统一体系内的价值冲突与矛盾。

其三，逻辑的严密性。逻辑的严密性即要求构成监察立法体系的诸项法律规则在整体架构上符合一定的逻辑性。逻辑性是体系化的生命所在，也是体系最为直接的表现。[2]监察立法的体系化的关键就在于如何将诸多零散的立法有效组织以形成逻辑严密的整体。其工作的难点在于打破"自行其是"的单行立法的封闭结构，使体系内的各要素都具有一定的开放性，从而建立起各要素之间整体的有机联系，在理顺各项立法之间的逻辑关系上，形成周延和自洽的立法体系。

第二节　国家监察立法的基本任务

按照体系化的立法工作要求，国家监察立法工作首先要解决的问题是，监察立法体系内应当包含哪些要素，以及这些要素如何科学组织等问题。[3]为此，有必要在厘清监察立法的应然范围的基础上，对监察立法体系内各项立法的相互关系，以及各项立法在现有法律体系中的角色与地位等内在关系做一全盘的考虑，并通过体系化思维和方法的运用，科学安排立法工作的重点、次序，以确保监察立法工作的有序进行，早日建立科学完善的监察立法体系。

---

〔1〕　[比] 范·胡克：《法律的沟通之维》，孙国东译，法律出版社 2008 年版，第 160 页。

〔2〕　参见王利明："中国民事立法体系化之路径"，载《法学研究》2008 年第 6 期。

〔3〕　参见钱大军、卢学英："论法律体系理论在我国立法中的应用"，载《吉林大学社会科学学报》2010 年第 4 期。

一、立法框架与内容

国家监察立法工作包括以下具体内容：

（1）修改宪法。基于国家监察改革已经突破了现有的权力格局，成了由人大产生、与"一府两院"相平行的重要国家机关。为此，国家监察立法工作首先就要对当前的宪法进行修改，在宪法层面对改革进行合宪性的确认，并借此固定由改革所触发的宪制秩序的变动。宪法修改的重点是在《宪法》第三章国家机构条款中，设置专门一节对监察委员会的机构性质、职权范围等核心内容进行规定，并对与改革内容相冲突的部分条款进行修改。

（2）制定《监察法》。在国家监察委员会成立之后，作为集中行使国家监察职责和反腐败职责的重要国家机关，有必要通过专门立法的方式对监委会的职权范围、权力类型、行使方式以及具体措施进行规定。《监察法》是以监察权的行使过程为中心内容的行为法，鉴于其重要地位，有必要以全国人大或全国人大常委会通过的方式，赋予其在我国法律体系中的基本法性质。

（3）制定《国家监察委员会组织法》。国家监察委员会作为重要的国家机关，有必要仿效人大以及"一府两院"的立法实践，制定自己的组织法，专门规定国家监察委员会的组织体系问题。《国家监察委员会组织法》是对宪法中监察委员会条款的延伸和具化，通过组织法的制定，将在确立其宪法地位和机构属性的基础上，进一步明确监察委员会的权力来源、组织架构、内部机构设置、人员选任资格及选任方式。

（4）制定《国家监察委员会程序法》。通过完善的行为程序来监督和约束公权力的行使，是近现代法治实践的基本经验。[1]作为专责监察职能的国家监察委员会在监督国家公职人员权力行使的同时，其手中掌握的庞大监察权力也必须得到严格的监督和羁束，否则就会迎来"谁来监督监督者"这一正当性的诘问。制定监察程序法，通过严密的程序规范监察权的行使，防止权力的滥用和自我腐败的发生，同时也起到了保障被监察对象合法权益免受公权力侵犯的重要作用。

（5）修改或废止《行政监察法》。根据改革要求，行政监察部门的相关职能要整体转隶于监察委员会，由监察委统一行使监察职权。但从《改革决

---

〔1〕 季卫东：《法律程序的意义》，中国法制出版社 2012 年版，第 37 页。

定》的内容来看，监察委员会所拥有的职权并未完全覆盖原行政监察机关所享有的职权，故而，在行政监察机关整体转隶的前提之下，这些遗留的行政监察职权将何去何从，成了监察立法所必须要解决的问题。如果将其合并在监察委员会的职权之中，那么《行政监察法》就无存在的必要，可以直接废止。但如果监察委员会在改革中并不愿意接纳这些职权，立法机关就须为这些职权找到新的组织来行使，那么修改《行政监察法》就成了改革必要的内容之一。

（6）修改《刑事诉讼法》。在改革之后，监察委因吸收了检察院的职务犯罪侦查权，使得目前《刑事诉讼法》的大量规定都已经不符实际，亟须进行大规模的修改。从总则中对刑事诉讼任务的分配到侦查环节中的相关规定都需要进行逐一的修改，第二章第十一节"人民检察院对直接受理的案件的侦查"将面临整体取消。鉴于《刑事诉讼法》的重要地位，必须在改革试点阶段结束之后，根据试点地区监察权的运行情况，再行《刑事诉讼法》的修改事宜，审慎决定《刑事诉讼法》的修改范围和幅度。

（7）修改《人民检察院组织法》《检察官法》。根据改革方案的要求，试点地区人民检察院反贪反渎和职务犯罪预防部门将整体转隶到监察委员会中，此举必将对现有的检察机关组织体系产生重大影响。为此，势必要根据改革内容，修改检察院组织法中检察职权的相关规定，限缩其直接受理的案件范围。此外，也要相应地对《检察官法》第6条之检察官的职责规定进行修改。

（8）修改《人民警察法》《监狱法》《治安管理处罚法》。由于行政监察机关的职能转移到了监察委员会，故而，对于公安机关及其人民警察违法违纪行为的检举，都应从人民检察院、行政监察机关修改为监察委员会，对于职务犯罪罪犯提供的控告检举材料的接受主体，也应从人民检察院修改为监察委员会。[1]

（9）修改《全国人民代表大会组织法》《地方各级人民代表大会和地方各级人民政府组织法》《各级人民代表大会常务委员会监督法》。根据改革方案的要求，新成立的监察委员会将由试点地区人大产生，并对其负责，受其监督，监察委员会也随之成了我国人大制度的重要组成部分。由于我国现有的人大制度中缺乏监察委员会制度的存在空间，所以，为了适应改革后新的工

---

[1] 参见童之伟："将监察体制改革全程纳入法治轨道之方略"，载《法学》2016年第12期。

作任务和要求，相关法律法规必须进行必要的立法调整和修改。

二、立法次序与重点

监察体制改革所涉及的立法任务十分繁重，仅法律层面的立、改、废内容就已经有十多项，为避免出现无序立法、低效立法的问题，本次监察立法工作应当在系统化和体系化的思维的指导下，预先确定监察立法工作的次序和重点，将监察立法工作进行科学的分解和逐一实施。

（一）监察立法的次序

立法工作的次序实质上就是对立法工作的科学安排，对于涵括了多项立法任务且要实现一定体系化要求的立法工作，就需要遵循立法工作的自身规律和体系内立法之间的逻辑关系，逐一制定和颁行相关立法，以避免立法体系的无序和逻辑缺失。立法工作的次序问题虽然并未受到各方的重视，但是这一问题已经在事实上对立法的实施产生了重大影响。尤其是在一些重大制度的立法过程中，如果该"法律法规群"的出台缺乏科学的逻辑安排，甚至是完全无序地进行立法，就会直接影响到制度实效的发挥，甚至是引起对其价值追求的严重背离。对此，有学者以环境公益诉讼的立法为例，指出由于环境行政公益诉讼和环境民事公益诉讼的立法顺序颠倒，导致了在环境公益诉讼中政府和法院的职责错位，环保团体的角色扭曲的后果，从而在根本上阻滞了公益诉讼制度目标的实现。[1]为此，监察立法工作如欲实现科学化和体系化，就必须摒弃和改进以前的做法，严格遵循各项立法内容的逻辑顺序，逐一颁布或修改相关法律法规，切不可因为部分立法审议的阻滞，打乱各项立法颁布实施的既定顺序。为此，监察立法工作可按照以下次序展开：

（1）修改宪法。本次国家监察立法工作所必然遇到的重大难题是，即将成立的监察委员会在国家根本大法中缺乏基本的宪法依据。根据中央"重大改革必须于法有据"的要求，监察立法工作首先要解决的问题就是监察制度的合宪性和合法性。为此，在监察立法工作中首先应当通过修改宪法，增设必要的监察委员会条款，为监察制度的改革和立法工作的展开提供基本依据，若无此，则整个监察立法工作就无从谈起，没有"依据宪法"，遑论"制定本法"？

---

[1] 王曦："论环境公益诉讼制度的立法顺序"，载《清华法学》2016年第6期。

（2）制定《监察委员会组织法》。组织法对于机构建立和设置来说无疑具有重要的基础性地位，组织法在承接宪法规定的基础上，通过对机构的组织体系进行全面规范，起到了建构监察委员会制度的基本框架的重要作用，在此基础上，也为后续监察行为法和监察程序法的立法工作提供了基本的组织框架。

（3）制定《监察法》《监察委员会程序法》。《监察法》作为规定国家监察制度的基本法，在组织法建立之后，监察委员会的机构组织体系、职权范围和人员选任与组成等内容就得到了基本确定。在此基础上，《监察法》的重点应放在对监察权行使过程的规定上，而在行为法立法之外，对国家监察权行使方式的程序性规定，可以通过制度程序法的方式予以确定，并作为对监察法的必要补充。从立法次序上来看，行为法和程序法可以同时制定，或者可以先制定行为法，再行制定程序法，但不可先出台程序法，再制定《监察法》，如果这样就逻辑颠倒了。

（4）修改《刑事诉讼法》《行政监察法》。在完成了国家监察制度的核心立法任务之后，就应当按照已经确定的制度内容，对与监察制度改革关系最为密切的基本法进行修改，修改《刑事诉讼法》中有关检察院自侦案件的条款，以及大幅度地修改《行政监察法》。[1]

（5）修改《人民检察院组织法》《检察官法》。在监察体制改革之前，《人民检察院组织法》和《检察官法》的修改受司法改革的驱动和影响，已经被立法机关提上了立法日程，并开展了一系列修法研究和筹备活动。[2]但监察体制改革对于检察机关职权的重大调整，事实上已经打破了原有的立法规划。为此，有必要审慎决定"两法"的修改事宜，最好在监察制度改革内容基本确定之后，再统一进行修改，以实现立法修改与司法改革、监察体制

---

〔1〕 在2015年3月8日举行的十二届全国人大三次会议第二次全体会议上，张德江同志在受全国人大常委会委托向大会报告工作时指出，要推进反腐败国家立法，研究修订行政监察法，把行政监察法的修改作为反腐败立法的重点，以落实习近平总书记在中纪委十八届六中全会提出的"健全国家监察组织架构，形成全面覆盖国家机关及其公务员的国家监察体系"的要求。参见凤凰网：http://news.sohu.com/20160229/n438857885.shtml，访问日期：2017年3月23日。

〔2〕《检察院组织法》和《检察官法》的修改在2015年就被列入了《十二届全国人大常委会立法规划》，由全国人大内司委组织和负责修改工作，在2017年3月十二届全国人大五次会议上，时任委员长张德江称2017年将重点修改《人民检察院组织法》《法院组织法》等法律。参见2017年《全国人民代表大会常务委员会工作报告》。

改革的良好配合，防止两次改革在此项立法修改中可能出现的相互掣肘现象，影响检察机关工作的政策开展和职能的有效发挥。

（6）修改《全国人民代表大会组织法》《地方各级人民代表大会和地方各级人民政府组织法》《各级人民代表大会常务委员会监督法》《人民警察法》《监狱法》《治安管理处罚法》。相对来说，以上法律受监察体制改革的影响并不大，只需要对部分条文进行简单修改即可，所以，可以在改革全面推行之后，通过全国人大及其常委会决定的方式，对受改革影响需要修改的立法，统一"打包"进行修改，以提高立法工作的效率，节约立法资源。

（二）监察立法工作的重点

基于监察体制改革的广度和深度，监察立法工作的内容也是相当的庞杂和繁重。为此，立法机关必须秉轴持钧、洞中肯綮，明确监察立法工作的重点，以集约运用立法资源，科学推进监察立法工作。根据上文对相关立法工作的逐一梳理，围绕建立集中统一、权威高效的监察体系这一根本目标，国家监察立法工作的重点应放在对现行宪法的修改以及国家监察法"三部曲"（即作为行为法的《监察法》，作为组织法的《国家监察委员会组织法》以及作为程序法的《国家监察委员会程序法》）的建立上。在以上四项立法工作完成之后，国家监察立法体系的骨干内容就基本确立了，并通过对监察体制改革合宪性和合法性依据的解决，为后续的改革立法提供了基础和前提。

在主体框架确定之后，监察立法的重点任务就是对相关重要立法的修改工作，尤其是对作为国家基本法的《刑事诉讼法》《检察院组织法》和《检察官法》的修改工作。对于"两法"的修改来说，由于监察体制改革和司法改革在检察职权调整上的直面相遇和内容冲突，在修法过程中就既需要固定司法改革对于检察机关员额制改革、司法责任制改革等相关成果，也需要对监察体制改革中所涉及的反贪反渎和职务犯罪预防职权的转隶问题进行回应，以对检察机关日后工作的方向和内容作出制度性安排。此外，由于本次改革在事实上改变了《刑事诉讼法》关于检察机关职权的基本规定，所以《刑事诉讼法》也将面临在 2012 年大修之后的再次重大修改。有学者认为，对于基本法的修改理应保持一定合理的时间间隔，防止对法律体系的稳定性造成破坏，但是基于刑事诉讼法在刑事司法中的重要地位，为了不人为地制造法律实施与适用的难题，有必要在改革试点结束之后尽快启动对刑事诉讼法的修改工作。

第三节　国家监察立法的重点任务

在监察立法清单之中，修改宪法、制定《监察法》《监察委员会组织法》以及《监察程序法》等，为监察立法的体系化提供了基本的制度框架和规则指引，对于监察法律制度的形成具有关键的基石作用。为此，这些具有准据性意义的立法应当成为建构监察立法体系的重点所在。

一、修改宪法

十八届四中全会《决定》提出"重大改革要于法有据"，"所有立法体现宪法精神"，作为事关全局的重大政治改革，监察改革必须满足基本的合法性与合宪性要求。改革方案提出："监察委员会由本级人民代表大会产生，对本级人民代表大会及其常务委员会和上一级监察委员会负责，并接受监督。"由此，监察委员会将由人大直接产生，成为与"一府两院"在法律地位上相并行的重要国家机关。而在改革中吸收了行政监察权和部分检察职权的监察委员会，实际上已经构成了我国权力架构中新的权力单元，更改了现有的人大制度之下由"一府两院"分享国家权力的宪制框架。[1]对于这样的改革内容，现行宪法显然没有相关的制度准备和释宪空间。所以，为保障改革的合宪性，有必要对现行宪法进行相应的修改，但宪法作为国家的根本大法，是国家法律秩序和社会秩序形成与维护的根本保障[2]，从国家发展与稳定的全局出发，必须审慎考虑修宪的范围和强度，以确保现有宪法秩序的稳定。此外，在修宪过程中还必须要区分清楚宪法问题和法律问题，不属于宪法问题的，就无需通过修宪的方式进行规定。在这样的考虑之下，可以考虑在国家机构一章中设专节，对监察委员会的宪法地位、职权范围和组织架构进行明确，与之相对应，要在宪法总纲中增加相关规定，并在人大职权中增加对监察机关人员任职与罢免的相关表述。具体而言，宪法修改要明确以下内容：

（一）明确监察委员会的性质和宪法地位

宪法中的国家机构条款一般就是对特定机构属性和宪法地位的根本确认，

---

〔1〕　林彦："从'一府两院'制的四元结构论国家监察体制改革的合宪性路径"，载《法学评论》2017年第3期。

〔2〕　周叶中：《宪法学》，高等教育出版社2011年版，第375页。

如国务院在宪法中的定位是最高国家行政机关，检察院的定位是国家法律监督机关等。为此，在监察体制改革中，作为对改革合宪性的根本保障和确认，监察委员会的机构性质必须在宪法中予以明确规定。对于监察委员会的性质问题，改革方案中的表述为"国家反腐败工作机构"和"行使国家监察职能的专责机关"〔1〕。"反腐败工作机构"一般是指为了打击腐败犯罪而成立的专门机构，该表述显然无法作为机构属性用在宪法对于监察委员会的规定之中。而"行使国家监察职能的专责机关"这一说法只是对监察委职权的一般描述，其背后所蕴含的权力现象是监察委吸纳了部分行政权和检察权之后，将行使独立于行政权和司法权之外的监察权。因此，可以从其行使的职权出发，认为监察委员会就是我国的监察机关，而之后所要成立的最高监察委员会就是最高国家监察机关。作为专职行使监察权的国家机关，监察委员会在法律地位上也将与由人大产生的"一府两院"相平行，形成"一府一委两院"（"一委"即监察委员会）的国家机构新格局。

（二）规定监察委员会的组织架构

组织架构是国家机关设置和运行的重要内容，一般包括隶属关系、领导方式、机构设置、人员构成、任职资格及任免方式等内容，但其中具有宪法意义、能够决定该机构基本面貌的内容主要为隶属关系、领导方式、机构设置等内容。从改革内容来看，"国家监察委员会由本级人大产生，对本级人大及其常委会和上一级监察委员会负责，受本级人大及其常委会和上一级监察委员会监督"。根据此表述，学界大多认为监察委员会在领导方式上将与人民检察院的"双重领导"模式类似，即监察委员会在对同级人大及其常委会负责的同时，也要对上级监察委员会负责。〔2〕但值得注意的是，我国宪法对于检察机关纵向组织关系的规定，除了"地方各级人民检察院对产生它的国家

----

〔1〕《方案》提出，"深化国家监察体制改的目标，是建立党统一领导下的国家反腐败工作机构"，"由省（市）代表大会产生省（市）监察委会，作为行使国家监察职能的专责机关"等说法。姜洁："中办印发《关于在北京市、山西省、浙江省开展国家监察体制改革试点方案》"，载《人民日报》2016年11月8日。

〔2〕参见秦前红："监察体制改革的逻辑与方法"，载《环球法律评论》2017年第2期。当然也有学者指出，国家监察委上下级领导方式不同于人民检察院，"未来国家监察机关的体制应该具有比检察机关内部领导关系的领导性更强的特性"。但从当前的改革试点方案来看，还尚且无法断定两机构的模式到底有何不同，在新的改革文件出台之前，应当认为监察委员会还是采取了类似检察机关的"双重领导"模式。参见姜明安："国家监察法立法初探"，载《中国法律评论》2017年第2期。

权力机关和上级人民检察院负责"之外，还在第 132 条规定了"最高人民检察院领导地方各级人民检察院和专门人民检察院的工作，上级人民检察院领导下级人民检察院的工作"。这事实上是在下级检察院要对上级检察院负责的关系之外，通过上下级领导关系的建立增强了其对下级机关的领导和控制。而对于监察委员会的纵向组织关系来说，现有规定并不能完全推出其将与检察机关"双重领导"模式一致。换言之，上下级监察委员会之间到底是领导与被领导的关系，还是借鉴行政机关和党的纪检机关领导性更强的下级服从上级的关系，还需要在改革实践中予以试验和明确。此外，监察机关的机构设置也必须在宪法中予以明确，可仿效司法机关的机构设置，在中央建立最高监察委员会作为国家最高监察机关，在地方分别设置省级、地市级和区县级监察委员会作为地方监察机关。考虑到特殊领域监察的专业需求，可设置军事监察委员会和专门的监察委员会，负责不同领域的监察工作。

（三）明确监察委员会的机构职责

根据改革方案，监察委员会将对"所有行使公权力的公职人员"履行"监督、调查、处置"三项职责。此外，《决定》还赋予了监察委员会谈话、讯问、询问、查询、冻结、调取、查封、扣押、搜查、勘验检查、鉴定、留置等 12 项措施手段。由此，监察机关的法定职责就是对公权机关履职活动、公职人员贪腐行为行使监督、调查和处置之权。而至于其"监督、调查、处置"职责的具体内涵，以及 12 项监察手段的适用方式和程序，则需要在《监察法》《监察委员会组织法》和《监察程序法》中分别予以明确。除此之外，监察委员会作为重要国家机关，还需要承担宪法上对其他国家机关作出的一般职权内容，如监察委员会可以向全国人民代表大会或者全国人民代表大会常务委员会提出议案；统一领导地方各级国家监察委员会的工作，规定中央和省、自治区、直辖市的国家监察委员会的职权的具体划分；改变或者撤销地方各级国家监察委员会不适当的决定和命令等。当然，作为重要国家机关的监察委员会自然也将享有监察法规的制定权，地方各级监察委员会和专业监察委员会将根据《立法法》所规定的立法权限，享有地方监察法规和监察规章的制定权。

（四）宪法修改的方式

鉴于监察体制改革对当前的宪制结构的影响和冲击，在传统的宪法解释理论无法有效回应改革要求的情况下〔1〕，宪法必须适时修改以适应国家权力的重新配置〔2〕，无此，则任何形式的释宪活动和立法活动都无权为其进行合宪性和合法性的背书。故而，作为改革得以实质性推进的前提，修宪将成为监察法治体系建构的重点所在。当然，作为国家的根本大法，宪法修改必须审慎，采用怎样的修宪方式以及对监察委的性质和地位如何规定，应综合考虑改革方案和现行宪法的承载力，以确保国家法律秩序和社会秩序的基本稳定。〔3〕对此，宪法应当进行如下修改：

其一，增设专节对监察委员会的宪法地位进行规定。结合上文对其机构性质和宪法地位的论述，有必要在宪法修改中增设专门的国家机构条款，以将监察委员会纳入到现有的国家机构体系之中。具体可表述如下：①监察委员会是国家监察机关，是行使国家监察职能的专责机关；②国家监察机关由人民代表大会产生，对它负责，受它监督；③最高监察委员会是最高监察机关，在监察体系中处于最高地位，各级监察委员会应接受最高监察委员会的领导。关于监察委员会在宪法"国家机构"一章中的位置问题，建议将其置于人民法院和人民检察院之前，以适应其自身的机构定位。当然，也有学者以监察机关应接受检察机关审查起诉和审判机关的审判监督为由，提出了监察组织地位应不高于审判机构的观点。〔4〕对此，我们须认识到监察权是与立法权、行政权和司法权相并列的国家"第四权"，并非只是刑事司法领域的职务犯罪侦查权，其职权的应用不只局限在刑事司法领域，还将作为国家监督权的一种特殊形式在国家治理中发挥重要作用。所以，对于国家机构在宪法规定中的前后地位，不应只关注到其工作上的前后衔接关系，而应当从国家权力配置和国家治理结构的大局出发予以考虑，赋予监察机关足够权威的宪法地位，以支持国家监察权的充分、有效行使。

其二，修改国家机构条款。改革之后，现行宪法中对于人大制度的规定、对于国务院职权的规定、对于检察机关职权的规定都面临着较大范围的修改。具体而言：①对于人大制度而言，须修改宪法关于全国人大选举、罢免的人

---

〔1〕 焦洪昌、叶远涛："论国家监察体制改革的修宪保障"，载《北京行政学院学报》2017年第3期。

〔2〕 郑磊："国家监察体制改革的修宪论纲"，载《环球法律评论》2017年第2期。

〔3〕 周叶中：《宪法学》，高等教育出版社2011年版，第375页。

〔4〕 参见童之伟："国家监察立法预案仍须着力完善"，载《政治与法律》2017年第10期。

员范围的规定，全国人大常委会不得兼任其他国家机关的职务的规定，其监督权的行使范围以及全国人大闭会期间任免权的行使范围的规定；须修改关于地方各级人大选举、罢免的人员范围的规定，各级人大常委会不得兼任其他国家机关的职务的规定，其监督权的行使范围以及全国人大闭会期间任免权的行使范围的规定。②对于行政制度而言，须修改关于国务院领导和管理民政、公安、司法行政和监察等工作的规定。③对于司法制度而言，将必须更改宪法关于公民人身自由不受侵犯的规定，关于通信自由和通信秘密的规定，以及公、检、法三机关之间分工负责、互相配合、互相制约的规定。

二、制定《监察法》

鉴于试点地区对监察立法的迫切需求，作为监察基本法的《监察法》有望最先出台。[1]而在此背景下，即将出台的国家监察法事实上将包括组织法、行为法和程序法的基本内容，但从建构监察立法体系的角度来讲，基本法与宪法、基本法与重要的单行法、基本法与配套性法律之间必须要有立法内容的区分。否则不仅会导致立法内容的重复，还会影响到立法的体系化和科学化程度。为此，先行出台的《监察法》必须明确自身的立法重点和立法方向，既要避免对宪法文本的简单重复，又要为后续立法留足空间。具体而言，围绕规范国家监察行为这一核心，《监察法》的立法应当重点做好以下工作：

（一）细化监察职权的规定

按照我国的立宪实践经验，宪法中所规定的监察委员会职责应该只是对其职权的抽象列举，对于各项职权的具体内涵和运作程序则难以做出明确规定。为此，国家监察法必须要对监察委员会"监督、调查、处置"三项职责进行细化规定。①监督权，即"监督检查公职人员依法履职、秉公用权、廉洁从政以及道德操守情况"，监察委员会在统合了原行政监察权和检察机关的部分法律监督权之后，既能够对所有行使公权力的公职人员进行监督，也可

---

〔1〕 在今年刚结束的全国"两会"中，全国人大常委会法工委相关负责人已经公开表示，将《行政监察法》修改为《国家监察法》作为今年全国人大的立法重点工作，已经列入了今年的立法工作计划之中。参见全国人大常委会法工委副主任许安标就"国家监察法立法的相关情况"答记者问。其在新闻发布会中提到，"将行政监察法修改为国家监察法，这是今年的立法重点……拟于2018年3月提请十三届全国人大一次会议审议"等国家监察法的立法情况。6月24日，全国人大常委会已经分组审议了《监察法（草案）》。

以对公权力活动和行使过程展开全面监督。②调查权，即为"调查涉嫌贪污贿赂、滥用职权、玩忽职守、权力寻租、利益输送、徇私舞弊以及浪费国家资财等职务违法和职务犯罪行为"。作为监察委员会的核心职权，其包括了一般调查权和特殊调查权两种形式，一般调查权是对公职人员的违法乱纪行为进行调查，而特殊调查权只针对职务犯罪行为，即来源于检察机关在改革中转隶的职务犯罪侦查和预防权。当然，监察委员会调查权虽然可以分为党纪和行政调查，以及职务犯罪侦查两个层面，但其"调查"和"侦查"的属性并不是截然分开和相互对立的。[1]换言之，监察委员会的调查权事实上是既包括"调查"属性，也包括"侦查"属性，既可以认为其是监督权的一种，也在事实上具有司法权的特性。③处置权，即"对职务违法和职务犯罪行为作出处置决定，对涉嫌犯罪的，移送检察机关依法提起公诉"。与调查权相对应，处置权也将分为对一般的违法违纪行为的处置和对涉嫌职务犯罪行为的处置，如果是违反党纪和行政纪律，监察委员会可以直接对违纪违法的公职人员进行警告、记过、降级、撤职和开除公职等处分，或者以向相关单位提出监察建议的方式对其进行处置。但如果有公职人员涉嫌职务犯罪，监察机关就不能享有最终的处分权，而必须由司法机关行使终局的处分权。[2]

（二）明确监察权行使的基本手段

为规范监察权的行使，必须要对监察委员会现有的 12 项履职手段进行具体规定。鉴于谈话、讯问、询问、查询、冻结、调取、查封、扣押、搜查、勘验检察、鉴定等手段都可以在刑事诉讼法或者党的纪律监督规则中找到可供参考的规范，所以，留置手段的使用方式和程序就成了该项立法的重点所在。[3]在当前的法律规范中，与留置手段的内涵较为相近的是《警察法》中第 9 条所规定的"留置盘查"措施。其规定，"经盘问、检查，有下列情形之

---

〔1〕　参见秦前红："监察体制改革的逻辑与方法"，载《环球法律评论》2017 年第 2 期；秦前红、石泽华："监察委员会调查活动性质研究——以山西省第一案为研究对象"，载《学术界》2017 年第 6 期。

〔2〕　吴健雄、李春阳："健全国家监察组织架构研究"，载《湘潭大学学报（哲学社会科学版）》2017 年第 1 期。

〔3〕　对此，学界主要出现了三种观点：一是认为留置可以作为强制措施的一种监察手段；二是认为留置是对当前纪委和监察机关"双归""双指"进行规范化的一种监察手段；三是认为留置是兼具强制措施性质和调查取证措施性质的一种监察手段。参见姜明安："国家监察法立法初探"，载《中国法律评论》2017 年第 2 期。

一的,可以将其带至公安机关,经该公安机关批准,对其继续盘问",随后又具体规定了留置的时间和留置后的处理措施,即"对被盘问人的留置时间自带至公安机关之时起不超过二十四小时,在特殊情况下,经县级以上公安机关批准,可以延长至四十八小时,并应当留有盘问记录。对于批准继续盘问的,应当立即通知其家属或者其所在单位。对于不批准继续盘问的,应当立即释放被盘问人"。鉴于目前"双规""双指"手段由于缺乏规范和监督而饱受诟病的情况,在留置措施的相关立法中,有必要对其适用的范围和方式进行限定,对于在何种情况下可以采取留置措施以及如何采取留置措施进行充分的说明。而根据《刑事诉讼法》和《警察法》的相关规定,我们认为留置的时间应当严格限定,一般情况下对被监察对象的留置时间自带至监察机关之时起不超过 24 小时。在特殊情况下,经上级监察机关批准,最多延长至 48 小时。对于批准继续盘问的,应当立即通知其家属或者其所在单位,以实现对被监察对象基本人权的保障。

(三) 明确监察对象的范围

改革方案提出,监察委员会要对"所有行使公权力的公职人员"实行监督,但如何理解"公权力"和"公职人员",又如何确认监察对象的具体范围,在社会上还存在着一定争议。如现任监察部副部长肖培将"所有行使公权力的公职人员"概括为六大类:一是《公务员法》所规定的国家公职人员,具体包括中国共产党机关、人大机关、行政机关、审判机关、检察机关、民主党派机关、工商联机关的公职人员,以及参照公务员管理的人员;二是由法律法规授权,或者由行政机关委托行使公共事务职能的公职人员;三是国有企业的管理人员;四是公办教育、科研、文化、医疗、体育事业单位的管理人员;五是社会自治组织中的管理人员;六是其他依法行使公共事务职能的人员。[1]而马怀德教授则认为"行使公权力的公职人员"包括但不局限于《刑法》中的"国家工作人员"和《公务员法》中的"公务员",并将其概括为以下九类人员:中国共产党各级机关工作人员;各级人民政府工作人员;各级司法机关工作人员;各级人大机关工作人员;各级政协机关工作人员;民主党派各级机关工作人员;法律法规授权组织内行使国家公权力的国家工作

---

〔1〕 参见"监察部副部长肖培:国家监察委员会将监察六大对象",载人民网:http://fanfu. people. com. cn/n1/2017/0109/c64371-29009575. html,访问日期:2017 年 3 月 6 日。

人员；科、教、文、卫、体等事业单位的工作人员；国有企业管理人员。[1]至于监察对象的范围到底如何，还有待立法部门的进一步研究，但必须要强调的是，监察对象的确定不能有损其他机关职权的独立行使。[2]总的来说，监察对象的范围应当以是否行使国家公权力作为判断标准，对于科、教、文、卫单位中不行使国家公权力的普通公职人员，就不宜纳入国家监察的范围，以避免监察权的滥用。为此，监察对象的范围还是应以相关法律法规规定的人员类型为主。具体而言，"所有行使公权力的公职人员"应包括《公务员法》所规定的国家公职人员，法律法规授权组织内行使国家公权力的国家工作人员，以及国有企业和科、教、文、卫、体单位中的行使国家公权力的管理人员等。

（四）完善监察组织的规定

在《监察委员会组织法》无法及时出台的情况下，《监察法》必须承担起搭建基本的监察组织架构和确立基本的监察组织制度的任务。当然，国家监察法中规定的组织法内容还是应当与日后的监察组织立法有所区别，以发挥其在监察立法体系中的不同功能。具体而言，国家监察法须对以下监察组织内容进行规定：①明确监察机关的纵向组织关系，即要明确中央和地方各级监察委员会的隶属关系，明确各级监察委员会与同级人大的隶属关系，细化改革《决定》关于"监察委员会对（本级人民代表大会及其常务委员会和）上一级监察委员会负责，并接受监督"的规定；②明确监察机关的横向组织关系，即要明确监察委员会内设机构的设置及其权责分工；③明确监察机关的人员任免程序，即要明确各级监察委员会主任、副主任以及组成人员的任免程序，在各级监察委员会的主任由同级人大选举产生之外，规定监察委员会的副主任与成员的提名和任免程序。

（五）加强对监察权的监督

改革后的监察委员会"位高权重"如果没有必要的监督程序，就会不可避免地导致监督机构的自我腐败和堕化。因此，为了破解"最后的监督者"难题，《监察法》必须将监督监察权的行使作为立法重点，以建立起一套行之

〔1〕 参见马怀德："《国家监察法》的立法思路与重点"，载《环球法律评论》2017年第2期。

〔2〕 如秦前红教授就指出，监察委只能对人大的工作人员进行监督，而不能对人大代表进行监督，否则将会有损代议制民主的实现。参见秦前红："监察体制改革的逻辑与方法"，载《环球法律评论》2017年第2期。

有效的监督制约机制，防止监察权自身成为权力的脱缰野马。[1]为此，监察委员会应当接受以下监督：①人大监督。作为由人大产生的监察委员会，当然需要接受来自人大的监督。在监督的限度上，为了确保庞大的监察权不被滥用，人大对其的监督必须是全面而严格的，除了正常的人事任免之外，还应进行听取和审议监察委员会的工作报告、询问和质询、特定问题调查以及撤职等监督。②司法监督。检察机关作为法定的法律监督机关，有权对监察委员会调查终结后移交给检察院的案件进行审查和监督，有权对于不属于犯罪的案件进行撤销或者不予批捕。检察机关还可以对监察委员会作出的决定或者采取的强制措施进行广泛的法律监督。人民法院也可以通过审判活动对监察委的行为作出监督。③社会监督。有必要在监察立法中专门对社会公众如何监督监委会进行规定，发动社会力量参与到监督监察权行使的活动中来，并着力强化社会监督的有效性和效力。④内部监督。内部监督主要是指监察委员会内设机构对监察权行使情况的监督，在监察机构建立之初，就应当将内部监督的设置放在中心位置，采取一切手段防止纪检监察机构"灯下黑"，确保内部监督的效力落到实处。⑤党的监督。通过纪委与监察机关的合署办公，党的纪律监察机构有权对监察机关中具有党员身份的领导干部行使纪律监察权，但值得注意的是，对监察委员会的监督应由上级党委和纪委进行，以避免同级监督的监督不力。

三、制定《监察组织法》

监察组织法的立法工作首先要解决的是其立法必要性的问题，在已经有《监察法》和宪法中规定监察委员会的组织体系的情况之下，是否还需要再耗费立法资源去制定专门的《监察组织法》？我们认为，《监察组织法》的立法是必要的。理由主要有这样几点：一是从立法内容上看，其虽然与《监察法》的组织法的规定有所交叉，但不可否认的是，这样的内容交叉远远不足以构成两者的重复或者重叠。事实上，在两者独立的立法领域之外所可能交叉的内容，也会因为两者立法宗旨的不同而有不同的侧重。二是从立法惯例来看，为重要的国家机关制定组织法是我国立宪实践的惯常做法。监察委员会作为由人大产生、在法律地位上与"一府两院"相平行的重要国家机构，没有理

---

〔1〕 江国华、彭超："国家监察立法的六个问题"，载《江汉论坛》2017年第2期。

由不指定单独的组织法。[1]在此前提之下，作为规范监察机关组织架构的基本法，《监察委员会组织法》应重点做好以下工作：

（一）确立基本的组织制度

对于上下级监察机关之间隶属关系的问题，改革决定提出："监察委员会对本级人民代表大会及其常务委员会和上一级监察委员会负责，并接受监督。"[2]据此表述，学界大多认为监察委员会在隶属关系上将与人民检察院的"双重领导"模式类似，即在对同级人大及其常委会负责的同时，也要对上级监察委员会负责。[3]但值得注意的是，检察机关的"双重领导"还通过《宪法》第132条进行了补充规定："最高人民检察院领导地方各级人民检察院和专门人民检察院的工作，上级人民检察院领导下级人民检察院的工作"的表述，进一步说明了上级检察机关对下级检察机关的领导关系。就监察机关纵向组织关系而言，现有的改革决定虽然只作出了"监察委员会对本级人民代表大会及其常务委员会和上一级监察委员会负责"的原则规定，但《监察法》依然作出了与《检察院组织法》相一致的表述，即"中华人民共和国监察委员会领导地方各级监察委员会的工作，上级监察委员会领导下级监察委员会的工作"。[4]由此来看，改革者对于监察机关隶属关系的设计还是维持了与当前检察机关相一致的双重领导模式，而学界所提出的以"垂直领导"为主的"双重领导"模式[5]的看法并未得到支持。这样的制度设计从现实情况来看是非常必要的。改革之后，监察机关作为"位高权重"的专门反腐机构，[6]

---

[1]　从相关国家和地区的监察立法经验来看，不少地方都采取了分立的模式，如我国台湾地区的"监察法"就在对监察权的类型以及各类权力行使的方式、程序等作出规范之外，另立了"监察院组织法"对"监察院"的权力来源、人员资格、职权以及内部体制作出规定。参见马岭："关于监察制度立法问题的探讨"，载《法学评论》2017年第3期。

[2]　"全国人大常委会关于在全国各地推开国家监察体制改革试点工作的决定"，载《人民日报》2017年11月5日。

[3]　参见江国华："国家监察体制改革的逻辑与取向"，载《学术论坛》2017年第3期。当然，也有学者指出，国家监察委上下级领导方式不同于人民检察院，"未来国家监察机关的体制应该具有比检察机关内部领导关系的领导性更强的特性"。但从当前的改革试点方案来看，还尚且无法断定两机构的模式到底有何不同，在新的改革文件出台之前，应当认为监察委员会还是采取了类似检察机关的"双重领导"模式。参见姜明安："国家监察法立法初探"，载《中国法律评论》2017年第2期。

[4]　我国《检察院组织法》规定："最高人民检察院领导地方各级人民检察院和专门人民检察院的工作，上级人民检察院领导下级人民检察院的工作。"

[5]　参见陈光中："关于我国监察体制改革的几点看法"，载《环球法律评论》2017年第2期。

[6]　参见江国华、彭超："国家监察立法的六个基本问题"，载《江汉论坛》2017年第1期。

其自身的权威地位以及与党的纪检机关合署办公的特殊设置，使得其在监察活动中将很少受到地方党委和政府的干预。在此条件下，如果再对其双重领导模式进行垂直化改造，其机构地位将会更加崇高，这将从根本上导致检察机关和审判机关对其工作的监督困难。作为对比，虽学界多年来一直有要求检察机关进行垂直领导，实现检察一体化的呼声[1]，但二者所拥有的现实资源和地位的巨大差异，决定了检察机关进行一定的垂直领导是实践所必需的，而监察机关进行垂直领导则有成为权力利维坦的可能。当然，出于保证监察权独立行使的考虑，可在人财物管理方面作出一定的特殊安排，使其日常的业务管理进行更加符合监察权运行规律的设置，但完全的垂直管理在现有的条件下应当慎行。

（二）建立专业和高效的监察内设机构

内部机构设置是完成机构职责的必要组织保障，机构的日常运行和职责离不开内部机构的良好配合与协调有效。观察我国已有的组织法立法，对于内部机构设置的规定往往非常简单。如《检察院组织法》中规定"最高人民检察院根据需要，设立若干检察厅和其他业务机构。地方各级人民检察院可以分别设立相应的检察处、科和其他业务机构"，而在《国务院组织法》中甚至都未直接出现内部机构设置条款，只有对国务院直属机构设置的简单规定。[2]作为专职监督权的重要机关，监察委员会未来将承担起职务犯罪侦查和党内监督、行政监督的重要职责，而这些职权的不当行使无疑会对公民的基本权利带来影响。故而出于限制监察委员会权力以及保障公民基本权利的考虑，有必要在监察委员会组织法立法之时就明确其内部的机构设置，使国家监察权的运行明明白白地向社会公开，防止享有监察权的监察机构自己享有不受监督的特权。此外，在检察机关相关部门转隶之后，也必须通过制定组织法的方式对其内设机构的设置予以固定，以实现机构改革的顺利过渡。基于以上考虑，内设机构的设置应当以保障监察活动的专业和高效为核

---

〔1〕 诉讼法学界对"检察一体化"有过长期的研究，也有不少学者提议我国检察机关实行"检察一体化"。代表性观点如张建伟：《论检察》，中国检察出版社 2014 年版，第 18~30 页；谢鹏程：《论检察》，中国检察出版社 2014 年版，第 174~176 页；甄贞：《法律监督原论》，法律出版社 2007 年版，第 89~100 页；陈卫东："检察工作一体化及其保障与规范"，载《河北法学》2010 年第 1 期。

〔2〕《国务院组织法》规定："国务院可以根据工作需要和精简的原则，设立若干直属机构主管各项专门业务，设立若干办事机构协助总理办理专门事项。"

心，根据监察权的自身属性和监察行使各个阶段的特点，科学设置监察委员会之下的内设机构，以确保机构组织的有序和高效。

（三）明确监察委员会的人员选任资格

根据改革试点方案，试点地区检察机关的反贪反渎预防部门将采取整体转隶的方式实现人员隶属关系的改变。而在此职能转隶之后，监察委员会就既可以进行职务犯罪侦查，又可以进行一般的纪律检查和廉政监督。其权力种类和内容的复杂性就决定了其工作人员选任要求可能出现的多样性和特殊性。换言之，对于不同机构内行使不同种类监察权的工作人员，应当作出具有针对性的专业化选任要求。当然，在人员转隶的过程中，还要特别注意检察机关反贪反渎和职务犯罪预防部门相关人员的转隶问题，即是否所有相关部门的工作人员都要进行转隶，如果不是的话，又要按照何种标准进行选任，以及如何处理其转隶人员的原有编制和检察官员额等具体问题。对于监察人员的选任和管理，组织法中必须做出明确回应，通过建立有别于普通公务员的专门职务序列的方式，对监察官的职责、权利与义务、人员选任、奖励、惩戒、考评、职业保障、工资福利待遇等管理与保障措施进行规定。

四、制定《监察程序法》

改革后的监察委员会在实现了反腐败资源的集中之后，也必将面临如何对其权力行使进行规控，以防止其权力的滥用和对公民权利的侵害的现实问题。立基于此，有必要在《监察法》对其权力行使的基本规定之外，另立专门的监察程序法为监察权的运行设定基本程序规则，通过正当程序的构建，使监察机关的监察行为都能够受到法律的约束。[1]

（一）确立监察公平、公正、公开原则

为规范监察权的行使，监察程序立法首先应当确立监察权行使的基本原则，以明确监察权行使的基本准据和方向，具体而言，就是要确立监察公平、监察公正和监察公开的原则。①监察公平。其要求在监察活动中必须坚持法律面前人人平等，依法保护监察对象的各项程序权利和实体权益。尤其是确保被监察人的基本人权的实现，禁止非法拘禁和刑讯逼供，不得强迫被监察人自证其罪。②监察公正。其要求在监察活动的各个阶段和各个方面，以及

---

[1] 参见姜明安："正当法律程序：扼制腐败的屏障"，载《中国法学》2008年第3期。

从主体到客体，从内容到形式，从实体到程序，从静态到动态，都能够达到一种公正、合理、有序的状态。[1]具体而言，监察公正原则要求监察机关严格监察行为，确保其证据调查、事实认定和最终处置都符合程序和实体上的公正要求。③监察公开。公开是权力运行的当然要求，也是现代法治国家的重要标志。非公开不足以彰显正义，非公开不足以保障公平，秘密主义和暗箱操作只能损害监察机关的权威和正当性，监察公开不仅是实现正义的基本方式，也是确保监察公正和监察公平的可靠制度保障。

（二）确立监察权行使的基本制度

正当程序原则作为公权力运行的必须要求，其既是监察公开、监察公平、监察公正原则的理论渊源，也是进行监察程序立法所必须重视的重要制度参考。传统的正当程序原则有两个基本要求：一是任何人不得做与自己有关案件的法官，由此利害关系人或者心存偏见的人不得参与到相应判决或者决定[2]中；二是任何人在遭受不利的公权力影响时，有获得告知、说明理由和提出申辩的权利，必须提前为接受相应判决或行为不利影响的人提供辩护和异议的机会。[3]由此，在监察权行使的过程中就需要建立科学的管辖制度、回避制度和公开制度、监察权行使不受干预制度，以保证"任何人不得做与自己有关案件的法官"要求的实现；建立听取申辩制度、全程录音、录像制度、律师参与制度，以保证遭受不利公权力影响的公民可以有获得告知、说明理由和提出申辩的权利。具体如下：

（1）管辖制度。监察委员会对职务违法和职务犯罪行为的侦查和处置，必须符合相应的管辖要求，建立相应的管辖制度，以确保监察权行使的有序和公正。一般而言，管辖制度主要分为级别管辖和地域管辖两种，在级别管辖上，首先应明确国家监察委员会和各级地方监察委员会的职能分工，以及建立在特定情况下指定管辖和移送管辖的制度，同时为防止调查权的滥用，须明确调查权的行使应由省级监察委员会决定；在地域管辖上，要明确划分同级监察委员会之间案件受理的权限和分工，确立由被监察对象工作单位所在地的监察委员会管辖的基本制度。

---

〔1〕 曹建明：《公正与效率的法理研究》，人民法院出版社 2002 年版，第 614 页。

〔2〕 H. W. R. Wade, *Administrative Law*, Oxford University Press, 1988, p. 466.

〔3〕 ［英］丹宁：《法律的训诫》，杨百揆等译，法律出版社 1999 年版，第 102~104 页。

（2）回避制度。回避制度理论实质上就是要求任何人不得做自己案件的法官，公权力的行使本身就应当满足这一基本的正当程序要求。而且，由于监察委员会作为国家反腐败工作的核心机构，其主要活动就是处理公职人员的贪污贿赂、滥用职权、玩忽职守、权力寻租、徇私舞弊以及浪费国家资材等职务违法和职务犯罪行为。相比一般案件来说，监察委员会所要处理的案件更容易受到各方的不当干扰。为此，在监察程序立法中必须确立严格的回避制度，保障监察权的行使不存在偏见和歧视。被审查人或检举人的近亲属、主要证人、利害关系人或者存在其他可能影响公正审查审理情形的，均应当主动回避，不得参与相关审查审理工作。

（3）监察权行使不受干预制度。由于职务违法和犯罪案件的特殊性，监察对象通常具有较高的社会地位和复杂的人际关系。为了防止其利用自身的影响力和人脉关系妨碍办案，保证监察活动对腐败行为治理的有效性和威严性，有必要仿效禁止领导干部违规过问司法案件处理的做法，建立监察工作不受外部干扰的保障机制，形成领导干部干预监察活动、插手具体案件处理的记录、通报和责任追究制度。此外，监察机构的独立性也是我国监察制度发展过程中一以贯之的重要传统。[1]

（4）监察活动公开制度。没有任何权力可以不受监督地存在。为回应社会对于监察权监督的需要，有必要将在监察公开原则之下确立更为具体的监察活动公开制度，以将监察公开的要求贯彻在监察权行使的各个阶段中，对国家监察权力行使的全过程进行充分的公开，详尽规定各环节需要向社会公开的内容范围，必须严格控制涉及国家机密和个人隐私的内容范围，并规定公开的时限和方式，确保相关信息可以及时、充分、有效地为社会知晓。

（5）听取申辩制度。陈述和申辩的权利是任何人在其权益要受到克减之时，必须享有的被告知、可陈述、申辩和得到辩护的权利。这一权利对于被监察对象的基本权利保护来说至关重要，是监察工作是否合法正当的重要体现。为此，在监察程序立法中有必要在重要决定作出之前设置法定的听取被监察对象陈述和申辩的环节，以保证监察工作的公正进行。

（6）全程录音、录像制度。全程录音、录像制度是防止刑讯逼供，保障

---

〔1〕 参见朱福惠：“国家监察体制之宪法史观察——兼论监察委员会制度的时代特征”，载《武汉大学学报（哲学社会科学版）》2017年第3期。

被监察对象人权不受侵犯的重要制度。随着我国《刑事诉讼法》的重大修改，全程录音、录像制度逐渐在司法活动的各个环节中得到了建立，人民检察院和公安部纷纷就讯问中录音、录像制度出台了细则规定。国家监察机关在改革后也要行使职务犯罪的侦查权，有必要在国家监察程序立法中确立全程录音、录像制度，要求在职务犯罪案件办理过程中，凡涉及对被监察对象的讯问的，都必须按照全面、全部、全程的要求，按照审、录分离原则，在其进入讯问场所后立即启动，而且要对讯问过程不间断地录音、录像。

（7）律师参与制度。根据正当程序原则的要求，任何人在遭受不利的公权力影响时，都应当享有进行陈述和辩护的权利。但由于被监察对象在接受调查期间往往人身自由会受到一定的限制，调查取证活动不便进行，难以为辩护收集到充分、有效的相关证据和事实，普通的嫌疑人因不掌握专业的技能，无法实现有效的自我辩护。在此情况之下，律师在监察活动中的参与就是非常必要的。正如有学者指出的那样，如果监察委员会的"调查活动包含了侦查，并且在程序上与检察院的审查起诉阶段相衔接，那么公职人员接受调查时就应当允许辩护律师介入"。[1]鉴于此，我国监察程序立法中应该按照《刑事诉讼法》的相关规定，保障律师可以有效地参与到监察活动中来，为被监察对象提供法律服务，以确保监察工作的合法进行以及保障被监察对象的基本权利。

---

[1] 陈光中："监察体制改革需启动系统修法工程"，载财新网：http://china. caixin. com/2017-01-17/101044638. html，访问日期：2017 年 5 月 9 日。

第二章

近现代监察立法简述

我国具有悠久的监察制度发展史。从秦朝开始，历朝历代建立了形式各异的监察制度，但其却具有共有特征，即监察方向的单向性、监察机构管理的垂直性、监察机构地位的崇高性等。近代监察立法的发展主要受孙中山"五权宪法"的影响，以南京国民政府的监察院为代表，建立了由监察院作为国家监察机关，行使弹劾与审计职权的体制，并且形成了以《监察院组织法》为中心、包含完整的工作规章和配套立法的完善的国家监察立法体系。新中国成立后，我国成立了政务院人民监察委员会，后改为监察部，并在 20 世纪90 年代实现了和纪检的合署办公，以加强其监察职能的发挥。从立法情况来看，我国形成了以《行政监察法》为核心的监察法律法规体系。

第一节　民国时期的监察立法

1918 年北伐完成，全国统一，国民政府始实行"五权分治"。1921 年 2月成立监察院，并将审计院改为审计部，隶属监察院，此为国民政府最高监察机关，行使弹劾及审计权。1937 年对日抗战后复行使纠举及建议二权。1947 年 12 月 25 日施行《中华民国宪法》，依规定由各省市议会、蒙古西藏地方议会及华侨团体选举出第一届监察委员，1948 年 6 月 5 日成立了行宪后的监察院。

一、孙中山先生与五权宪法

孙中山先生"五权宪法"思想随着革命实践不断丰富与发展，最终得以成熟，其理论中的许多观念都是历史的首创，无例可循。[1]孙中山于1895年广州起义失败流亡西方各国时，就开始酝酿五权宪法；孙中山说在1904年曾经与中国留美学生王宠惠讨论过五权宪法；1905年孙中山到欧洲和日本，在中国留学生中宣扬五权宪法；[2]1906年11月15日在日本同俄国社会革命党首领该鲁学尼交谈时提出："希望在中国实施共和政治，是除立法、司法、行政三权外，还有考选权和纠察权的五权分立的共和政治"；[3]同年的12月2日，孙中山在日本东京的《民报》创刊周年庆祝大会上发表《三民主义与中国民族之前途》的演讲，后半篇以五权宪法为内容，这是孙中山五权宪法思想最重要的文字记录。[4]

1912年辛亥革命胜利，以资产阶级为主体的南京临时政府宣告成立。基于当时的社会现实，新成立的中华民国临时政府起草颁布了《中华民国临时约法》，采用了传统的三权分立式民国政体。临时政府仿照欧美资产阶级执政国家由国会参众两院行使监督权制度建立了议会监察制。但是辛亥革命后中国国内的政坛越来越黑暗，孙中山不得不重新思考中国的宪政问题，决心要用五权分立来"济代议政治之穷，亦以矫选举制度之弊"。1914年7月，孙中山在日本组织中华革命党，并手书《中华革命党总章》。其中规定在中华革命党总部之内，应当设立五院以便"使从得以资其经验，备为五权宪法之张本"。[5]第一次护法运动失败后，孙中山在上海集中精力著书，撰写了《孙文学说》，总结以往的学说，完整地提出了五院的名称、权力的分配以及他们之间的关系、职责等，还有直接民权思想、国民大会的组织和制定宪法

---

〔1〕 翟红娥："孙中山五权宪法思想研究"，山东大学2008年硕士学位论文。

〔2〕 揭集吾生平所怀抱之三民主义、五权宪法以号召之，而组织革命团体焉。

〔3〕 《孙中山全集》（第1卷），中华书局1985年版，第319页。

〔4〕 其中讲到："历观各国的宪法，有文宪法是美国最好，无文宪法是英国最好。英是不能学的，美是不必学的。英的宪法所谓三权分立，行政权、立法权、裁判权各不相统，这是从六七百年前由渐而生，成了习惯，但界限还没有清楚。后来法国孟德斯鸠将英制度作为根本，参合自己的理想，成为一家之学。美国宪法又将孟氏学说作为根本，把那三权界限分得更清楚，在一百年前算是最完美的了……现在已经是不适用的了。兄弟的意思，将来中华民国的宪法是要创一种新主义、叫作'五权分立'。哪五权呢？除刚才所讲的三权之外，尚有两种：一是考选权……将来中华民国宪法，必要设独立机关，专掌考选权。……一是纠察权，专管监督弹劾的事。……现在立宪各国，没有不是立法机关兼管监督的权限。那权限虽然有强有弱，总是不能独立。因此生出无数弊病。……故此机关也要独立。"引自《孙中山选集》，人民出版社1981年版，第87~89页。

〔5〕 《孙中山全集》（第6卷），中华书局1986年版，第205页。

的程序。[1]

1920 年以后，孙中山又开始了第二次护法运动，为了配合战争的需要，孙中山不单单仅将五权宪法理论停留在思想层面上，而是谋求将之付诸实践。首先，在 1920 年 11 月修正《中国国民党总章》，将"创立五权宪法"规定为中国国民党的建党目的。1921 年，孙中山再次当选为中华民国非常大总统，提出五权宪法作为建立新政府的主张，并且大力宣传。5 月讲《三民主义之具体办法》，7 月在广东教育会上讲《五权宪法》，不仅将三民主义与五权宪法相提并论，而且其中也论述到人民与政府的关系、权能分治的初步构想，此文中也表明了孙中山要实行五权宪法的决心，比以前的论述更加具体、明确。自此，五权宪法已经不再是一个抽象的概念，而是已经形成了具体的设计，关于五权分立的规划，权能分治的构想，国民大会的组成与职权的规定，直接民权等问题都有了初步的规划。1924 年，孙中山 4 月发表亲自手订的《国民政府建国大纲》第 25 条规定："国民政府本革命之三民主义、五权宪法，以建设中华民国"，首次将五权宪法制度化、条文化。并且亲自系统演讲《民权主义》第五讲、第六讲，阐发了中国要实行民权，不能完全学于欧美，要实行权能分治，要让人民有充分的权，即选举权、罢免权、创制权、复决权，让政府有充分的能，即立法权、行政权、司法权、考试权、监察权，而且要用人民的四个权来约束政府的四个权。这两篇演讲内容非常丰富，并且有很多创见，既是五权宪法最重要的文献，也是五权宪法体系圆满完成的最后历程。

二、北洋政府时期监察立法

（一）议会监察时期

1912 年 1 月 1 日，以孙中山为临时大总统的南京临时政府成立，它废除了封建君主专制，实行了民主共和制，并由立法机关临时参议院执掌对政府的监察权。次日颁布的《修正中华民国临时政府组织大纲》（以下简称《大纲》）规定，临时政府实行资产阶级三权（行政、立法、司法）分立的原

---

[1] "俟全国平定以后六年，各县之已达完全自治者，皆得选举代表一人，组织国民大会，以制定五权宪法，以五院制度为中央政府：一曰行政院，二曰立法院，三曰司法院，四曰考试院，五曰监察院。宪法制定之后，由各县人民投票选举，总统以组织行政院，选举代议士以组织立法院，其三院之长，由总统得立法院之同意而委任之，⋯⋯此五权宪法也。"《孙中山全集》（第 6 卷），中华书局1986 年版，第 205 页。

则。临时大总统、副总统和各部行使行政权,参议院行使立法权,临时中央审判所行使司法权。这三种机关互相监督、互相制约,共同组成资产阶级南京临时政府。《大纲》规定,参议院行使监察权。1912 年 1 月 28 日,来自 17 省的代表共 42 人,在南京召开临时参议院正式成立大会。根据《修正中华民国临时政府组织大纲》的规定:"参议院议长由参议员用记名投票方式互选产生,以得票满投票总数之半者当选。"[1]大会选举林森为议长,陈怡为副议长。根据《中华民国临时约法》《参议院法》《议院法》的规定,涉及的参议院监察职能主要有质问、弹劾、查办和建议四种监察权。由此可见,南京临时政府既没有成立专门的监察机构,也没有设置专门的惩戒机构。它无疑是沿袭了西方议会监察体制模式,简单地照搬了西方的三权分立制度,加上南京临时政府存在时间短,这一监察制度并未真正起作用。但是,它却有不可抹杀的意义,参议院所行使的监察权已具有一定的资产阶级民主性,参议院具有的对国家元首以及包括国务院总理和各部部长在内的弹劾权,是对几千年来延续下来的封建君主专制控制下的言谏制度和御史制度的彻底否定,是中国监察制度发展史上的一次革命,为以后的监察院行使弹劾权奠定了良好的基础。

(二) 临时约法时期

1912 年 3 月 11 日,临时大总统孙中山正式公布了《中华民国临时约法》。该法进一步扩大了参议院的职权,其中包括监察权。1912 年 4 月 5 日,取得临时大总统职位的袁世凯将政府迁往北京,开始了北洋政府的统治。1914 年 3 月 31 日,袁世凯以大总统令的形式公布了平政院组织法令《平政院编制令》,共 29 条。其对平政院的权限、平政院评事的资格选定及平政院院长和评事的权利等方面作出了具体规定。1914 年 5 月后,北洋政府陆续颁布了《平政院裁决执行条例》《平政院处务规则》等行政法规,建立了关于平政院组织与运作的一整套法律制度。平政院直接隶属于大总统,设院长 1 人,特任[2],指挥、监督管理全院事务,但不能干涉平政院评事对案件的审理;设评事 15 人,分设 3 个行政审判庭,每庭 5 人,设庭长 1 名,主要执行行政审判职能。院长有事故时,由该院官等最高的评事代理官等相同者,以任官在

---

[1] 《中华民国临时政府组织大纲》第 14 条。

[2] 民国初年官员分为四等,特任、简任、荐任、委任。特任官是民国高等文官第一等,中央各院院长、各部部长、各省省长均是。

前者代理，大总统拥有平政院重要人事任免权。平政院成立以后，为了保证国家政权机构正常运转和加强对官员的监督管理，袁世凯建立了监察系统。1914 年 5 月 7 日，北洋政府正式设立了国家最高行政公诉机关——肃政厅。依《平政院编制令》第 6 条的规定，平政院设肃政厅，肃政厅置肃政史，设都肃政史 1 人指挥监督全厅事务，特任。都肃政史有事故时，以肃政厅官等最高之肃政史代理之，官等同者以任官在前者代理之。而依《平政院编制令》第 12 条的规定，肃政厅对于平政院独立行使其职务，肃政厅直接隶属于大总统，向大总统负责。肃政史对于人民未陈诉的事件，依《行政诉讼条例》的规定可以以国家公诉人身份对于平政院独立提起行政诉讼。作为直隶于大总统的独立机关，肃政厅在其存在的两年多时间里面，无论是名望，还是社会地位都引起了很大关注。

（三）新约法时期

北洋政府以根本法的形式确认了肃政厅的地位和职权。1914 年 5 月 1 日，北洋政府公布了《中华民国约法》。其第 43 条规定：国务卿、各部总长有违法行为时，受肃政厅之纠弹及平政院之审理。《中华民国约法》第 8 条规定：人民以法律所定，有诉愿于行政官署及陈述于平政院之权。都肃政史负责全厅事务，组织肃政史的工作，每周二例行开会一次，讨论全厅的大事和工作安排。设肃政史 16 人。肃政厅设肃政史总会议，非有肃政史全体 2/3 以上出席不得开议，非有过半数同意不得议决。1914 年 8 月、9 月，先后公布《肃政厅处务规则》《肃政厅书记处办事细则》和《肃政厅肃政史办事细则》，对肃政厅的机构设置、人员组成和工作程序作了详细规定。

北洋政府初期监察制度的建设，主要表现为有关监察法律的制定和赋有监察职能的机关：参议院、平政院（含肃政厅）、文官高等惩戒委员会和审计院的创立。实施初期将监察和弹劾权行使的对象分为三类：一是参议院提起弹劾，[1] 弹劾对象为大总统和国务员[2]；二是肃政厅提起弹劾，[3] 弹劾对

---

〔1〕《中华民国临时约法》第 19 条规定："参议院对于临时大总统认为有谋叛行为时，参议员 20 人连署提出弹劾，得以总员 4/5 以上出席，出席员 3/4 以上之可决弹劾之。参议院对于国务员认为失职或违法时，由参议员 10 人以上联名提出弹劾，得于总员 3/4 以上出席，出席员 2/3 以上方可决弹劾之。"

〔2〕指国务总理和各部总长。

〔3〕《政府公报》，《平政院编制令》第 682 号。

象为在职官吏[1]和非在职官吏[2]；三是由省立法机关提起弹劾，省议会弹劾省行政长官，而一般官吏的弹劾，则请省行政长官自行裁决，县议会不具有弹劾权。

三、国民政府时期监察立法

（一）军政时期

1925 年 7 月 1 日，广州国民政府成立，7 月 15 日国民政府明令广州市文德路原第七军司令部房舍为监察院院址。监察院成立于 1925 年 8 月 1 日，在此之前就已经颁布了《国民政府监察院组织法》（1925 年 7 月 17 日），这一组织法后经两次修改公布[3]，对监察院机构组成、职权及行使职权方法都作了明确、细致的规定。惩吏院成立于 1926 年 1 月，于 2 月颁布了《惩治官吏法》，对惩治方法、程序作了具体规定。1926 年 5 月，惩吏院改名为审政院，"掌理惩吏及平政事项"。10 月，审政院又并入监察院，监察院同时负责监察和惩戒事宜，把惩戒权赋予监察院，但未付诸实施。

北伐军克复武汉后，1927 年 3 月，国民政府随之迁移并成立了武汉国民政府。3 月 27 日，中国国民党中央执行委员会中央政治会议第六次会议曾决议："国民政府监察院设在武汉，并于两广、福建设立分院"；同年 6 月 10 日电令广州监察院结束而迁往南京，办公厅舍原位于南京市公园路。广州、武汉国民政府的监察机构主要有两个：监察院和惩吏院（审政院），前者负责官吏的监督，后者专司对官吏失职行为的惩办。

广州、武汉国民政府组成了独立的监察机构——监察院，孙中山的一贯主张在这一时期得到了尝试，也标志着中国监察制度取得了新进展。然而，当时正值北伐战争激烈进行时，监察工作只能实施较为简单的，孙中山的监察理论难以贯彻实施。可是，它却成了以后南京国民政府建立监察院的范本。

（二）训政时期

北伐告成以后，1928 年 6 月 3 日，正在欧洲考察的胡汉民、孙科从巴黎致电谭延闿等，向国民政府提议试行五权制度，提出三项原则：以党统一，

---

[1] 包括国务卿、各部总长、普通文官和特别文官，特别文官包括外交官、司法官、技术官等。

[2] 指没有现职，但有官秩的官吏。

[3] 第一次是 1925 年 9 月 30 日，第二次是 1926 年 10 月 4 日。

以党训政，培植宪政深厚之基；党之重心，必求完固，应有发动训政之全权，政府应负实行训政之全责；以五权制度作训政规模，期五权宪政最后之完成。[1]根据以上原则，他们拟定了《政治会议纲领》及《国民政府纲领》，并作《训政大纲提案说明书》，详细解释了五权宪法原则上及制度上的意义。[2]1928 年 8 月，国民党二届五中全会全盘接受了胡汉民、孙科的提议，并作出了相应的决议，结束军政、转入训政，训政时期即实行五院制。1928 年 10 月 3 日，国民党中央执行委员会常务委员会第 172 次会议通过《训政纲领》[3]和《中华民国国民政府组织法》[4]。会后，《中华民国国民政府组织法》经修订于 10 月 8 日公布施行。《国民政府行政院、立法院、司法院、考试院、监察院组织法》也于 10 月 20 日公布。[5]至此，训政与五院制国民政府立法就绪。

《训政纲领》所规划的"五权宪法"政体，尽管背离了孙中山所设想权能分治的理想政府，但是，胡汉民的主张"训政时期之立法、行政、司法、考试、监察五院应逐渐实施"[6]在《训政纲领》中被采用，五院政府也以此为法律依据而成立。《中华民国国民政府组织法》[7]中第六章分 7 条对监察院作了具体的规定：监察院为国民政府最高监察机关，设委员 19 人~29 人；依法行使弹劾及审计之职权。五院政府由此产生，五院分别为国民政府最高行政、立法、司法、考试、监察机关。在其后的许多年中，虽历经修正，但大

---

〔1〕 杨幼炯：《近代中国立法史》，商务印书馆 1936 年版，第 346 页。

〔2〕 陈之迈：《中国政府》（第 1 册），商务印书馆 1945 年版，第 147 页。

〔3〕 《训政纲领》全文 6 条：中华民国于训政时期开始，由中国国民党全国代表大会代表国民大会，领导国民行使政权；中国国民党全国代表大会闭会时，以政权付托中国国民党中央执行委员会执行之；依照总理建国大纲所定选举、罢免、创制、复决四种政权，应训练国民逐渐行使，以立宪政之基础；治权之行政、立法、司法、考试、监察五项，付托于国民政府总揽而执行之，以立宪政时期民选政府之基础；中华民国国民政府组织法之修正及解释，由中国国民党中央执行委员会政治会议议决行之。

〔4〕 《中华民国国民政府组织法》全文 7 章 48 条，国民政府由五院组成，总揽治权，设主席委员 1 人，委员 12 人~16 人，分任五院院长；处理国务，公布法律，发布命令，以委员组成国务会议行之；……

〔5〕 孔庆泰：《国民党政府政治制度史》，安徽教育出版社 1998 年版，第 129 页。

〔6〕 范孟源：《中国国民党历次代表大会及中央全会》（上册），光明日报出版社 1985 年版，第 535 页。

〔7〕 "大要规定国民政府之组织与职权及五院之组织与职权。"谢振民：《中华民国立法史》，正中书局 1948 年版，第 407 页。

体上始终未脱离该法所设立的规模，[1]"究未牵动五权制度的原则"[2]。《监察院组织法》全文共23条[3]。1931年2月16日，监察院正式成立，国民政府宣布五院组织全部完成。

（三）宪政时期

抗战胜利后，蒋介石和国民党为建立大地主大资产阶级的独裁统治，一方面积极准备和发动反革命内战，进攻解放区，另一方面又搞伪民主，宣布结束"训政""还政于民"。其于1946年11月23日在南京召开所谓的国民大会，通过了《中华民国宪法》，并宣布"制宪"完成，对国民政府进行改组，仍实行五院制。随后于1948年3月29日召开"行宪国大"，宣布"中华民国实行民主宪政的开始"。从此，南京政府进入了所谓的"宪政"时期。这一时期，南京政府的监察制度，为了适应其政治需要有所调整，其中一项是监察权能花样大增。

具体表现为：①弹劾权行使对象范围扩大，包括总统、副总统，[4]弹劾权力虽然可以触及总统、副总统，但实际上只是文字上的摆设而已，与对一般官吏弹劾只须一人之提出，三四人便可移付惩戒机关相比，弹劾总统又谈何容易；②增设同意权，"行宪"之前，监察院无同意权的规定，"行宪"后则增加了这项权力；[5]③建议权扩大为纠正权，"行宪"之后，监察院把抗战

---

[1] 王世杰、钱端升：《比较宪法》，中国政法大学出版社1997年版，第401页。

[2] 陈之迈：《中国政府》，商务印书馆1946年版，第147页。

[3] 《监察院组织法》规定的大致内容为：监察院为国民政府最高监察机关，依法行使弹劾、审计职权；监察院对于主管事项得提出议案于立法院；监察院设正、副院长各一人，均由中央执行委员会选任国民政府委员担任，任期无定限。院长综理院务、为监察院会议主席，提出监察委员和审计部部长及各监察区监察使人选请由国民政府任命，院长有事故不能执行任务时，由副院长代理；监察院正、副院长，监察委员组成会议；监察院设监察委员19人~29人；监察院设审计部掌理审核政府所属全国各机关之决算与计算，监督政府所属全国各机关预算之执行、核定政府所属各机关收入命令及支付命令、稽查政府所属全国各机关之冒滥及其他关系财政之不法或不忠于职务之行为；监察院设秘书处，分掌各法定事务；监察院监察委员、审计人员均受法律之保障，但不得兼任中央政府与地方政府之职务及其他公职。

[4] 1947年1月的《中华民国宪法》第100条规定："监察院对于总统、副总统之弹劾案，须有全体监察委员四分之一以上之提议，全体监察委员过半数之审查及决议，向国民大会提出之。"

[5] 《中华民国宪法》第90条规定："监察院为国家最高监察机关，行使同意、弹劾、纠举及审计权。"同意权行使对象是司法院院长、副院长和司法院的大法官，以及考试院院长、副院长和考试委员的任命，均由总统提名，经监察院同意后任命。同意权行使的程序为，监察院收到总统的提名咨文后，即举行全体委员的秘密审查会，采取无记名投票方法，由出席委员过半数之议决之。同意权的行使表面看使监察院权力大增，但与总统权力相抗衡时，它则显得软弱无力。

时期的建议权扩大成纠正权;[1]④调查权行使方式多样化。"行宪"之前，监察院调查权行使的规定比较简单，"行宪"之后，调查权行使方式发展为行查、自行调查或自动调查和派查三方式。[2]

监察院职权经过多次调整和扩充，并以法律形式加以确定，形式上非常完备，并确曾树立和加强了监察院的权威性，在纠正南京国民政府内部官吏的违法失职行为、严肃政纪方面，起了某些作用。然而，国民党政府的反动阶级本质决定了这些法定职权，不过是蒋介石独裁政府实行民主的点缀，整顿吏治的象征，没有也不可能真正发挥作用，"不管制度、法规制定得如何美轮美奂，已经彻底腐败的国民党，并不能因此而稍有起色"。[3]

第二节　党内监察制度的发展脉络

党要管党，从严治党，是保证党的先进性和纯洁性的重要保障。十月革命后，列宁奠定了党内的监督的理论与实践基础。中国共产党自成立以来，便高度重视党内监察制度建设。我国党内监察制度大致经历了初步形成、曲折发展、恢复重建和纵深推进四个历史时期。民主主义革命时期，党内监察制度初步形成，监察委员会作为党内纪律监督机关对增强党在革命时期的战斗力发挥了独特作用。新中国成立以后，党内监察制度伴随着国家政治形势演变曲折发展。"文革"期间，党内监督各项规定悉遭废除，党内监督制约遁于无形，党和国家遭受巨大损失。十一届三中全会之后，在总结历史经验的

---

〔1〕《中华民国宪法》第97条规定："监察院经各该委员会之审查及决议得提出纠正案，移送行政院及其有关部、会，促其注意改善"，"对于中央及地方公务人员，认为有失职或违法情事，得提出纠举案或弹劾案"。纠正权行使对象与范围，仅限于行政院和中央与地方公务人员，而不包括其他各院和地方机关。纠正案的提出，由监察院进行，但纠正案的成立，必须经过监察院有关委员会的审查及决议，监察委员或监察院在进行调查时，如果发现行政机关有措施不当时，应报由有关委员处理，委员会审查纠正案时，必须经出席委员过半数通过方能奏效。由此可见，纠正权是层层受牵制，行使时也是举步维艰。

〔2〕"行查"就是由监察院行文委托其他机关代为调查，而受委托的机关应即进行调查并在两个月内以书面形式答复。"自行调查"就是监察委员在收受人民书状后，可以不待轮派进行自动调查，其所调查的案件至迟应在两个月内调查完毕，提出书面报告，分别送交监察院或送回原机关。"派查"就是监察院为调查人民诉状，而轮派委员或指派职员进行调查，或依监察院会议、各委员会之决议，而摊派或轮派委员组成专案小组进行调查。

〔3〕徐矛:《中华民国政治制度史》，上海人民出版社1992年版，第376页。

基础上，包括党内监察制度在内的各项制度陆续得到恢复，党内监察制度逐渐得到发展完善。党的十八大以来，随着反腐败斗争的空前加强和国家治理的有效推进，党内监察制度逐渐走向深化，党内法规的陆续制定、完善与各项制度的深化落实使得我国的党内监察制度进入了新的历史时期。

中国共产党中央监察委员会（简称"中共中央监委""中央监委"或"中监委"）是中国共产党历史上的中央纪律检查机关，具有党风、党纪和反腐职能。1927 年 5 月至 1928 年 7 月，称为中国共产党中央监察委员会；1949 年 11 月至 1955 年 3 月，称为中国共产党中央纪律检查委员会；1955 年 3 月至 1969 年 4 月，称为中国共产党中央监察委员会；1978 年 12 月至今，称为中国共产党中央纪律检查委员会。

一、1927～1949 年：初步形成时期

中国共产党自诞生起就十分重视自身的组织纪律建设，虽然在党初创时期并未建立正式的党内监督机构，但是仍通过各项纪律规定进行党内监督。如 1926 年 8 月，中共中央发出《中共中央扩大会议公告——坚决清理贪污腐化分子》的通告，第一次提出了反腐败的严峻任务，这些规定措施有利于纯洁党的队伍，加强党的建设，为党日后建立专门的监督机构做出了有益的探索。

1927 年 4 月 27 日至 5 月 9 日，中国共产党第五次全国代表大会在武汉举行，会议决定成立中共中央监察委员会，并选举产生了组成人员。该委员会的设置表明中国共产党党内监察制度的初步形成，为日后党内监察工作步入正轨提供了有力的组织保障。同年 6 月 1 日，中共中央政治局会议讨论通过了《中国共产党第三次修正章程决案》，在党章内新设"监察委员会"一章，针对监察委员会的设立原因及职能进行了详细说明。该章共 4 条，规定中央及省监察委员会由党的全国代表大会及省代表大会选举产生；中央及省监察委员会，不得由中央及省委员兼任；中央及省监察委员参加中央及省委员会议只有发言权而无表决权；中央及省监察委员会相对独立，但决议生效需要中央及省委员会同意，二者意见不同时，移交联席会议，联席会议若仍不能解决，则移交省及全国代表大会或移交于高级监察委员会解决。本次修正章程是中国共产党历史上第一次对监察委员会的产生、组成和工作程序等作出较为详细的规定。

1928 年，党的六大在莫斯科召开，在这次大会修订的章程中删除了党章中监察委员会的规定，新设立规格较低的监督财政会计及各机关工作的中央及地方各级"审查委员会"，对于党员违纪的处理权，则由各级党员大会和党部行使。相较 1927 年第一次出现的监察制度，六大的有关规定使党内的监察机制出现了一定程度的退化，而这种退化昭示着党内监察机制已经发生了实质性的变化。[1]20 世纪 30 年代中前期党内监察机构又发生了较大变化，党的监察干部开始参与红色根据地人民政权的监察工作，党在革命根据地的人民政权中陆续建立了监察制度。[2]

抗日战争爆发后，党在积极领导民众抗日的同时，也没有放松自身的组织建设。1938 年召开的六届六中全会通过了一系列关于组织建设方面的文件，如《关于中央委员会工作规则与纪律的决定》《关于各级党委暂行组织机构的决定》《关于各级党部工作规则与纪律的决定》等等。[3]这些文件对党内监察机构的具体设立条件和职能作了补充。中央要求在区党委之下设立监察委员会，监察委员会应由党员代表选举产生。此外，还规定了监察委员会的职权，这些规定对完善中共党内监察机构起了积极作用。

1945 年在延安召开了党的第七次全国代表大会，在党内监察制度发展史上具有重要的地位。七大通过的新党章取消了六大党章中"审查委员会"一章，新设了"党的监督机关"一章（即第八章）。该章共 4 条，对党内监察机关的产生办法、任务、职权、领导体制作了具体规定。中央监察委员会由中央全体委员选举产生，各地方监察委员会由该地方党委会全体会议选举，报上级组织批准。基本任务和职权是：决定或取消对党员的处分，受理党员的控诉。党的各级监察委员会在各级党委的指导下进行工作，并非领导关系。七大党章中的相关内容为新中国成立后中央纪律检查委员会的建立奠定了思想基础。

二、1949～1977 年：曲折发展

新中国成立以后，中国共产党由革命党转变为执政党，为预防在长期执

---

〔1〕 吴珏："论民主革命时期党内监察机制及其启示"，载《学术界》2009 年第 2 期。
〔2〕 徐行："试论党的监察纪检机构的创建、沿革及启示"，载《桂海论丛》2001 年第 4 期。
〔3〕 徐行："试论党的监察纪检机构的创建、沿革及启示"，载《桂海论丛》2001 年第 4 期。

政条件下可能滋生的各种腐化行为，1949 年 11 月 9 日，中共中央发出《关于成立中央及各级党的纪律检查委员会的决定》。该决定指出：我们的党已成为全国范围内执政的党，为了更好地执行党的政治路线和各项具体政策，密切联系群众，克服官僚主义，决定成立党的中央和各级纪律检查委员会，主要任务是检查和审理中央直属各部门及各级党的组织、党的干部及党员违犯党的纪律的行为。并决定由朱德任中央纪律检查委员会书记。建立了党的监察制度和党的各级纪检机关，名为纪律检查委员会。中央成立了中央纪律检查委员会。

随着三大改造的进行，我们党认为社会中的阶级矛盾愈发尖锐，目前党的各级纪律检查委员会的组织和职权已不能适应在阶级斗争的新时期加强党的纪律的任务，因此 1955 年 3 月，中国共产党全国代表会议通过了《关于成立党的中央和地方各级监察委员会的决议》，决定成立党的中央的和地方各级的监察委员会，代替中央的和地方各级的党的纪律检查委员会。新成立的中央监察委员会的地位高于以前的中央纪律检查委员会，由全国党代表大会选举产生，并由中央委员会全体会议批准。党的地方各级（省、自治区、直辖市、市、自治州、专区、县、自治县）监察委员会由各该地方最近召集的党的代表大会或代表会议选举，并由上一级党委批准。党的各级监察委员会在各级党委指导下进行工作。通过以上举措，借以加强党的纪律，加强反对党员中各种违法乱纪现象的斗争。

1956 年，中共八大党章第七章中"党的监察机关"将"七大"党章关于党的各监察委员会在各级党的委员会"指导下"进行工作改为各级监察委员会在各级党的委员会"领导"下进行工作。党内监督机构开始出现"双重领导"的工作模式。

在新中国成立初期的五六年间，党的各级监察机关在党的领导下开展了卓有成效的工作，协助党中央在全党范围内开展了整风、整党和"三反"等运动，对维护党的纪律、克服不良作风、纯洁党的组织、提高党员素质发挥了重要作用。然而，1957 年以后，在逐渐抬头的"左"倾思想的影响下，党强调通过群众运动的方式整顿党风，从而忽视了党的监察制度建设的重要性[1]，"文革"爆发后，党的各项制度被践踏，党内生活极不正常，九大、十大通过的

---

[1] 纪亚光、刘占英："关于党的监察制度建设问题"，载《中共天津市委党校学报》2006 年第 3 期。

党章都取消了关于党的监察机关、党内监督和党的纪律的条款，取消了对党员遵纪守法的要求，党在人民群众中的威信受到了极大损害。

三、1978 年以来：恢复发展

"文革"结束不久，鉴于"文革"的惨痛教训，中共中央改变了此前单纯依靠运动方式整顿党风的思路，力图通过制度建设遏止党内不健康风气的滋生、滋长，迅速恢复了党的纪律检查机关。[1] 1977 年，党的十一大通过新党章，在第二章"党的组织制度"中规定在中央和县级以上党委设立纪律检查委员会，但由于客观原因，尚未恢复已被撤销的各级监察机关，有关纪检方面的工作，暂由各级组织部门承担。

十一届三中全会之后，党的纪检工作全面恢复与发展。全会选举产生了以陈云为第一书记的中央纪律检查委员会。与此同时，党的各级纪检机构相继成立。1979 年 1 月，中央纪委全会通过了《中共中央纪律检查委员会关于工作任务、职权范围、机构设置的规定》，明确了纪委工作的机构、职责和任务。到 1981 年底，全国县、团以上党委，绝大多数都已建立了纪检机构，配备了专职纪检干部。经过几年的探索与实践，1982 年十二大通过的党章专门增加了"党的纪律"和"党的纪律检查机关"两章内容，对纪检组织的产生方式、领导机制、任务和职责作出了新的规定。党章正式确认了纪委由同级党委和上级纪委双重领导的体制，去掉了以前同级党委领导为主的字句。[2]十二大通过的党章，汲取历史经验，形成了党内监督制度的基本框架。

按照党政分开的原则，党的纪律检查机关根据党章和有关规定，对党员违反党的纪律的案件进行检查处理；国家行政监察机关依照国家法律、法规和政策，对监察对象违反政纪的案件进行检查处理。1988 年 3 月，监察部、中央纪律检查委员会联合发布了《关于党的纪律检查机关和国家行政监察机关在案件查处工作中分工协作的暂行规定》，以明确党的纪律检查机关和国家行政监察机关在案件检查处理工作中的关系，做到各司其职，分工协作，保证党的纪律检查工作和国家行政监察工作的顺利进行。1992 年 1 月，监察部、

---

〔1〕　纪亚光、刘占英："关于党的监察制度建设问题"，载《中共天津市委党校学报》2006 年第 3 期。

〔2〕　过勇："新时期中国共产党纪律检查委员会的改革历程"，载《经济社会体制比较》2012 年第 5 期。

中央纪律检查委员会又联合发布了《关于党的纪律检查机关和国家行政监察机关在案件查处工作中分工协作的补充规定》，以更好地贯彻中共中央纪律检查委员会和监察部《关于党的纪律检查机关和国家行政监察机关在案件查处工作中分工协作的暂行规定》，进一步加强纪律检查机关和行政监察机关在案件查处工作中的协调配合。然而，由于党政监察工作交叉难分，重复监察或者"漏监"的问题难以彻底解决。[1]

随着改革开放的不断推进，对外交往经济活动日益增多，经济活动中的腐败现象愈发严重，1992 年党的十四大报告首次在党的文献中提出了"反腐败斗争"的概念。在这种形势之下，为有效防治腐败行为，解决党政监察工作交叉难分的难题，1993 年 2 月，根据中共中央、国务院的决定，中央纪委、监察部机关合署办公，实行一套工作机构、两个机关名称、履行党的纪律检查和政府行政监察两项职能，机构列入国务院序列，编制列入中共中央直属机构。地方各级监察机关与党的纪委合署后，实行由所在政府和上级纪检监察机关双重领导的体制。这是新形势下加强党的纪检工作和强化行政监察机关职能的重大措施，是我国党政监督体制的一项重大改革。

进入新世纪后，我国面临的经济社会情况发生了巨大变化，面对实践中出现的新情况、新问题，党的监察制度也与时俱进，做出了相应的变化。2001 年 9 月，党的十五届六中全会作出"纪律检查机关对派出机构实行统一管理"的决定。经过试点，2004 年 4 月，中共中央决定将派驻机构由中央纪委、监察部和驻在部门双重领导改为由中央纪委、监察部直接领导。对派驻机构实行统一管理，主要目的是加强对驻在部门领导班子及其成员的监督，防止权力失控、决策失误和行为失范。这是中共中央为改革和完善纪律检查体制作出的重大决策，是加强党内监察的一项重大举措。[2]

同时，党内监察制度的法制化进程也在有序展开，2016 年 10 月 27 日，党的十八届六中全会审议通过了新修订的《中国共产党党内监督条例》。该条例对党内监督的指导思想、基本原则、监督主体、监督内容、监督对象、监督方式等重要问题作出规定，为新形势下强化党内监督提供了根本依据。

---

〔1〕 纪亚光："我国国家行政监察制度的历史演进"，载《中国党政干部论坛》2017 年第 2 期。

〔2〕 纪亚光、刘占英："关于党的监察制度建设问题"，载《中共天津市委党校学报》2006 年第 3 期。

2018 年 3 月 20 日，第十三届全国人大一次会议通过了《中华人民共和国监察法》。根据《监察法》的规定，中华人民共和国国家监察委员会是最高监察机关。省、自治区、直辖市、自治州、县、自治县、市、市辖区设立监察委员会。党的纪律检查委员会与监察委员会合署办公，二者实行"一套工作机构、两个机关名称、履行两种职能"的合署办公体制。纪委与国家监察委二者合署办公是"整合反腐力量资源"的重要举措，有助于形成统一、高效的国家监察体系。

此外，有必要单独提到党的巡视制度。党内巡视制度是中国共产党在借鉴中国传统政治监督方式的基础上探索建立的党内监督方式，它属于自上而下的监督方式，是党章赋予中共中央和省级地方党委的重要职责，是对下级党组织、领导班子、领导干部，特别是"一把手"进行监督的制度设计。从实践上看，十一届三中全会以来党内巡视制度大致经历了恢复重建，逐渐成熟以至十八大后向纵深发展的三个阶段。巡视制度作为"反腐利器"在遏制腐败方面功能巨大，作为"党之利器"对于全面从严治党意义重大，作为"国之利器"对于推进国家治理能力和治理体系的现代化亦发挥着重要作用。[1]

表 2-1 中共中央监察委员会简史

发布时间	发布单位	名称	内容
1926 年 8 月	中共中央扩大会议	《坚决清理贪污腐化分子》	清理贪污腐化分子。
1927 年 5 月	中国共产党第五次全国代表大会		决定成立中共中央监察委员会，并选举产生了组成人员。
1927 年 6 月	中共中央政治局会议	《中国共产党第三次修正章程决案》	在党章内新设"监察委员会"一章。
1927 年 12 月	中共中央	《中央通告第二十六号——关于监察委员会的问题》	监察委员会的存废问题留待中共六大解决。

[1] 周淑真、蒋利华："党的十八大以来巡视制度功能探析"，载《新视野》2018 年第 1 期。

续表

发布时间	发布单位	名称	内容
1928 年 7 月	中国共产党第六次全国代表大会		删除了党章中监察委员会的规定，新设立规格较低的监督财政会计及各机关工作的中央及地方各级"审查委员会"。中共中央监察委员会就此被撤销。
1945 年 7 月	中国共产党第七次全国代表大会		通过新的党章，设立"党的监察机关"一章。
1949 年 11 月	中共中央	《关于成立中央及地方各级党的纪律检查委员会的决定》	决定成立党内监督机构，名为纪律检查委员会。中央成立中央纪律检查委员会。
1955 年 3 月	中国共产党全国代表会议	《关于成立中央和地方监察委员会的决议》	将中央纪律检查委员会更名为中央监察委员会。
1956 年 9 月	中国共产党第八次全国代表大会		通过新的党章。
1969 年 4 月	中国共产党第九次全国代表大会		删除了党章中有关监察委员会的内容。
1977 年 8 月	中国共产党第十一次全国代表大会		在党章内"党的组织制度"一章中增写了"党的中央委员会、地方县和县以上、军队团和团以上各级党的委员会，都设立纪律检查委员会"。
1978 年 12 月	中国共产党第十一届中央委员会第三次全体会议		按照党章规定选举产生了中国共产党中央纪律检查委员会。
1979 年 1 月	中纪委举行第一次全体会议	《中共中央纪律检查委员会关于工作任务、职权范围、机构设置的规定》	明确纪委机构、职责和任务。

发布时间	发布单位	名称	内容
1988 年 3 月	中央纪委和监察部	《关于党的纪律检查机关和国家行政监察机关在案件查处工作中分工协作的暂行规定》	
1992 年 1 月	中央纪委和监察部	《关于党的纪律检查机关和国家行政监察机关在案件查处工作中分工协作的补充规定》	
1993 年 2 月	中共中央、国务院		中央纪委、监察部机关合署办公。
2001 年 9 月	十五届六中全会		纪律检查机关对派出机构实行统一管理。
2016 年 10 月	十八届六中全会	《中国共产党党内监督条例》	
2018 年 3 月	第十三届全国人大一次会议	《中华人民共和国监察法》	党的纪律检查委员会与监察委员会合署办公。

第三节　新中国成立以来监察制度的发展脉络

　　监察制度在我国自古有之，历史上的各个朝代均建立了各具特色的监察制度。行政监察制度指行政监察机关通过主动调查和接受行政相对人的申诉、控告、检举的方式，发现相应公务员的违法违纪行为，并通过直接处分或建议相应主管行政机关处分违法、违纪的公务员，以纠正公务员队伍中的违法、腐败现象，保证整个公务员系统的廉政、勤政。[1]我国的行政监察制度创立于新中国成立之初，历经了 20 世纪 50 年代的初步创立、80 年代的恢复重建、

---

　　〔1〕　参见姜明安主编：《行政法与行政诉讼法》，北京大学出版社 2015 年版，第 147 页。

90 年代的法制化发展和与纪委合署办公大致三个发展阶段,在曲折中逐渐走向完善,为我国社会主义法治化进程、法治政府的建设发挥了积极作用。2018 年,随着《监察法》的通过施行,我国的行政监察制度也升级为国家监察制度。

一、1949～1959 年:初步建立时期

1949 年 9 月,中国人民政治协商会议通过的《中国人民政治协商会议共同纲领》第 19 条规定:"在县市以上的各级人民政府内,设人民监察机关,以监督各级国家机关和各种公务人员是否履行其职责,并纠举其中之违法失职的机关和人员。"同日通过的《中华人民共和国人民政府组织法》规定在政务院下设人民监察委员会。1949 年 10 月 19 日,中央人民政府人民监察委员会正式成立。此后,全国县(市)以上各级人民政府也相继建立了人民监察委员会,这标志着我国行政监察制度的正式建立。

人民监察委员会成立之初的主要职责包括:监察全国各级国家机关和各种公务人员是否违反国家政策、法律、法令或损害人民及国家的利益,并纠举其中违法失职的机关和人员;指导全国各级监察机关的监察工作,颁发决议和命令,并审查其执行;接受及处理人民和人民团体对各级国家机关和各种公务人员违法失职行为的控告。

1954 年 9 月,一届全国人大二次会议通过了《中华人民共和国国务院组织法》,成立国务院,原政务院人民监察委员会改为国务院监察部,各省、直辖市、自治区人民委员会(人民政府)设监察厅(局),各专署设监察处。根据有关规定,县和不设区的市和市辖区的人民委员会不设监察机关,但在工作特别需要的县和不设区的市,由专署或省的监察机关重点派遣监察组。在随后的 11 月,国务院发布了《关于设立、调整中央和地方国家行政机关及其有关事项的通知》,将原人民监察委员会的工作移交监察部。

1955 年 11 月,国务院常务会议制定颁布了《中华人民共和国监察部组织简则》。该简则对监察部的权力等作出了具体规定。较之人民监察委员会,其主要职责发生了如下变化:一是强调其有别于司法部门的维护政纪的特殊职能;二是强调行政监察机关要检查各级行政机关、国营企业执行国民经济计划和国家预算中存在的问题,拓展了行政监察机关的业务范围;三是不仅受理对行政机关和人员的控告,而且受理行政机关和人员不服纪律处分

的申诉。[1]

这一时期，监察部实行垂直领导体制，受国务院直接领导，对其负责，但正因其垂直领导的原因，在政治形势日益严峻的情势之下，被指责为"脱离党的领导"，至20世纪50年代后期，伴随着国家政治形势剧烈变动，各级监察机关相继遭到撤销，国家行政监察制度被彻底破坏。

新中国成立初期的行政监察制度虽然建立时间并不算长，不久即遭到全面的撤销，但它对于新生的人民政权的巩固发展，对人民政府初期的依法运行做出了一定的历史贡献，同时也为之后监察制度的恢复、发展积累了宝贵的经验。

二、1986~1997年：恢复重建时期

"文革"结束后，国家百废待兴，十一届三中全会作出了把党和国家的工作重心转变到经济发展上来的历史性决定，我国进入了改革开放新时期，国家的民主与法制建设也被提上了日程。1982年《宪法》的修订实施为行政监察制度的恢复发展提供了宪法依据。[2]1986年12月第六届全国人民代表大会常务委员会第十八次会议通过《全国人民代表大会常务委员会关于设立中华人民共和国监察部的决定》，恢复中华人民共和国监察部，次年7月1日，监察部正式挂牌成立。这之后，国务院于1987年8月发出通知，决定在县级以上地方各级人民政府，包括地方行政公署中恢复建立行政监察机关。全国县以上地方各级监察机关相继得到恢复。新组建的国家行政监察机关与我国20世纪50年代的行政监察机关相比，主要有两大特征：一是在实行双重领导体制下强化了监察机关的人事任免权，地方各级监察机关既要受所在地人民政府的领导，又要受上级国家监察机关的领导，对地方各级监察机关主要领导干部的任免，必须征求上级监察机关的意见；二是扩大了监察权限，除保留原国家监察机关具有的检查权、调查权和建议权之外，还具有一定的行政处分权，可以对监察对象处以撤职以下的行政处分。[3]

1990年11月，国务院在总结新中国成立以来行政法制建设中的经验教训

---

[1]　纪业光："找国国家行政监察制度的历史演进"，载《中国党政干部论坛》2017年第2期。

[2]　需要注意的是，本次宪法修改只是规定了审计机构的设置，但在国务院组成部门中仍没有设立监察部。

[3]　参考郑传坤："我国行政监察历史发展简况"，载《现代法学》1992年第1期。

的基础上，制定颁布了《中华人民共和国行政监察条例》，规定了监察机关的性质、管理体制、职责职能、监察程序等。它的发布实施，为加强行政监察，改善行政管理，提高行政效能，促进国家机关、国家公务员和国家行政机关任命的其他人员廉洁奉公、遵纪守法提供了制度保障。[1]

为适应反腐败形势的需要，有效整合党的纪检机构与行政机关监察部门的资源，解决党政监察工作交叉难分、重复监察或者"漏监"的问题，形成监督合力，更好地实现对公权的监督，1993年1月，中共中央、国务院决定，中纪委、监察部合署办公，形成中央纪委监察部，实行"一套班子，两个招牌"的办公方式。虽然，合署办公适应了形势变化发展的需要，但却削弱了行政监察机关的独立性。在我国行政监察机关本身受制于双重领导体制，独立性本就未能得到充分保障的情况下，合署办公客观上带来的"三重领导"（上级监察机关、本级人民政府、本级纪委常委会）则进一步压缩了行政监察机关的生存空间，行政监察逐渐流于形式，处于附庸地位。[2]

总体而言，在消失了近三十年之后，应社会发展急需而再次恢复重建的行政监察制度，在承继原有制度的基础上，针对社会中突出的新问题，尤其是伴随改革开放而来的大量的政府腐败违法违纪等问题，给予了及时的回应，得到了人民群众的支持，推动了我国民主与法制建设，为日后行政监察制度的法制化进程做出了有益的探索。

三、1997 年至今：法制化时期

随着国家经济社会的发展，制定一部具有普遍法律效力的行政监察法律的呼声越来越高。虽然《中华人民共和国行政监察条例》在提高行政效能、惩处违法违纪方面发挥了重要作用，但该条例毕竟只是一部行政法规，依行政法之权利法定原则，行政监察机关的设立、职权及运行程序均应由国家权力机关以法律形式规制。因此，在该条例施行已满 3 年，各方条件已经成熟的情况下，制定一部作为行政监察基本法的《中华人民共和国行政监察法》便水到渠成。1997 年 5 月 9 日，第八届全国人民代表大会常务委员会第二十

---

〔1〕 徐德刚："新中国行政监察法律制度回溯与前瞻"，载《求索》2004 年第 12 期。

〔2〕 魏志荣、李先涛："我国行政监察制度存在的主要问题与改革建议"，载《黑龙江省政法管理干部学院学报》2006 年第 4 期。

五次会议通过了《中华人民共和国行政监察法》，对行政监察机关的人员组织、职责权限、监察程序等作出了系统规定。从此，我国的行政监察工作有了强有力的法律保障，进入了法制化的新时期。

2004 年，为进一步确保《行政监察法》的有效实施，国务院依法颁布了《中华人民共和国行政监察法实施条例》，形成了以《中华人民共和国行政监察法》为核心，其他相关行政监察法规、规章辅助结合的行政监察法律体系。这两个法律法规的制定实施，不仅系统总结了我国自新中国成立以来的各种行政监察法规、条文的不同，吸收了之前行政监察工作中被证明切实可行的行政监察方法，而且在吸取其精华的基础上，不断提升、改善。注重法律法规之间的可行性与可操作性，加强法律法规的规范化、法制化的要求。总而言之，它们是我国行政监察工作开始步入法制化快车道的重要标志之一。

为深化国家监察体制改革，加强对所有行使公权力的公职人员的监督，实现国家监察全面覆盖，深入开展反腐败工作，推进国家治理体系和治理能力现代化，根据宪法，2018 年 3 月 20 日，第十三届全国人大一次会议通过了《中华人民共和国监察法》。根据《监察法》的规定，中华人民共和国国家监察委员会是最高监察机关。省、自治区、直辖市、自治州、县、自治县、市、市辖区设立监察委员会。2018 年 3 月 17 日，第十三届全国人民代表大会第一次会议审议通过国务院机构改革方案，决定将监察部并入新组建的国家监察委员会。不再保留监察部、国家预防腐败局。至此，我国的行政监察制度转变为国家监察委员会制度。

表 2-2　新中国成立以来国家行政监察制度简史

发布时间	发布单位	名称	内容
1949 年 9 月	中国人民政治协商会议第一届全体会议	《共同纲领》	第 19 条：在县市以上的各级人民政府内，设人民监察机关，以监督各级国家机关和各种公务人员是否履行其职责，并纠正其中之违法失职的机关和人员。
1949 年 9 月	中国人民政治协商会议	《人民政府组织法》	在政务院下设人民监察委员会
1954 年 9 月	一届全国人大二次会议通过	《国务院组织法》	成立国务院，原政务院人民监察委员会改为国务院监察部。

发布时间	发布单位	名称	内容
1954 年 11 月	国务院	《关于设立、调整中央和地方国家行政机关及其有关事项的通知》	将原人民监察委员会的工作移交监察部。
1955 年 11 月	国务院常务会议	《监察部组织简则》	
1957 年 10 月	国务院	《国家行政机关工作人员的奖惩暂行规定》	第 13 条规定了"国家监察机关"具体管理奖惩工作的程序与范围。
1982 年	五届全国人大第五次会议	《宪法》	恢复了行政监察机关的设置，设审计机构（在国务院组成部门中没有设立监察部）
1986 年 11 月	六届全国人民代表大会常务委员会第十八次会议	《关于设立中华人民共和国监察部的决定》	为了恢复并确立国家行政监察体制，设立监察部。
1990 年	国务院	《行政监察条例》	
1993 年 2 月	中共中央、国务院		中纪委与监察部合署办公。
1997 年 5 月	第八届全国人民代表大会常务委员会第二十五次会议	《行政监察法》（2010 年修改）	行政监察工作进入法制化时期。
2018 年 3 月	第十三届全国人大一次会议	《监察法》	行政监察进入国家监察新时期。

域外反腐败立法概况

  监察制度是世界各国政治制度中必不可少的重要内容，各国依据自身国情和政治体制产生了形式各异的监察制度及相关立法，这些内容将作为有益的制度借鉴丰富我国监察立法的研究。从各国监察制度的立法情况来看，具有以下特点：一是以监察立法为反腐败立法的核心内容，并大多将预防和反贪两方面职能有机结合起来；二是监察机关拥有崇高的法律地位，职权行使有充分的独立性保障，监察对象广泛，并规定了有效的刚性措施等；三是在各国监察法之外往往规定有大量配套的法律法规，如公务员行为准则类法规、公务员财产申报类法规以及完善的行政程序法和组织法的规定。

第一节 美国反腐败立法研究

  现代国家廉政制度体系是由以选举制度和分权制衡原则为核心，以保障政权对公民负责的一系列机构和规则所组成的体系；建立现代国家廉政制度体系是有效防治腐败、走出政权兴亡周期律的根本途径。[1]美国是在反对英国王权统治的革命斗争中建立的国家，也是世界上最早实践"三权分立、互相制衡"的政治理论原则的国家。多年来，美国富有特色的政治制度，一直被许多西方国家所仿效。建立在权力制衡理论基础上的美国政治制度中，立法机关、行政机关、司法机关都遵守"法治"原则，各自独立又互相制约，以防止专制独裁。美国在建国后的一百多年间，腐败程度经历了一个由低到

---

  [1] 何增科："建构现代国家廉政制度体系——有效惩治和预防腐败的体制机制问题研究"，载《马克思主义与现实》2009 年第 3 期。

高（19 世纪末 20 世纪初达到高峰），再逐步遏制即由高到低的曲折发展过程。从存在完全不受制约的腐败，到建立起较健全的反腐败机制，美国经历了长达约一个半世纪的历史过程。根据透明国家发布的 2016 国际清廉指数排名，美国排在第 18 位，[1]可见其反腐败机制确有成功之处。回顾和总结其经验教训和现行法律制度，有不少经验教训值得我们认真思考。

一、美国反腐败的社会历史背景

（一）美国历史上腐败高发期的形成

1776 年 7 月 4 日，由北美各殖民地代表组成的大陆会议通过了《独立宣言》。[2]这一宣言不仅宣布了北美殖民地的独立，而且表达了殖民地人民建立一个廉洁为民的自治政府的基本思想。在美国历史上，20 世纪 20 年代初的哈定政府时期被认为是腐败最为严重的时期。这一时期，美国的社会政治生活十分黑暗。当时，由于"禁酒令"的颁布实施，很多犯罪集团为了保障其贩卖私酒活动的"安全"，纷纷向警察和政府官员行贿。"官匪一家""警匪一家"成了美国社会生活的显著特征。20 年代后期迅速席卷美国的经济危机和30 年代后期开始波及全球的世界大战在很大程度上分散了美国人民对政府官员贪污受贿行为的注意力。[3]这似乎在美国全国范围内形成了一种腐败文化，表现为公众对腐败现象并不特别反感，对政府官员触目惊心的贪污现象也习以为常。历史学家萨缪尔·莫里森和亨利·康马杰曾这样描述这一时期的腐败现象：公共生活中的道德沦丧几乎影响了美国社会生活的所有方面，"人们能够在州和大城市的政府、在商业和金融业以及运输业，甚至在专业职业中发现这一现象。几乎在所有的地方，旧道德标准都被破坏了，对于许多人来说，诚信似乎离开了公共生活"。[4]直到 60 年代和 70 年代一系列政府腐败丑闻相继曝光（例如震惊世界的"水门事件"和阿格纽副总统受贿），反腐败

---

〔1〕 全球经济数据：http://www.qqjjsj.com/yjbg/154506.html，访问日期：2017 年 6 月 12 日。

〔2〕 该宣言宣称："所有的人生而平等，造物者赋予他们若干不可剥夺的权利，其中包括生命、自由和对幸福的追求。为了保障这些权利，人类才在他们之间建立政府，而政府之正当权力是从被统治者的同意中产生出来的，任何形式的政府当它对于这些目的有损害时，人民便有权把它改变或废除以建立一个新的政府，新政府所依据的原则和用以组织其权力的方式，必须使人民认为这样才最可能获得他们的安全和幸福。"

〔3〕 参见何家弘："美国反腐败法律制度"，载《外国法译评》1998 年第 4 期。

〔4〕 周琪："美国反腐败机制是如何建立的"，载《中国党政干部论坛》2015 年第 3 期。

才又成了社会公众的热门话题。在这一时期，美国公司在对外经济活动中的贿赂行为（影响甚大的案件是"麦道公司行贿案"）[1]也开始引起美国人的关注。

（二）腐败高发期的终结：从道德控腐到制度控腐

美国建国之初，从新英格兰地区到佐治亚州，公众最初都是从乡绅上层阶级的成员中挑选道德上诚实正直的人来担任公职。每一个清教徒都被召唤到参加建设上帝的正义之国的事业中。因此，促进共同体成员的个人诚实和道德行为是政府十分关注的事情。这种由朴素的清教徒价值观引导的道德防腐在美国的反腐败历史上确实卓有成效。出身贵族的政府官员把从事谋利行为看作是卑贱的行为，对普通大众也极为不信任，更不愿在政策拟定过程中迎合部分民众的偏好，从而减少了以公权力谋求私利的机会和可能。然而，随着西进运动特别是资本主义工业化的发展，一些国会议员与开发商相勾结大肆进行土地投机买卖，利用政府合同进行肮脏交易，肆意侵吞联邦津贴，腐败行为愈演愈烈。到了 19 世纪中期，政治腐败在美国国会开始成为一个司空见惯的现象，美国出现了一个公共官员最严重的腐败时期。这表明，随着现代化的发展，原来片面依靠宗教律令和伦理道德防止腐败的范式已经不再有效。[2]

一般来说，健全的法律和司法体系是防止腐败的重要制度保障。面对四处肆虐的政治腐败浪潮，在人民党运动、进步主义运动、新闻媒体扒粪运动等力量的推动下，美国国会开始通过出台法律遏止腐败蔓延的势头。从 19 世纪末开始，美国国会的反腐败进入了制度控腐的阶段。美国国会通过推动建立新的制约公共官员行为的法律，对腐败进行限制。耐人寻味的是，美国国会的反腐立法往往与腐败大案如影随形。在每一次腐败丑闻被揭露之后，国会几乎都会颁布新的法律来处理新形式的官员滥用职权案件。

"水门事件"即为典型。尼克松总统竞选委员会在 1972 年的大选中对位

---

〔1〕 麦道公司为了开拓巴基斯坦的飞机市场，与波音公司相竞争，通过关系找到了巴基斯坦总统布托的堂弟阿什奇·阿里·布托和总统办公厅主任拉菲·拉扎，表示巴基斯坦国际航空公司每购买一架麦道飞机，麦道公司就将同他们支付 50 万美元的"好处费"。1976 年，巴基斯坦国际航空公司购买了 4 架麦道飞机。麦道公司便如约支付了 200 万美元的"好处费"。

〔2〕 参见孙哲、赵可金："美国国会对腐败问题的治理"，载《清华大学学报（哲学社会科学版）》2009 年第 2 期。

于华盛顿商业区的水门公寓的民主党全国总部进行了窃听。该事件在被披露后很快就发展为美国的政治危机。国会、联邦大陪审团和联邦独立检察官在调查之后，对尼克松的竞选班子提出了一系列指控，包括争取非法捐款、扣压罪证、侵犯个人自由、非法利用联邦机构、提供伪证等。与此同时，阿格纽副总统亦被指控犯有受贿、敲诈、逃税等罪行。1973 年 12 月，他被迫辞去副总统的职务，并被判罚款 1 万美元。10 个月之后，尼克松面临国会即将提起的弹劾案，不得不辞去总统职务，从而成了美国历史上第一位辞职的总统。由于尼克松总统在"水门事件"调查期间曾解除了负责该案调查工作之特别检察官的职务，妨碍了调查工作，所以 1978 年的《政府道德法》中有专门一节规定了独立检察官的选任和职权等问题，那些规定又被人们称为"独立检察官法"（the Independent Counsel Act）。

由于公众对贪污贿赂行为的广泛关注，美国政府在 20 世纪 70 年代相继颁布了一系列重要的反贪污贿赂法律，如 1970 年的《勒索影响与贪污贿赂组织法》（the Racketeer Influenced and Corrupt Organizations Act）、1977 年的《对外贿赂行为法》（the Foreign Corrupt Practice Act）、1978 年的《文官制度改革法》（the Civil Service Reform Act）、《监察长法》（the Inspector General Act）和《政府道德法》（the Ethics in Government Act）等。这些法律已成为美国今天反贪污法律的基本内容。[1]

二、《美国联邦宪法》中的反腐败机制

《美国联邦宪法》是于 1789 年 3 月 4 日正式通过的。该宪法规定的一些政府原则为美国的反贪污法律制度确定了基本的框架。例如，宪法中明确规定的三权分立和制衡原则、弹劾制度、人身保护令、[2]言论自由[3]等就为

---

〔1〕 参见何家弘："美国反腐败法律制度"，载《外国法译评》1998 年第 4 期。

〔2〕 人身保护令被规定在《宪法》第 1 条第 9 款："根据人身保护令享有的特权，除非在发生叛乱或遭遇入侵，公共治安需要停止此项特权时，不得中止。"这一条是防止公权力被滥用，是防止腐败的政府官员以公权力迫害和报复公民的根本手段。

〔3〕《美国联邦宪法》第一修正案规定："国会不得制定关于下列事项的法律：确立国教或禁止信教自由；剥夺言论自由或出版自由；或剥夺人民和平集会和向政府请愿申冤的权利。"正是由于宪法对公民言论自由的充分保护，美国的媒体才在全球范围内广受赞誉，而美国也被认为是世界上新闻自由的典范，美国的记者被认为是调查和报告方面的专家。《美国联邦宪法》鼓励普通民众和非政府组织报告政府官员的不当行为。

约束政府官员不当行为的法律机制奠定了基础。笔者于后文中将着重介绍三权分立原则和弹劾制度对于美国预防和惩治贪污腐败方面发挥的重要作用。

（一）三权分立与制衡原则

"三权分立"体制是《美国宪法》的直接产物，它包含的主要原则是：法律在政治生活中具有至高无上的地位；政府机构、官员和公民必须服从法律；法律面前人人平等；法律保障个人权利；法院是法律含义的最终裁判。三权分立，是法律分别授予三个部门独立执法的权力；三权制衡，是三个部门运用法律手段的相互监督和制约。从美国历史演进的事实来看，当"三权"其中的一个部门权力超常，导致权力失衡时，其他部门便可以行使宪法授予的权力给予限制和纠正，使权力恢复平衡，重新纳入正轨。

《美国联邦宪法》严格设计了三权分立的体系和具体的条款规定，这些具体条款的规定对于预防联邦政府腐败起到了不可忽视的作用。具体而言，《美国联邦宪法》主要通过体系规定与具体的反腐败条款来发挥其在反腐败方面的作用。从体系上看，联邦政府权力由立法权、行政权和司法权三大权力组成，互相独立，又互相制衡。在美利坚合众国建立之初，美国的国父们就想到了权力过分集中很可能导致腐败的产生。为了防止这种情况的出现，他们在起草宪法之时，就确立了三权分立的体系。在这种体系之下，每一种权力都可以起到抑制另外两种权力的作用，每一种权力都要受到另外两种权力的制约。而在美国联邦政府中的三大分支又分别拥有这三大权力。"三权分立"的实质是拒绝权力至高无上。《美国宪法》规定的"三权分立"体制的基本框架是：立法权属于国会，但总统有权否决国会立法，国会又可以推翻总统的否决；行政权属于总统，但行政机构的设置及经费须国会批准，总统任命的高级官员须国会参议院批准，而且国会有权弹劾总统；司法权属于法院，但法官由总统提名经国会参议院批准，法官终身制，但国会有权弹劾法官。"三权分立"体制下的美国社会，尽管某一机构、某一集团、某一个人存在着超越职权，滥用权力的腐败现象，但无论是理论层面还是现实层面都货真价实地没有至高无上的权力。任何企图实现"极权"的野心机构和个人野心，都要受到惩治和限制。罗斯福内阁打破了华盛顿始创的总统任期不超过两届的惯例，连任三届，又第四次当选，美国公众并未认定罗斯福有"极权"野心。当罗斯福逝世后，为限制和避免总统职权一人长期独揽，滋生"极权"的可能，国会提出宪法修正案，规定任何人当选总统，任职都不得超过两届。"水门事件"的败露，使社会各界看到了总统权力日益膨胀，存在着可能任意调遣整个行政机构为他服务，轻而易举地非法消除对立面的危险，国会立即行使弹劾权，迫使尼克松提交辞呈。[1]

总之，三权分立的体系设计对于遏制腐败的作用主要体现在三大政府权力分支承担着各自的监督职责。立法机关通过其所拥有的财政审批权、弹劾权、立法权等限制着行政机关和司法机关的行为。司法机关通过案件的审理和判决，以及对立法的审查，在反腐领域起着重要的作用。相对来说，行政机关在制约另外两大机关的腐败问题方面所起的作用较为有限。此外，行政机关负责日常的行政工作，是法律法规的执行主体，其本身是较易产生腐败的领域。在这样的情况下，三权分立的体系设计，对于抑制腐败，维持联邦政府的廉洁起着至关重要的作用。

（二）弹劾制度

弹劾制度是美国政治制度的重要组成部分，是国会对总统、副总统、法官和合众国的所有文职官员等国家行政、司法高级官员的犯罪失职行为进行控告、审判和制裁的制度。弹劾制度体现了分权与制衡的基本原则和精神。这项制度源于中世纪的英国，由移民带到北美，成了殖民地人民与宗主国英国进行斗争的工具之一。美国独立后，弹劾制作为民主传统被当时13州中的8个州编进了宪法或法典中，首次以正式文件的面貌出现。这些州的新宪法均明确规定了弹劾的对象为行政官员和司法官员，对被弹劾官员的惩罚是撤销职务。剩下的5州中特拉华和弗吉尼亚只明确规定州长在职期间不得被弹劾。对提出弹劾指控的机关，各州都规定为众议院，而对于行使弹劾审判权的机关，各州的规定则很不一样。正是由于各州对"由哪个机关行使弹劾审判权"意见不一，1787年制宪会议也就这一问题展开了讨论。

在当年的制宪会议上，与会的政治家们为美国制定了一部新宪法。宪法明确规定按照三权分立的原则组织政府，而弹劾制度作为体现这一原则的重要制度也被写进了新宪法。在确定弹劾制的诸多问题时，制宪者们围绕着由哪个部门拥有弹劾权、弹劾罪的范围以及弹劾对象和对弹劾罪的处罚三个方面展开了激烈的讨论，最后终于达成共识。经过反复讨论，代表们一致同意国会保留弹劾权，而削弱它在总统选举方面的作用，以防止国会独裁，使得

---

[1] 郭大方："美国政府'三权分立'体制透析"，载《北方论丛》2000年第4期。

弹劾堕落成政治的附属品。对于弹劾罪的范围和对弹劾罪的处罚，代表们在保留殖民地传统的影响的同时，将"渎职""营私舞弊"等模糊不清的词语更换并最后形成了今天《美国联邦宪法》第 2 条第 4 款的规定，即"合众国总统、副总统及其他所有文官，因叛国、贿赂或其他重罪和轻罪而遭弹劾并被判定有罪时，应予以免职"。[1]其中，"所有文官"不仅包括行政分支中的政府工作人员，还包括司法分支中所有的联邦法院法官，但并不包括所有的参议院或众议院中的议员。对于参议院和众议院中议员的不当行为，国会有其内部的调查和处理机制，这并不属于国会弹劾权的范围。

关于弹劾程序，美国宪法也作了明确规定。众议院有权提起弹劾案，参议院负责审理。《美国联邦宪法》第 1 条第 3 款规定："所有弹劾案，只有参议院有权审理。在开庭审理弹劾案时，参议员们均应宣誓或宣愿。如受审者为合众国总统，则应由最高法院首席大法官担任主席；在未得到出席的参议员的 2/3 的同意时，任何人不得被判有罪。弹劾案的判决，不得超过免职及取消其担任合众国政府任何有荣誉、有责任或有俸给的职位资格的范围；但被判处者仍须服从另据法律所作之控诉、审讯、判决及惩罚。"[2]

自 1789 年《宪法》生效以来，众议院曾 16 次弹劾政府官员，其中 7 位官员遭判决解职（其中一人在参议院完成审判前辞职）。另外，国会曾对三位总统进行过弹劾调查：1868 年，由于在南北战争后重建南方问题上的争论，第十七届总统安德鲁·约翰逊受到弹劾，但在参议院审判时以一票之差被宣告无罪，未被免职；1974 年"水门事件"中，众议院司法委员会通过了三项弹劾总统尼克松的条款，在众议院对弹劾条款进行表决前，尼克松宣布辞职；1998 年，美众议院以克林顿在其绯闻案调查中作伪证和妨碍司法为由提出弹劾动议，参议院参与了克林顿的弹劾审讯，但弹劾动议在参议院未获通过。尽管有些人因弹劾制使用频率不高而对其产生怀疑，但国会的弹劾权作为一种"终极武器"，对维护美国的宪政制度，保障公民的权利和自由，防止权利的滥用和官员腐化发挥着重要作用。不仅如此，弹劾制的存在本身就具有足够的威慑力，至少可以防止国家官员明目张胆地违法犯罪。毕竟，在信息爆炸的今天，在媒体作用日益壮大的今天，对于一个官员的惩罚绝不会只因弹

---

[1] 王昶编著：《美国法律文献与信息检索》，中国政法大学出版社 2014 年版，第 114 页。
[2] 王昶编著：《美国法律文献与信息检索》，中国政法大学出版社 2014 年版，第 110 页。

劲的失败而告终。舆论与名誉才是政治生活中真正杀人于无形的利器。[1]

三、美国主要的监察法案

《美国联邦宪法》用三权分立与制衡的体系设计，限制了联邦政府各个部门的权力，在很大程度上防止了腐败的滋生。但是，《美国联邦宪法》作为一种框架性的指导规范，对于联邦政府的腐败预防工作是远远不够的。美国联邦政府能够在长期的历史发展中不断与腐败行为做斗争并取得了一些阶段性胜利，离不开后来出台的一系列反腐败专门法案。这些法案通过更加具体的反腐败规定，为防止和惩治腐败行为提供了明确的依据。

（一）《彭德尔顿法》与美国文官制度的确立

在美国，文官是指在政府部门中任职的非军职人员。对文官进行选任和管理的制度称为文官制度。美国文官制度的发展和变革，大致可分为三个时期：第一时期，美国建国之初到 1829 年，是文官制度的酝酿时期；第二时期，1829 年到 1883 年的"政党分赃制"时期，是文官制度的发展时期；第三时期，自 1883 年美国国会通过《公务员制度法》（也叫《彭德尔顿法》）至今的"功绩制"时期，是美国建立和发展现代公务员制度的重要阶段。[2]

实行政党分赃制[3]以后，政府官员随选举共进退，每次选举换届之后，都会实现政府公职人员的大换血，政府非常不稳定。然而，政府事务作为公众利益的舞台，具有较强的连续性和稳定性，频繁更换政府工作人员不利于公共责任的履行。特别是政党分赃制导致政府任人唯亲，一旦主政就独揽大权，干扰了政府的公共服务。1865 年 12 月托马斯·詹克斯向国会提出了第一个文官改革法，发起文官改革运动，主张建立一个以"功绩制"为核心的常任文官制度来取代"分赃制"，以此作为解决公共政治领域腐败问题的良方。经过长达十年多的立法过程，1883 年 1 月，国会才最终通过了由民主党参议员乔治·亨利·彭德尔顿提出的改革法案，由时任总统切斯特·阿瑟签署并

---

〔1〕 杨绪盟、黄宝荣编著：《腐败与制度之"笼"——国外反腐经验与启示》，人民出版社 2014 年版，第 4、5、9 页。

〔2〕 参见宋振国等：《各国廉政建设比较研究》（修订版），知识产权出版社 2013 年版，第 201 页。

〔3〕 所谓政党分赃制，源自于 1829 年安德鲁·杰克逊总统以及拥护者先后提出"敌人的赃物应该属于胜利者""官职应当属于选举的胜利者"等口号。联邦政府没有正式的人事制度，官员的录用去留完全由执政者来决定。

颁布《彭德尔顿文官法》。新法确立了"功绩制"的原则，即公职人员的任用、晋升不再是仅看其对政党和党魁的忠诚，而是依据其德才表现，通过公开考试，择优录用。新法还授权总统建立文官委员会这一专门机构负责文官的录用、考核、晋升等相关事务。同时，新法还规定了"政治中立"的原则，即文官可以是某党党员，但不得参加任何政治活动和进行政治性捐款，不得因拒绝这类活动而被免职。此后，国会还制定了各种"利益冲突法"和"廉政法"，健全了对文官队伍的管理法律。[1]

《彭德尔顿法》规定：①政府文职官员的任用和晋升，必须向全体公民公布，进行公开的竞争性考试，选用成绩优秀者。任何一级职位都对符合报考条件的人开放，不再依据政党关系、种族、性别、信仰等因素。②凡通过文官考试被录用的官员，不得因政党关系等政治原因被革除职务。这是为了防止因不同政党的总统上台就要撤换许多大小官员的局面出现，保持官员队伍的相对稳定和政策、政局的稳定。③政府的文职官员在政治上必须采取"中立"态度，禁止参加竞选等政治活动，禁止接受金钱捐助。④考试应着重于实际工作需要的才能和知识。⑤考试以后应当有一定的试用期，称职后才正式任用。⑥因公致伤者应当继续享受其应有的权利。⑦文官委员会每年应自动进行官吏制度的考察，并提出改进建议，呈交总统和国会，供参考选择。《彭德尔顿法》还规定，由总统任命不同政党的人员组成"公务员委员会"，按照公平独立的精神，负责人事行政工作。[2]

与1883年之前相比，《彭德尔顿法》的颁布有三大亮点：第一，文官不再是由上级直接任命，而是通过严格的考试进行选拔，从中选取优秀者进行录用。第二，《彭德尔顿法》的规定使得文官的任免不再是由总统或党派决定，这使得文官脱离了党派的控制。虽然文官可以加入某个党派，但这纯属是政治信仰的问题，而不再是完全依附于其所属党派。这样做，从根本上杜绝了文官与党派勾结谋取利益的行为，在很大程度上减少了政府中的腐败现象。第三，文官的任期变成终身制，不再受其所属党派控制。在1883年之前，文官的任期是不确定的。文官能否长期任职，既要看其所属党派能否长

---

〔1〕孙哲、赵可金："美国国会对腐败问题的治理"，载《清华大学学报（哲学社会科学版）》2009年第2期。

〔2〕宋振国等：《各国廉政建设比较研究》（修订版），知识产权出版社2013年版，第201页。

期占据领袖地位，还要看文官在党派中的影响力和作用。这使得文官只关注党派的需求，而缺少服务社会的精神和对自身所属职位的忠诚度。文官任期的改革使得文官可以不用再担忧朝不保夕，既能够投入精力做好本职工作，也能够增加归属感与忠诚度，减少腐败的发生。

《彭德尔顿法》是美国政治与管理发展史上当之无愧的里程碑。它建立了一种适合美国社会的公共人员体系。它为美国现代行政体系的建立提供了品德和专业性这两大基石。它还通过改变分赃制以来的政治传统，为美国政党制度的转变与改革做好准备。尽管在 1978 年，《文官制度改革法》取代了《彭德尔顿法》的地位，但是其核心价值仍然不曾脱离《彭德尔顿法》。可以说，《彭德尔顿法》在美国立法史上熠熠生辉。

(二) 管控政治捐款的竞选经费法

1. 《联邦选举竞选法》的制定

美国国会的立法活动，实际上是各利益集团之间所进行的激烈争斗，其结果往往与竞选捐款有着十分密切的联系，捐款者对竞选候选人慷慨解囊的唯一目的就是期望胜利者在国会通过有利于该行业的立法议案。随着竞选经费的逐渐增多，到 20 世纪初，已经出现了大量大财团左右政治选举的严重问题。因此，对金钱在政治运作中造成的腐败和贿赂问题进行治理成了美国反腐败的重要面向。美国国会于 1971 年制定的《联邦竞选法》对于管控政治捐款起到了关键性作用，然该部法律的出台可谓经历了一个十分曲折的历程。早在 19 世纪 60 年代，国会颁布的《海军拨款法》中就明确禁止政府官员和雇员从海军工场工人那里获得财政资助。1883 年的《彭德尔顿法》取消了"政党分赃制度"，把《海军拨款法》的限制扩大到所有政府公务员，这项规定成了美国历史上第一次对选举经费进行限制的法令。1907 年《蒂尔曼法案》首次禁止银行或公司直接对联邦竞选人捐款。1910 年和 1911 年美国国会立法规定国会议员竞选财政公开，并对国会竞选人的竞选财政支出加以限制。但是这一法律因缺乏具体操作性而未能真正发挥作用，难以贯彻。1925 年制定的《联邦腐化改革法》在竞选人报告竞选财政状况和限制竞选基金筹集等方面鲜明地作出了规定。其他诸如 1940 年国会制定的《哈奇法修正案》、1943 年的《史密斯-康奈利法》、1947 年的《劳工管理关系法》等都由于本身不健全、不严密，而且缺少专门机构来监督和加以实施，不具备调查和惩罚的硬性措施，使得它们在实际政治中作用不大。[1]

"水门事件"的披露引发了全社会要求改革竞选捐款制度的呼声，美国国会终于于 1971 年制定了《联邦竞选法》，并于 1974 年、1976 年和 1979 年三次对其进行修订，对联邦竞选财政制度作了全面、综合的规定，初步确立了竞选财政管理法规的基本架构。从最初的效果看，其对于资金活动的秩序以及投入选举的资金总额有所控制。一是减少或消除了富有的个人、公司和特殊利益集团用金钱不正当地影响选举的弊病，以纯洁选举程序；二是为不富裕的潜在候选人提供了平等的机会，取得了一定的社会效果。[2]

2. 禁止"软钱"交易的立法

通过 20 世纪 70 年代竞选经费改革的努力，国会从根本上改变了联邦选举经费的管理制度，使得从前无法可依或有法不依的混乱状况得到了改观。但是改革并没有实现预想的目标，看上去非常详细、全面的法案规定却也疏漏了很多细节。其中，最为突出的是所谓的"软钱交易"。在美国，用来支持候选人竞选政府公职的捐款被称作政治献金，其有"硬钱"和"软钱"之分。所谓硬钱是指在《联邦选举法》规范范围内的捐款；"软钱"是不受《联邦选举法》规范但又用于影响联邦选举的资金。[3]1979 年通过的《联邦选举法》的修正案允许政党在"党建活动"中不受限制地花钱，这就为以建设为名的政治献金打开了通道。"软钱"的存在使得经济利益集团拥有了更大的影响力，他们通过向政党委员会捐献"软钱"的方式来影响国会和总统的选举，政党就是拿着大量的"软钱"为其候选人展开竞选活动的。2001 年底，能源巨头安然公司破产，其通过大量政治献金与政府进行权钱交易的行为被揭露，这使国会中支持对竞选资金进行改革的人增多，终于，国会在 2002 年通过了《两党竞选改革法》，改革人士限制"软钱"的努力获得了突破性进展，该法案也被称作"水门事件"以来最有意义的竞选捐款法案。

回顾历史可以看到，对于竞选经费的改革虽没有遏制经费的不断攀升，也没有完全消除权钱交易的行为，但是改革已经建立起了管理竞选经费的框

---

〔1〕 孙哲、赵可金："美国国会对腐败问题的治理"，载《清华大学学报（哲学社会科学版）》2009 年第 2 期。

〔2〕 宋振国等：《各国廉政建设比较研究》（修订版），知识产权出版社 2013 年版，第 219 页。

〔3〕 周琪、袁征：《美国的政治腐败与反腐败——对美国反腐败机制的研究》，中国社会科学出版社 2009 年版，第 187 页。

架，使得竞选中筹款行为和经费开支的记录变得公开透明。

（三）规范公职人员政治道德的立法

专门创制政府道德法具体规范政府官员的从政道德行为，是美国"水门事件"后反腐败的重要理念转向、制度创新和成效改进。这种反腐路径的法理源于基督教道德原罪假说基础上的对官员道德的不信任，进而导出由于官德自治的不能和官员德性的自私而须通过权力道德的法律强制和排解公私利益冲突来防惩腐败。[1] 1978 年的《政府道德法》（Ethics in Government Act）、1989 年的《道德改革法》（Ethics Reform Act）和 2011 年的《行政部门雇员道德行为准则》（Standards of Ethical Conduct for Employees of the Executive Branch）在国家法律的层面上对公职人员的道德进行了详细、周密而且严格的规定，成了美国反腐败立法最大的特点。[2]

1.《政府道德法》

20 世纪 70 年代，美国联邦政府管理混乱，腐败现象泛滥。"水门事件"的曝光直接推动了行政道德立法活动。国会于 1978 年 10 月通过《政府道德法》，该法共 7 编，总计 717 条。

前 3 编分别规定了立法、行政、司法机构内一定级别的官员和雇员要公开财务的要求，建立起财产申报制度。其中，还特别规定了总统提名的官员的额外收入不得超过其正式收入的 15%，这一规定实际上起到了禁止此类官员通过兼职获得额外收入的作用。第 4 编规定，为了监督行政部门执行本法和协调、指导全国范围内的廉政工作，在人事管理局内设立政府道德办公室（政府道德署的前身），同时还设立办公室主任。第 5 编主要是限制联邦官员和雇员离职后重新就业的问题，即所谓"旋转门"[3] 的规定。该编主要禁止两类行为：联邦薪金级别在 GS-17 级以上的官员和雇员在离职后 1 年内，禁止以私人主顾的名义和其工作过的前政府部门签订合同；禁止前高级联邦官员在离职后 1 年内为任何事务游说其以前工作过的部门。第 6 编是针对"水

---

〔1〕 蔡宝刚："经由政府道德法反腐败的法理求解——美国经验与中国借鉴"，载《政法论坛》2011 年第 4 期。

〔2〕《美国政府道德法、1989 年道德改革法、行政部门雇员道德行为准则》，蒋娜等译，中国方正出版社 2013 年版，第 2 页。

〔3〕 "旋转门"指从政府部门到私人部门或从私人部门到政府部门的转换。周琪、袁征：《美国的政治腐败与反腐败——对美国反腐败机制的研究》，中国社会科学出版社 2009 年版，第 44 页。

门事件"后,为减少政府势力对敏感案件的不当影响,而建立起独立检察官制度的规定。独立检察官制度是通过任命特别检察官的方式,授予其独立调查和起诉涉嫌腐败的公职人员的权力,并特别强调了其独立性。第 7 编是关于设立参议院法律顾问,成立参议院法律顾问办公室的规定。

《政府道德法》将公职人员道德层面的要求上升到了法定义务的层面,运用法律手段预防和打击公职人员的腐败行为。可以说,《政府道德法》是美国现代公共道德管理发展过程中的一个重要里程碑。[1]

2. 《道德改革法》

在 20 世纪 80 年代,因为住房与城市发展部的丑闻,政府的道德问题又引起了公众的关注。此外,某些众议员和参议员也牵涉进中个人丑闻问题了,还导致了国会发言人詹姆斯·C. 赖特的辞职。为了挽回社会公众对政府官员的信任,乔治·布什总统建立了联邦道德法改革委员会。因为这次改革,国会在 1989 年通过了《道德改革法》(Ethics Reform Act of 1989)。《道德改革法》的两个主要目的是:第一,进行必要的道德改革,包括改革外部收入、礼物、旅行规范;第二,提高所有政府分支中官员和工作人员的收入。

《道德改革法》的主要内容包括如下几方面:第 1 编规定了行政、立法机构的公职人员特定行为的永久限制和职责范围内的特定行为两年限制;对行政机构和独立机关内某些高级人员特定行为的一年限制等。第 2 编废除了《政府道德法》第 2 编和第 3 编的规定,修订了联邦工作人员的财务申报制度;规定了需要申报的人员,包括满足一定条件的行政机关公职人员、司法机关工作人员和国会议员;建立了秘密财务申报制度,规定当总统认为国家安全局等机构工作者或从事情报工作的人员公开申报会危害国家利益时,则无须公开报告等。第 3 编是对收受赠予和旅行资助的规制:众议院人员每年不得收受累积达 200 美元以上的礼品,参议院人员则以 300 美元为上限,唯至亲好友所赠,或每件价值在 75 美元以内者均不在此限;众议员及其助理接受邀请旅行,同行家眷和宾客以 1 人为限,且其期限在美境内不得超过 4 天 3 夜,在美境外不得超过 7 天 6 夜,另外还要详细汇报旅行日期、地点与费用

---

[1] 《美国政府道德法、1989 年道德改革法、行政部门雇员道德行为准则》,蒋娜等译,中国方正出版社 2013 年版,第 6~8 页。

等内容。[1]

3.《行政部门雇员道德行为准则》

1992 年，联邦政府道德署在统一过去几年的伦理法案的基础上，颁布了《行政部门雇员道德行为准则》，该法改变了以前从政道德行为准则分散、缺乏系统性的问题，首次制定了一套适用于所有行政部门公务员的统一的道德行为标准。自 1992 年颁布起，《行政部门雇员道德行为准则》历经了 1993 年、2002 年和 2011 年三次修改，在内容上囊括之前所有的从政道德行为法规，并对公职人员在行使公职、提供公共服务、进行社会管理过程中各个方面的问题作出了具体规定，明确了什么可以做，什么不可以做，应该怎样做，以及违反规定后的法律后果等问题。因此，该法更为详细，也更具可操作性。如该法第一章总则关于公共服务基本义务的规定，就较为详细地列出了政府雇员应该遵守的原则："（1）公共服务是一种公众的信任，它要求雇员把对宪法、法律和道德规范的忠诚置于个人利益之上；（2）雇员不得有任何与恪尽职守相冲突的财务利益；（3）雇员不得利用非公开的政府信息从事财务交易，不得不恰当地利用此类信息谋取任何个人利益；（4）员工不得向个人或组织索取或收受任何礼物或其他有价值的物品；（5）雇员应尽心履行他们的职责；（6）雇员不得故意做出使政府承担责任的、未经授权的任何承诺或许诺；（7）雇员不得假公济私；（8）雇员应该公正无私，不得给予任何私人团体或个人优惠待遇；（9）雇员应该保护和保管好联邦财产，不得将其用于未经授权的活动；（10）雇员不得从事与政府正式职责相冲突的外部工作或活动，包括寻求或洽谈工作；（11）雇员应该向有关当局揭发铺张浪费、诈骗、滥用职权和贪污腐败的行为；（12）雇员应该忠实地履行作为公民的义务；（13）雇员应该遵守向所有美国人，不论其种族、肤色、宗教、性别、民族、年龄或是否残障，提供平等机会的所有法律法规；（14）雇员应当尽力避免任何给人留下违背法律或本部分所诉道德规范的印象的行为。"[2]

---

〔1〕《美国政府道德法、1989 年道德改革法、行政部门雇员道德行为准则》，蒋娜等译，中国方正出版社 2013 年版，第 9 页。

〔2〕《美国政府道德法、1989 年道德改革法、行政部门雇员道德行为准则》，蒋娜等译，中国方正出版社 2013 年版，第 181~182 页。

（四）其他反腐败相关立法

1. 《预算和会计法》

美国的《预算和会计法》颁布于 1921 年。该法决定撤销原来隶属于财政部的主计长和审计官，成立直接向国会负责的审计总署，并规定了审计总长的任免、职权，以及审计总署的机构设置等事项。该法的基本宗旨是加强对公共资金的收入、支出和使用的监督审查，以便约束和减少行政官员滥用职权、贪污浪费的行为。尔后，国会曾多次通过法案扩大审计总署的权力。

2. 《有组织的勒索、贿赂和贪污法》

《有组织的勒索、贿赂和贪污法》最初是于 1962 年在联邦立法机关中部分提出的，后来在 1970 年由国会通过。该法扩大了联邦司法机关在惩治腐败官员上的管辖权，给予了执法机关使用更为灵活的调查手段的权力，加大了对贪污受贿官员的处罚力度，因此很快就成了美国最重要也最有效的反贪污贿赂法律。随后，美国一些州的立法机关也颁布了类似的法律。

3. 《对外行贿行为法》

《对外行贿行为法》颁布于 1977 年，后来在 1988 年进行了修订。在 1977 年以前，美国法律并不禁止美国公司向外国政府官员行贿，也没有要求美国公司向社会公开其可能带有行贿性质的向外国政府官员的付款。该法的主要内容是要求那些受证券交易委员会规章约束的公司建立一套完备的内部财会管理制度，并在遵守现存证券交易法规的前提下向社会公开其向外国政府官员付款的情况以保证其经营行为的正当性。该法禁止对外行贿行为。无论是直接还是间接地付款给外国政府官员、外国政党首脑或政党首脑候选人，或者作出给付某种利益的承诺，只要给付的目的是"行贿"，即希望通过受贿者的某种行为或不作为使公司获得不正当的利益，那么这种给付或承诺就属于对外行贿行为。该法并不禁止为获得正常政府行为而向外国官员支付钱款，也不禁止向外国官员支付所在国法律准许支付的回扣或小费。

4. 《监察长法》

《监察长法》颁布于 1978 年。该法规定了在政府的各行政机关内设立监察长办事处以及设立的目的；规定了监察长的任免和监督；规定了监察长的任务和职责；规定了监察长工作报告的内容和公布；规定了监察长的调查权力；规定了对举报人和控告人的保护；还规定了国防部、财政部、司法部、国际开发署、核管理委员会等机构的监察长的特殊职权和义务。《监察长法》

是在联邦行政机关内部加强防贪肃贪措施的重要法律。

5.《美国法典·刑事法卷》

《美国法典·刑事法卷》第 201～209 条规定了与政府官员贪污贿赂行为有关的各种罪名和处罚，包括贿赂公务员罪、贿赂证人罪、公务员受贿罪、证人受贿罪、国会议员及其他政府官员非法收受报酬罪、国会议员及其他政府官员从事有损政府事务罪、政府官员假公济私罪、政府官员收取来自非政府报酬罪等。[1]

6.《信息自由法》

美国的《信息自由法》（the Freedom of Information Act）于 1966 年由约翰逊总统签字生效。根据该法的规定，任何人，包括美国公民、外国人、各种组织、协会大学，都可以提出信息自由法申请，联邦政府行政系统各部门拥有的记录都可以供公众阅览。百姓"知的需要"已经被"知的权利"所取代，要做解释的不再是百姓，而是政府。政府必须解释，为什么有保密的需要。1974 年美国国会通过对《信息自由法》的修正案，加入了不少新的内容。例如，对政府部门的决定进行司法评审；收缩某些豁免的范围；禁止政府部门超额收费；政府部门必须 10 天内对提出信息自由法的申请做出答复，于 20 天内对行政上诉作出答复，特殊情况下可以宽限 10 天；政府部门如果在信息自由法争辩中败诉则必须负担法庭和律师费用；允许法庭指令美国联邦公务员委员会对任何故意扣押应予公开的信息的行政官实施纪律处分；等等。修正案进一步强制政府部门要落实《信息自由法》的各项规定，此后，公众运用《信息自由法》提出获取信息的申请急剧上升。1996 年《电子信息自由法》修正案经由克林顿总统签字，正式生效。新的修正案要求联邦政府各部门均需设立对公众开放的，具有电子搜索和索引功能的电子阅览室，为公众根据《信息自由法》提出申请、阅览政府纪录提供更多的便利。显而易见，信息自由是公众监督政府，防腐倡廉的一大利器。

7.《阳光政府法》

美国国会于 1976 年通过《阳光政府法》（Government in the Sunshine Act）。该法要求会议对公众开放，也就是说，只有某些特定的事务，如军事秘密、贸易秘密以及私人的人事记录等，需要讨论。除了这些豁免外，政府部门的

---

〔1〕 何家弘："美国反腐败法律制度"，载《外国法译评》1998 年第 4 期。

每次会议的每个部分都必须开放，让公众出席旁听。为此，政府部门召开会议之前必须先发出通知。其次，政府部门必须要遵守该法制定的一系列程序上的要求，再决定会议能不能符合豁免条款中的任意一项条件。会议公开有很多优点：这样做有利于监督政府官员，防止彼此间台底交易、利益输送，甚至互相包庇；有利于监督利益集团，防止他们为了小集团的利益而对政府决策部门软硬兼施，或诱以甜头，或加以压力；有利于官民互动，拉近国家与社会间的距离，营造和谐的社区环境；有利于政策制定的集思广益，方便民众有感而发，有话就说；有利于改变会而不议、议而不决的官僚陋习。众目睽睽之下，会议的准点率、出席率、讨论的认真度都会大幅提升。[1]

四、美国监察立法的借鉴意义

作为价值观念、政治文化和政治制度完全不同的国家，美国的政治腐败与反腐败的全貌都呈现出了与中国的极大差别。那么中国能否从美国的反腐败经验和反腐败机制中获得某种借鉴呢？答案是肯定的。

（一）正确认识转型时期的腐败问题

亨廷顿在《变化中的政治秩序》中指出："腐败程度与社会和经济迅速现代化有关，某个国家处于现代化剧烈进行的变革时期，其腐化现象会更为普遍。"[2]美国在19世纪末20世纪初之所以进入政治腐败的高峰期，与所谓的"镀金时代"的经济转型密不可分，通过分析我们可以看清腐败与经济转型的关系。首先，经济的高速发展和产业结构转型，导致政府规模扩大，地方政府支配公共资源的权力也随之加强，通过权力寻租的途径增多，且经济权力集于少数寡头之手，工业巨头可以通过手中经济权力来左右政府行为；其次，经济的发展速度之迅猛使政治体制和社会规范的变化难以跟上其脚步，新事物、新情况的出现缺乏有效的法律解释和规范，导致经济转型期间出现了制度法规真空期，制度上的种种缺陷为腐败提供了机会和空间；最后，伴随着工业化的是迅速的城市化，大量新移民涌入大城市，城市规模急剧扩大。城市的集中治理模式有别于以往松散的组织形式，新移民的政治意识淡薄和

---

〔1〕　马国泉："美国的廉政建设：多管齐下的制约机制"，载《广州大学学报（社会科学版）》2011年第8期。

〔2〕　[美]塞缪尔·P.亨廷顿：《变化中的政治秩序》，王冠华等译，生活·读书·新知三联书店1989年版，第54页。

政治参与度低也为党魁的横行提供了可能。美国的例子可以提炼出清晰的逻辑链条：经济发展导致社会转型，转型期的公权力增长和制度缺位导致腐败。

面对严重的政治腐败，美国从联邦到地方，从总统到普通民众，都积极推动社会变革以抑制腐败。这种社会变革是改良性质而非革命性质的。因为工业革命带来的社会财富的增加和生活水平的提高确确实实让大部分人都不同程度地受益了，随之而来的一系列问题，包括城市扩张问题、贫富差距问题、政治腐败问题等都因为经济水平的提高而变得不那么尖锐。虽然大部分美国人都对当时的状况感到不安和不满，希望改革社会弊端，但这种改革不会演变成革命，只要政府能适时调整治理方式，各阶层都能以不同方式参与改良，就会使社会进入良性运行状态。

对于当下的中国而言，如何在经济社会的高速发展期和转型期正确认识腐败问题呢？首先，腐败问题不是社会主义中国所独有的，它是全世界国家和政府都要面临的艰难考验。转型期的腐败不能忽视也不应讳疾忌医，不能试图以掩盖的方式来维持表面的稳定。要清楚地认识到这是经济高速发展时期的副产品，并通过改进制度、完善监督等方式加以控制和疏导。其次，治理腐败是一个长期推进的过程，需要不断地总结—改革—创新，不能求成心切，也不能拿稳定开刀。美国为了遏制腐败推动了各种改革运动，不论是19世纪中期为了遏制西部土地投机买卖而推出的土地改革运动，19世纪后期遏制政党分肥制而推动的文官制度改革，还是之后的政府道德革新运动，这些遏制腐败的措施都不是一蹴而就的，都经历了迂回反复的艰难历程。最后，要正确处理好政府和市场的关系，不断的市场准入势必会使得政府权力不断地扩大和强化，机构重叠、权钱交易、官僚主义等副产品也会随之出现。效率和公平是一对此消彼长的矛盾体，在经济转型过程中，如果一味地追求效率必然会导致制度的缺位和政治腐败的出现，如果一味地追求公平，则有可能错失经济发展的良机，减缓发展速度。从重效率到重公平的过程也是经济转型中的必然现象和必经过程，关键是要处理好政府与市场的关系，在政府优化治理质量的前提下尊重市场机制的作用。[1]

（二）内部监督：建立独立有效的反腐机构

美国反腐败机构众多，网络比较健全。从系统上看，立法、司法和行政

---

〔1〕 参见刘杰等：《转型期的腐败治理——基于不同国家和地区经验的比较研究》，上海社会科学院出版社 2014 年版，第 54~57 页。

部门都设有反腐机构负责本系统的廉政工作。如参议院有廉政委员会，众议院有行为标准委员会，司法系统有全国司法会议，行政系统有政府廉政办公室。除此之外，还有一些跨系统的廉政机构，如独立检察官、司法部等。从职能上分，一类侧重于制定和实施廉政准则、廉政计划，着重预防腐败，如政府廉政办公室、监察长办公室等；另一类则是调查、处理腐败案件，着重惩治腐败，如独立检察官、司法部、联邦调查局等。这些反腐机构主要有以下特点：

（1）独立性较强。1970年，美国国会通过《独立调查委员会法》，设立了独立检察官制度。独立检察官是专职调查美国政府舞弊案的专设职位，具有独立调查并起诉政府官员的权力。政府发生舞弊案时，为避免调查程序受到政府高级官员及执政党的干涉，司法部长请求三名资深联邦法官组成的委任小组选择一名独立检察官来主持调查。独立检察官任命后享有极大的权限，可以指挥联邦调查局办案、组织大陪审团、传唤证人、给予豁免权等。调查经费几乎没有限制，由司法部全额支付。独立检察官只要不犯明显的重大过失，任何人都无权罢免。独立检察官办案没有时间的限制，手头上又只有一个案子，可以全力以赴，追查到底。

（2）权威性较强。一方面，反腐机构的职能、权限和工作程序在法律上都有明确规定。如根据1978年《监察长法》，政府各部都设立了监察长，主要负责审计和调查本部工作计划执行情况，以提高工作效率，防止和消除舞弊；1989年出台的《举报人保护法案》，确定了联邦特别法律顾问办公室为行政系统独立反腐机构，主要负责调查并处理有关联邦雇员违反参与政治活动限制规定的案件，同时还负责调查报复举报人的案件。另一方面，反腐败机构的层次较高、工作范围较广。如1978年出台的《政府廉政法案》，规定组建政府廉政办公室。1989会又通过立法将其升格为行政系统一个独立的部门。又如联邦调查局是专职调查危害国家安全和公共利益的机构，调查范围极其广泛，且不受地域限制，有权调查二百多种犯罪案件，其中包括政府官员贪污、挪用公款、国际贩毒、洗钱案等以及其他影响较大的腐败案件。

（3）制衡性较强。美国的政治体制从形成开始就被设计为矛盾冲突系统，使分权的冲突贯穿于美国政府运行的全过程。这一特点也贯穿于反腐败工作的全过程。美国有50个以上的联邦执法机构具有执行公共腐败调查的责任，这使反腐权力分散到各部门，并相互制约。如联邦调查局只负责腐败案件的调查取证工作，调查结束后，将结果送司法部门或其他部门处理，司法部再负责将案件起诉到法院。在这个过程中，司法部往往提前派出检察官介入案件调查，加强对办案程序的监督，以确保案件调查的公正性和合法性。如果发现办案程序不当，即使取得罪证也无效。如联邦调查局要进入私人家中取证，必须得到法院批准，否则便是违法行为。[1]

（三）外部监督：借助民间监督力量

在国家机器之外，民间机构成了自下而上地实施监督的重要力量。民间机构代表公众利益向政府提出建议，对政商界进行监督和制衡。民间机构参与监督的重要方式是通过舆论，舆论监督权也被公认为是美国的第四权，[2]这其中尤以新闻媒体的监督最为有效。在美国，新闻可谓"无冕之王"，其监督作用和效能在进步运动时期就展现无遗。和许多发达国家一样，美国的新闻媒体具有批判功能，其独立性和权利受到法律的规定和保护。美国诸多腐败丑闻都是因为新闻媒体的揭露而受到法律制裁，家喻户晓的便是《华盛顿邮报》记者对"水门事件"的揭露。

而且美国新闻媒体监督的范围十分广泛，并不仅限于在职官员，下野官员也不例外。例如，里根政府的白宫办公厅副主任迈克尔·迪弗下野之后，利用影响去向美国政府和议员进行游说，牟取暴利。其行为被《时代》周刊冠以"在华府贩卖影响"的大标题进行报道，引起了社会的广泛关注。最终，迪弗于 1986 年受到司法部起诉，并于 1988 年被判 15 年徒刑。[3]

进步时代的黑幕揭发者认识到当时政治腐败对国家民主的危害，本着社会责任感和政治立场对美国的政治腐败和弊端进行揭发，从某种程度上而言确实对腐败内幕的揭露和政府改革的决心起到了催化作用，而其最重要的作用还是促成了社会良心和公民道德意识的觉醒，使公民认识到了社会问题和政治腐败的严重性，从而积极投身于改革运动，通过推动政府不断地进行立

---

〔1〕 梅河清："美国反腐败工作的启示和借鉴"，载豆丁网：http://www.docin.com/p-928272524.html，访问日期：2017 年 6 月 14 日。

〔2〕 大众媒体在日益注重信息的制造、加工、管理和传播的社会中已崛起而成为强有力的机构，并被人们称为"另一个政府"或"政府的第四个部门"。［美］詹姆斯·M. 伯恩斯、杰克·W. 佩尔塔森、托马斯·E. 克罗宁：《美国式民主》，谭君久等译，中国社会科学出版社 1993 年版，第 378 页。

〔3〕 王建波主编：《国外廉政建设述评》，武汉大学出版社 2016 年版，第 173 页。

法和改革，来遏制政治腐败，加强政府管理，解决社会问题。[1]与此同时，我们也应注意到，大众和媒体在发挥反腐作用中的非客观因子，例如，媒体在商业利益的驱动下的夸大渲染和失真报道；民众的偏激化情绪给政府部门和司法审判所带来的舆论压力，"道德绑架"影响调查取证和最终审判；受现有技术的制约，调查追踪方法落后，特别是贪污受贿等腐败案件大多作案无痕，隐蔽性较高。因此，民间监督的作用固然重要，但同时也存在着巨大的风险，尤其是在信息化、智能化、电子化的今天，微博、微信等新型媒介带来了信息的高速传播，媒体和公众的监督行为亟待规范和制约，要审慎用好这把反腐双刃剑。

第二节 欧洲国家反腐败立法概况

在"透明国际"公布的《2016年清廉指数排名》报告中，前十名的国家依次为丹麦、新西兰、芬兰、瑞典、瑞士、挪威、新加坡、荷兰、加拿大、德国，有7个是欧洲国家。由此可见，在反腐败问题上，欧洲国家颇有建树。立法，能够为公职人员划出一条腐败与清廉的法律界限，它作为反腐的利器，一直是欧洲国家探索与实践的重点。按照立法的类型划分，欧洲各国的反腐败立法可分为两类：集中型立法和分散型立法。[2]前者制定专门性的反腐败法律，例如德国和法国；后者不制定专门的反腐法律，反腐的规定散见于多项法律法规中，例如芬兰和瑞士。按照法律的功能划分，有关反腐败的法律规定可分为两个方面：预防性规定和惩治性规定。预防性规定，首先明确腐败的定义，规定国家公职人员的职权范围，并通过建立职务轮换、财产申报等制度，缩小国家公职人员的腐败空间；惩治性规定，主要是起到威慑和追惩的作用，使国家公职人员明确，一旦有了某种违法行为，将会受到怎样严厉的处罚。下面，笔者将对一些典型国家进行介绍和分析：

一、德国：刑法为主，加强惩治

德国的反腐立法以1997年的《德国刑法典》为基础，包括两个特别立法

---

[1] 参见刘杰等：《转型期的腐败治理——基于不同国家和地区经验的比较研究》，上海社会科学院出版社2014年版，第57页。

[2] 何家弘、张小敏："反腐败立法研究"，载《中国刑事法杂志》2015年第6期。

《欧盟反腐败法案》和《遏制国际腐败犯罪法案》。德国反腐败的立法思路以惩治为主，刑法中的反腐规定较为全面。除了惩治性法律之外，德国法律对公务员行为的预防性规范也非常细致到位。

（一）德国刑法对腐败行为的分类规制

《德国刑法典》首先将腐败犯罪划分为四种类型：行政腐败、司法腐败、政治腐败和商业腐败。一是行政腐败，主要指国家公职人员乃至外国公职人员的腐败犯罪问题；二是司法腐败，主要指法官、检察官、仲裁人员等司法人员的腐败犯罪问题；三是政治腐败，主要表现为围绕政党选举的腐败犯罪问题；四是商业腐败，即商业贿赂和私营领域的腐败犯罪问题。[1] 之后，《德国刑法典》针对不同类型的腐败行为，作出了相应的法律规定。

在行政腐败方面，《德国刑法》规定了四种腐败行为的认定和处罚，分别是"接受利益""索贿""给予利益"和"行贿"。"接受利益"规定于《德国刑法典》第331条第1款："公务员或对公务负有特别义务的人员，针对履行其职务行为而为自己或他人索要、让他人允诺或收受他人利益的，处3年以下自由刑或罚金刑。"[2] "索贿"规定于第332条第1款："公务员或对公务负有特别义务的人员，以已经实施或将要实施的、因而违反或将要违反其职务义务的职务行为作为回报，为自己或他人索取、让他人允诺或收受他人利益的，处6个月以上5年以下自由刑或罚金刑；情节较轻的，处3年以下自由刑或罚金刑；犯本罪未遂的，亦应处罚。"[3] "给予利益"规定于第333条第1款："针对公务员或对公务负有特别义务的人员或联邦国防军士兵的职务上的行为，为其本人或第三人提供、允诺或给予利益的，处3年以下自由刑或罚金刑。"[4] "行贿"规定于第334条第1款："以公务员或对公务负有特别义务的人员或联邦国防军士兵已经实施或将要实施的、因而违反或将要违反其职务义务的职务行为作为回报，向其本人或第三人提供、允诺或给予利益的，处3个月以上5年以下自由刑；情节较轻的，处2年以下自由刑或罚金

---

〔1〕［德］汉斯·约格·阿尔布莱希特："德国反腐败机制与刑事法律规定"，赵晨光译，载《人民检察》2015年第9期。

〔2〕《德国刑法典》，徐久生、庄敬华译，中国方正出版社2002年版，第167页。

〔3〕《德国刑法典》，徐久生、庄敬华译，中国方正出版社2002年版，第167页。

〔4〕《德国刑法典》，徐久生、庄敬华译，中国方正出版社2002年版，第168页。

刑。"〔1〕这四条规定针对的主要主体都是"公务员或对公务负有特别义务的人员";在犯罪行为的认定上比较严苛,不要求必须有实际行为,只要"有危险"就可以构成犯罪;对"利益"概念的解释也比较宽泛,可以是物质利益,也可以是其他利益,如精神利益、荣誉等。

在司法腐败方面,其犯罪主体主要是法官、仲裁员等司法人员。与行政腐败相同,也是分为接受利益、索贿、给予利益和行贿四种情形,规定于《德国刑法典》第 331、332、333、334 条。需要注意的是,法官或仲裁员因接受利益、给予利益构成犯罪的,必须以"已经实施或将要实施的裁判行为作为回报"〔2〕,这里的"裁判行为"包含所有裁判行为;索贿和行贿的认定,要求是"已经实施或将要实施的、因而违反其裁判义务的裁判行为"〔3〕,这里的"裁判行为"必须是违反其裁判义务的裁判行为。

在政治腐败方面,主要表现为与选举有关的腐败犯罪。这类犯罪主要规定于《德国刑法典》第 4 章第 108 条。第 108 条 b 款规定:"①意图使他人不选举或以特定方式选举,而向其提供、承诺或给予礼物或其他利益的,处 5 年以下自由刑或罚金。②为了不选举或以特定方式选举而向他人索要、让他人向自己许诺或接受礼物或其他利益的,处以前款相同之刑罚。"〔4〕第 108 条 e 款规定:"①在欧洲议会、联邦、州、区或区联盟的选举或表决中,买卖选票的,处 5 年以下自由刑或罚金刑。②犯第 1 款之罪,法院除判处行为人 6 个月以上自由刑外,还可剥夺其从公开选举中获得权利的资格,以及在公共事务中的选举权和表决权。"〔5〕这是刑法对选举腐败犯罪的规定。

在商业腐败方面,《德国刑法典》第 299 条规定了商业活动中的索贿与行贿犯罪:"①商业企业的雇员或受托人在商业交往中,为自己或第三人向他人索要利益或让其允诺、给予好处,而其作为回报在有关商品或商业服务的竞争中,以不法方法优惠他人的,处 3 年以下自由刑或罚金刑。②在商业交往中,为竞争目的向商业企业的雇员或受托人或第三人提供、允诺、给予好处,作为回报,使其同意在有关商品或商业服务的竞争中,以不法方法优惠自己

---

〔1〕《德国刑法典》,徐久生、庄敬华译,中国方正出版社 2002 年版,第 168 页。
〔2〕《德国刑法典》第 331 条第 2 款、第 333 条第 2 款。
〔3〕《德国刑法典》第 332 条第 2 款、第 334 条第 2 款。
〔4〕《德国刑法典》,徐久生、庄敬华译,中国方正出版社 2002 年版,第 66 页。
〔5〕《德国刑法典》,徐久生、庄敬华译,中国方正出版社 2002 年版,第 66 页。

或他人的，处3年以下自由刑或罚金刑。③第1款和第2款也适用于在外国的竞争行为。"[1]该条原规定于《公平交易法》中，后为《德国刑法典》所吸收，主要针对的是不正当竞争行为。2015年，德国对刑法进行修正，使该条的适用范围扩展到"在代理关系原则下违反义务行为"。[2]

（二）德国对国际反腐法律规定的吸收

欧盟委员会先后通过了1996年的《欧共体金融利益保障公约》和1997年的《遏制贿赂欧共体官员与欧盟成员国官员公约》，两个条约一致要求欧盟成员国修改国内刑法，将贿赂犯罪的行为对象从原来的本国官员拓展至欧共体、欧盟成员国官员。[3]为了将上述两个条约纳入国内刑法体系，德国于1998年通过了特别刑法《欧盟反腐败法案》。该法案不仅将向欧共体、欧盟成员国官员行贿的行为认定为犯罪，还将欧共体、欧盟成员国官员的受贿行为也定为犯罪。至此，德国将欧共体、欧盟成员国官员的贿赂犯罪纳入了本国法院的管辖范围。

同年，为了贯彻经合组织制定的《惩治国际商务交易中贿赂外国公职人员公约》的相关规定，德国又通过了《遏制国际腐败犯罪法案》，将对外国公职人员的行贿行为认定为犯罪，并全面禁止向任何外国公共机构的公职人员进行贿赂。[4]该规定的超前之处在于，"外国公职人员"的概念已经突破欧洲领域，向欧洲之外其他国家的公职人员行贿的行为也将受到追惩，这体现了真正具有"全球观"的反腐思路。

（三）细致严格的公务员行为法律监督

德国法律对公务员行为的规范具有细致入微、监督严格的特点。"细致"体现在事无巨细，一一规范。《联邦政府官员法》是德国规范政府官员行为的专门法律，其监督的范围上至总统、下到每一个基层公务员，无一例外，即使离职也不能逃脱责任。该法对公务员的升迁、义务、住房、福利等具体事项都作出了明确规定，督促公务员洁身自律；对公职人员家属的行为也有严

---

[1]《德国刑法典》，徐久生、庄敬华译，中国方正出版社2002年版，第144页。

[2][德]汉斯·约格·阿尔布莱希特："德国反腐败机制与刑事法律规定"，赵晨光译，载《人民检察》2015年第9期。

[3][德]汉斯·约格·阿尔布莱希特："德国反腐败机制与刑事法律规定"，赵晨光译，载《人民检察》2015年第9期。

[4][德]汉斯·约格·阿尔布莱希特："德国反腐败机制与刑事法律规定"，赵晨光译，载《人民检察》2015年第9期。

格规定，要求不得接受来自任何人、任何形式的馈赠和捐赠。该法设定的行为标准极为严格，如规定政府公职人员不允许收取现金礼品，15 欧元以上的礼品必须上报；参加圣诞节等重大节日中的有关活动，必须事先经过上级批准。[1]

经济领域是德国法律规范公务员行为的重点领域。德国法律明文严禁公务员从事公职以外的"第二职业"，如果因工作需要确需从事第二职业的，需经上级主管部门批准，否则必须辞去公职；《利益法》和《回扣法》也对公务员的兼职行为、经商行为有所限制。德国法律对职务消费也有规定，比如明确禁止各级政府豪华轿车作为公车；公务专车不能任意配备，只有部长级别以上的官员才可以使用。[2]

二、法国：预防为主，铲除恶源

在欧洲国家中，法国是腐败问题较为严重的一个国家（在"透明国际"廉政指数排名中位列 20 名~24 名之间）。所以，在反腐败问题上，法国政府非常重视，法国除了有反腐败的专门立法——《预防腐败和经济生活与公共程序透明法》之外，还有《公务员总法》和《公务员章程》，着重规范公务员的行为；《刑法典》和《劳动法典》中也明确规定，对公务员贪污腐败、渎职违法、以权谋私、假公济私等行为进行严厉制裁。这形成了以预防为主，又有"集中"，又有"分散"的反腐法律体系。

（一）以"侧重预防"为主要特点

法国将"预防为主、铲除犯罪根源"作为反腐败工作的指导思想。法国人认为，刑罚与腐败一样，都是邪恶的；用加强刑罚的手段反腐，就是以恶制恶，并不是最佳的社会治理方法。相较而言，在恶产生之前就将其萌芽斩断，更符合社会良性有序发展的要求。所以，法国的反腐法律以事前预防为主，并据此建立了一系列法律规范机制。

第一，提高公权力的透明度。1993 年法国正式颁布了反腐专项法律——《预防腐败和经济生活与公共程序透明法》（简称《反腐败法》），其主要内容就是在最容易滋生腐败现象的一些行业和部门，通过法律提高其活动的透

---

[1]　王晖："德国：有成效的公务员反腐败管理"，载《中国监察》2004 年第 13 期。
[2]　王晖："德国：有成效的公务员反腐败管理"，载《中国监察》2004 年第 13 期。

明度，防止腐败的实际发生。该法律涵盖了房地产业、公共服务业、公共市场、国际贸易、城市建设等重点部门和行业，范围广。针对性强。还设置了专门机关"预防贪污腐败中心"，以监督落实效果。其实，早在1988年，法国就出台了《政治生活资金透明度法》，对公务员的财产申报作了较为具体的规定。为了遏制公务员中的腐败行为，1995年，法国修订了该法，扩展了财产申报主体的范围，上到总统、下至镇长，都必须申报自己的财产，以接受大众的监督，申报的内容包括房屋、存款、现金、有价证券、人寿保险等11大类。[1]

第二，规范公权力的行使。《法国公务员法》对公务员行为有严格的规定，比如：公务员一律不准经商，也不许从事与部门业务有关的任何营利性事业；当公务员的配偶以职业身份从事一项营利性私人活动时，该公务员必须向其所属的行政部门或公共事业单位发出声明。此外，在政党活动方面，1990年的《限制选举经费法》和1995年《政治生活资助法》及修正案对选举经费做出了限制，规定法人不得向政党和议员候选人进行捐赠，违法者将被取消候选人资格。

第三，监督国有企业的运作。法国建立了"国家稽查特派员制度"，专门用以监督国有企业，其职能之一是防止领导层的腐败行为导致的国有资产流失。向国有企业派出的"国家稽查特派员"，一般是在经济财政部门工作多年、具有丰富管理经验的官员。除了保护国有财产外，该制度也有利于保证国企的自主权，使之在激烈的市场竞争中能够高效运作。[2]

（二）以专门机构为实行主体

在《反腐败法》设置的基本制度框架下，法国政府成立了跨部门的"预防贪污腐败中心"，该中心挂靠在法国司法部之下，由法国总理直接领导，组成人员包括政府、政务、司法、税收、海关、军队等各界的专家。其主要职能是对容易产生腐败的金融、税收等国家"腐败高危领域"加强监控。[3]具体做法是：通过司法案例、媒体报道、个人揭发和研究机构的研究等途径，收集政府部门中有关贪污腐败的信息，通过分析研究，划分腐败案件的类型，

---

〔1〕 李俊峰："法国反腐：从丑闻旋涡中脱身"，载《检察风云》2010年第13期。

〔2〕 李俊峰："法国反腐：从丑闻旋涡中脱身"，载《检察风云》2010年第13期。

〔3〕 彭姝祎："法国的反腐败机制"，载《学习时报》2005年10月31日，转引自何家弘、张小敏："反腐败立法研究"，载《中国刑事法杂志》2015年第6期。

总结反腐败经验；研究、利用新科技手段增加查处贪污腐败的可能性，注意及时发现新的腐败形式；向有贪污迹象的企业和个人发出警告，防患于未然；向政府部门提供咨询，协助进行国际反腐交流合作；等等。[1]

除此之外，法国还设立了专门机关，负责监督公务员个人财产的公开。2013 年 10 月，法国基于《政治生活资金透明法》成立了"政治生活透明度最高委员会"，负责推动官员的诚实廉洁。按照法律的规定，委员会需要接受约 8000 名各级立法、行政部门工作人员的个人财产申报，这些官员包括政府部长、议员，以及总统、议长和部长的主要合作者，主要公共机构的负责人等等。[2]

三、芬兰：分散立法，双管齐下

在反腐方面，芬兰创制了较为完备的法律制度。早在 20 世纪初叶，芬兰就开始以预防与惩治"双管齐下"为主体思路，以宪法中的监督权为基础，制定反腐败法律。从 20 世纪 20 年代开始，芬兰先后制定了《公务刑法》《审计法》《政府采购法》和《工程招投标法》四部法典，其中的相关规定构成了芬兰最早的反腐败法律基础。[3]之后制定的其他法律，如《公开法》《部长责任法》等，使芬兰反腐法律体系逐步充实、完善起来。这些分散的立法，最终构成了芬兰现行的、较为完备的反腐法律体系。

（一）预防与惩治相结合

芬兰反腐监督方面的法律法规，大体可分为三大类：一是规范公务员职权行为的规定，二是惩治腐败犯罪的规定，三是规范和约束行政监督机构的行为的规定。[4]这些法规内容比较具体细致，既有预防，又有惩治。

在预防性规定方面，芬兰政府实行财产信息公开制度、财产申报制度和职务轮换制度。①信息公开制度。根据芬兰的《公开法》的规定，所有政府档案馆以及公共部门的档案，不仅对专家和研究人员开放，新闻界和公众也可以查询、借阅和复印。芬兰公民通过这一途径，能够及时了解政府部门的

---

〔1〕 李俊峰："法国反腐：从丑闻旋涡中脱身"，载《检察风云》2010 年第 13 期。

〔2〕 "法国：成立独立监督机构 推动政治生活透明"，载人民网国际频道：http://world.people.com.cn/n/2014/1211/c157278-26191958.html，访问日期：2017 年 6 月 10 日。

〔3〕 何家弘、张小敏："反腐败立法研究"，载《中国刑事法杂志》2015 年第 6 期。

〔4〕 何家弘、张小敏："反腐败立法研究"，载《中国刑事法杂志》2015 年第 6 期。

有关情况，使芬兰政府各部门的公务行为被置于大众的监督之下，这从根本上有效地防止了政府部门的腐败现象。②财产申报制度。芬兰官员必须依法申报个人财产，并在金融领域实行"实名制"，这使芬兰政府成了名副其实的"阳光政府"，芬兰官员成了名副其实的"透明官员"。③职务轮换制度。芬兰实行现代公务员制度，政务官与事务官分开，占职位多数的事务官由考试录用，不受政务官更迭的影响；其职位的升降实行考核制，没有过错的不得被解职。[1]

在惩治性规定方面，芬兰在20世纪20年代制定了《公务刑法》，是惩治公务员犯罪行为的专门立法。在反腐方面，《公务刑法》明确规定：公务员受贿罪名成立的，立即免职，同时将视情节轻重，处以从一般性罚款到4年监禁的处罚。受贿的认定也十分严格，除了现金和贵重品以外，公务员接受特殊贷款、免费旅行、荣誉头衔等，视其情况，都可以构成受贿罪。

(二) 议会监督与特色监督相结合

根据《芬兰宪法》的规定，芬兰议会是宪法规定的重要监督机关。依据《芬兰宪法》的规定，议会享有立法权、财政预算权和重大政策审批权，这些权力能有效帮助议会监督行政权力的行使，并通过弹劾制度和追责制度落实责任。其他法律也对议会的监督职责进行了贯彻落实，譬如根据《部长责任法》的规定，如果各部委官员有不合法行为，就会受到议员指控。不合法行为包括：损害国家利益、滥用官方身份、在官方活动中获得明显不合法的援助或帮助等。被控诉人可以在一定时间内向议会作出解释，但是如果宪法委员会认定其违法，则该指控将被提交到特别高等法院。

"行政监察专员公署"是芬兰行政监督的特色机构。它也是除了议会之外，芬兰反腐的又一重要机构。根据《芬兰1919年宪法》的规定，行政监察专员公署由行政监察专员组成，行政监察专员是由议会无记名投票选举产生的，任期4年。监察专员的主要职责是监督国家官员和国家机构的职权行为，其监督范围非常广泛，除总统、政府司法总监等极少数人外，几乎所有国家公职人员都在行政监察专员的监督之下。他们有权视察各级政府机关和公共机构，出席他们的决策会议；有权就相关事项向有关部门提出建议，对法律

---

〔1〕 倪星、程宇、揭建明："芬兰的廉政建设及其对中国的启示"，载《湖北行政学院学报》2008年第1期。

法规中存在的缺陷和问题提出批评和意见，对"不良"的行政程序和行为直接提请国务委员会审议。[1]此外，为了使行政监察专员能够顺利履行职责，法律也给予了其一定的保障和支持：法律规定，行政监察专员在任期内，议会不得能向其发出指令或指派工作，更不能罢免其职务（案件涉及政府部长时除外）；从1971年起，芬兰又设立了助理监察专员，用以协助监察专员的工作。

四、瑞士：细处入手，突出特色

瑞士是制定法律数量比较多的国家，在加强反腐败方面的法律也非常丰富，其中不乏极具特色的法律规定，比如：扩大对"公职人员"的认定范围，设定公职人员、公司发现腐败行为必须进行报告的义务、将私有领域内的腐败行为认定为不正当竞争等等。

《瑞士刑法典》第19章第322条F款规定："行为人为有利于自己或第三人，向为外国或国际组织工作的审判工作或其他机关的成员、官员、官方聘请的鉴定人、文字翻译或口头翻译、仲裁员或军队成员提供、允诺或给予非应得的利益，意图使其履行职务行为时违反义务，为一定的作为或不为一定的作为的，处5年以下重惩役或监禁刑。"第322条G款规定："履行公务的私人，视同公务员。"由上述两条可见，瑞士刑法对腐败犯罪中的公职人员的认定非常宽泛，任何人只要与公权力相关，哪怕只是文字翻译等一般工作人员，也可构成贿赂犯罪的主体。

瑞士非常注重通过举报的方式预防、发现腐败犯罪。比如《瑞士刑法典》第102条规定："就特定的刑事犯罪行为（包括腐败犯罪），如公司未能用尽其所有合理的、必要的和组织上的措施来防止该等行为，则其可被判为有罪。"该规定增加了公司在阻止腐败犯罪上的法律责任。又如，联邦人事方面的法律规定：联邦官员在履行公职时，如发现他人有向外国公职人员行贿的犯罪行为，应报告有关刑事部门。税务机关也有相似的法律义务：税务机关在其控制的范围内，若发现严重违反法律的行为（包括腐败犯罪），必须向有关刑事部门报告。

---

〔1〕 倪星、程宇、揭建明："芬兰的廉政建设及其对中国的启示"，载《湖北行政学院学报》2008年第1期。

瑞士将私有领域内的腐败行为认定为不正当竞争，适用《反不正当竞争法》予以惩处。《瑞士反不正当竞争法》第 2 条中对不正当竞争进行了界定："具有欺骗性或者以各种方式违反诚实信用原则，并影响竞争者之间或者供应商与客户之间的关系的所有行为或者商业做法，是不公平的和非法的。"不正当竞争的特点是"不诚信、不公平、不合法"，而腐败行为正符合不正当竞争的定义。

综上，在反腐立法方面，欧洲各国根据自己的实际国情各有侧重，但它们也有共同的特点：①监督主体多样。立足宪法，由国家最高立法机关自上而下实现监督；设置专门机关，负责相关制度的落实；坚持公开透明原则，让人民大众成为监督的主力。②监督内容全面。监督内容包括行政、司法、政治、商业等等，面面俱到，没有遗漏。③监督重点突出。为了抓腐败产生的源头，欧洲各国纷纷采用了针对财产权的法律措施，如公务员的财产申报制度、政党的经费管理制度等等。④加强刑法惩治。为了对已经发生的腐败予以惩罚，并警示可能发生的腐败行为，完善刑法是欧洲各国的共同选择。扩大惩罚范围，比如将针对欧洲以外国家公职人员的行贿行为认定为犯罪，这是刑法反腐败的发展方向。⑤注重欧盟合作。欧盟自成立以来，也在不断探索并逐步健全其反腐败方面的法律体系。除了前文提到的《欧共体金融利益保障公约》和《遏制贿赂欧共体官员与欧盟成员国官员公约》以外，还有1992 年制定的《马斯特里赫特条约》、1999 年签订的《阿姆斯特丹条约》和2000 年的《尼斯条约》等，都明确规定欧盟各成员国在预防犯罪特别是腐败犯罪方面，应采取共同行动。

第三节　英国监察专员制度

英国的议会行政监察专员地位高、权力大、影响广，其调查具有"下议院议员的过滤、绝对的调查权、隐性的执行力"等特点，该制度多为其他国家所效仿。该制度在英国的发展经历了半个世纪的时间。从"克利切尔高地事件"引起人们对于不合理的行政行为的注意，到 90 年代前后形成监察专员的专门化，再到 21 世纪初，英国的行政监察专员制度逐渐走向统一。

一、英国行政监察专员制度的起源与发展

20 世纪 50 年代的英国行政救济机制尚未健全，普通法院申诉程序繁琐，

行政裁判制度也仅仅处于起步阶段，大量的行政不合理行为往往会被排除在法律的受理范围之外，但是这并不能对行政行为进行很好的制约。英国发生的"克里切尔高地事件"〔1〕使得人们期待建立一个能够更加有效处理不良行政行为的机制。

1961年，英国的法学家国际协会英国分会组织"司法界"以及司法委员会，根据本年颁布的《行政与公民》报告正式建议设立议会行政监察专员署（The Office of the Parlimentary Commissioner），但是该建议起初却遭到了保守政府的反对。但是人们提出监察专员的建立可以有效地监督行政的不公正行为，最终根据1967年的《议会行政监察专员法》建立了英国的议会行政监察专员，由前审计长坎普顿（Cumpton）爵士担任第一任议会行政监察专员。开始了英国行政监察专员制度的开端。

20世纪六七十年代是英国行政监察专员制度的产生与初步发展时期。1967年，根据《议会行政监察专员法》，由英王任命的议会行政监察专员的任务是调查公民因政府部门以及其他非中央政府部门的公共机构在履行其行政职能时的不良行政给自身造成不公正待遇而提出的申诉。1974年，根据《地方政府法案》，产生了地方行政监察专员。这主要涉及英格兰、威尔士地区。地方行政监察专员主要针对地方的申诉时间进行专门调查与处理。20世纪90年代前后，英国的行政监察专员制度不断向各地区、各领域扩展。英国议会监督权力下放，在地方建立了地方议会监察专员制度。主要有法律服务监察专员、补助金监察专员以及其他先后成立的银行、建筑协会监察专员与保险监察专员、警务监察专员等。21世纪初，英国的行政监察专员制度逐渐走向统一。2002年，苏格兰议会根据《苏格兰公共服务监察专员法》设立了一个整合的苏格兰公共服务监察专员机构，主要负责对卫生服务机构、地方政府、社会住房管理部门，以及其他的苏格兰公共机构进行统一的管辖。2005年，根据《威尔士公共服务监察专员法案》，威尔士地区也将分散的监察专员部门合并成为一个公共服务行政监察专员，且该行政监察专员还将有权监督威尔士议会议员的行为准则。

---

〔1〕 "克里切尔高地事件"的争议和处理引起了社会各界的广泛关注。此后，英国成立了一个委员会，负责研究在行政裁判所和法定调查以外，对政府权力行使问题，特别是合法但属不良行政行为如何补救等问题。该委员会研究了斯堪的那维亚国家的行政监察专员制度，关于1961年提出在英国设立行政监察专员，专门负责因政府不良行政行为造成损害的公民的申诉，并进行调查和补救。

二、英国行政监察专员制度的内容与运行

监察专员由议会产生并享有充分的任职保障，其具有地位崇高、职权独立、监察范围广泛、处理措施有效等特点。20 世纪 50 年代到 80 年代，英国议会为了监督中央政府、国家医疗卫生服务体系和地方政府，根据单行立法分别建立了议会行政监察专员[1]、生行政监察专员[2]与地方行政监察专员[3]三种类型的行政监察专员制度。

议会行政监察专员。根据《议会行政监察专员法》的规定，议会行政监察专员由英王任命，终身任职，直到退休为止。只有在严重不法行为时，由议会两院弹劾才能免职。薪金由统一基金开支，有权任命自己的工作人员。议会监察专员的工作程序是：首先，下议院议员的过滤。受害人对下议院议员提出申诉，由下议院议员决定申诉是否成立，如果成立了，再将案件转送行政监察专员进行调查以及处理。如果受害人直接向行政监察专员申诉，并且后者认为可以受理，可将案件送交有关议员征求意见，由有关议员再送回行政监察专员进行调查。在对不合理的行政行为进行调查的时候，监察专员具有很高的权威和很大的权力。专员有权决定是否启动调查程序，这种自由不受法律的强制约束。在调查过程中，有权要求任何人提供证据，在取得证据方面，具有高等法院所有的强制权力。

地方行政监察专员。地方行政监察专员主要是为了解决地方行政当局的不良行政行为设立的机构，当公民对其行为提起诉讼时，专员就有权利对这个事件进行调查。不同地区的监察专员负责调查、处理本地的申诉。行政监察专员可以就导致不公正情形的不良行政行为以及失败的公共服务问题进行调查。不良行政行为与违法行为是不同的，有些行为可以是合法但是不合理的行为，不良行政行为具有更加广泛的内容。不受其管辖的主要有刑事调查及预防，商业交易及合同，人事管理事项，包括任命、解雇、工资、纪律

---

　　[1]　议会行政监察专员是指由议会设立、英王任命，可以对相关人员因中央行政机关不良行政而提出的申诉展开独立调查的官员。

　　[2]　地方行政监察专员是由地方政府（议会）设立，专门处理因地方不良行政行为而导致权益受到损害的相关人员所提出的申诉的官员。

　　[3]　卫生监察专员制度主要针对卫生系统的不良行政，申诉人可以直接向卫生行政监察专员提出申诉。

及退休等，涉及一个地区全体或大部分居民的事项等。在公民对不良行政行为提起申诉时，必须要将申诉书上交给地方政府成员，这与议会行政监察专员受理案件是不同的。但是地方政府成员没有下议院议员具有的过滤的权力。如果政府成员拒绝转送申诉书，地方行政监察专员可以直接受理受害人的申诉。

卫生行政监察专员。卫生行政监察专员是在议会行政监察专员成立之后仿照该制度由议会针对全国卫生服务体系中的申诉问题而单独设立的行政监察专员机构。申诉人可直接向卫生行政监察专员提出申诉，而无需议会议员的转接。另外，受害人的亲属或其他适当的人在受害人死亡或由于其他原因不能申诉时，有较大的自由可代替受害人申诉。有 7 种情况不在卫生行政监察专员管辖范围内。[1]

行政监察专员的职能是在其专业领域或地域内，就公民或非政府组织针对不良行政行为对自身的损害而提出的申诉进行受理和调查，并通过向政府提出改正行为及救济建议的方式促使政府给予利益受损公民或非政府组织以行政救济。行政监察专员办公地点设在中央或地方议会，对中央或地方的议会负责，但其可以自主地裁决政府行为合法或恰当与否，无须先向议会请示。中央议会行政监察专员与地方行政监察专员之间不存在上下级关系，也没有业务指导关系，相互独立。同一地方的各专业领域的行政监察活动自成体系，互不干涉。行政监察专员招募对象不仅包括前政府官员也必须包括没有从政经验的外部人员。中央议会行政监察专员通常采用终身制，可以任职到 65 岁退休，地方行政监察专员实施任期制，但可以连选连任。行政监察专员要求专职化，在任职期间不得担任政府、议会职务也不能在商界兼职。[2]行政监察专员具有如下特点：①相对于政府的独立性，议会行政监察专员虽由首相提名，但得经议会各党磋商同意之后才能向女王建议；一经女王任命，议会行政监察专员便只对议会负责，而是独立于政府之外，甚至连他的薪酬和退

---

〔1〕 ①受害人有权向法院或行政裁判所起诉的事项，原则上不受管辖，与议会行政监察专员一样；②医师牙医生及其他医务人员所提供的基本服务；③卫生行政监察专员认为只是实施临床判断的诊断或治疗；④家庭开业医师委员会作为裁判所时的行为；⑤雇佣工资纪律及其他人事管理事务；⑥合同行为或商业交易，但对病人提供服务的合同例外；⑦依照国民服务法的规定应当进行公共调查的事项。

〔2〕 "英国议会行政监察专员"，载中国百科网：http://www.chinabaike.com/article/baike/1049/2008/200808061575417.html，访问日期：2016 年 7 月 18 日。

休金也都不属政府开支范围，而是由"统一基金"支付，他的免职，得由议会上下两院一致动议才能成立，政府无权罢免他的职务。②拥有充分调查事态的权力，按英国议会立法规定，申诉一经立案，调查即开始，有关部门必须通力合作，上至大臣下至公务人员，都得随传随到；所有文件、档案和资料（内阁文件除外）都得随要随送；议会行政监察专员虽没有法官那样的裁决权，但他一旦对调查作出结论，并向有关部门提出改进"建议"，该部门就只能老实接受。③增强了议会对政府的制约力，英国议会的工作说到底是两件事：一是就某项议案能否成为法规进行辩论和表决；二是监督检查政府各部执行法规的情况，议会行政监察专员的工作，实际上是议会议员监督政府行为的具体实施。

三、北爱尔兰、英格兰、韦尔斯及苏格兰监察使

（一）北爱尔兰议会监察及陈情委员

北爱尔兰议会监察及陈情委员（Northern Ireland Assembly Ombudsman and Commissioner for Complaints）成立于 1969 年，是独立于北爱尔兰议会及政府行政部门；每年须向北爱尔兰议会递交年度报告。调查处理北爱尔兰地区人民就政府单位或公共部门（包括医疗单位）行政疏失提出之抱怨或陈情。民众向该监察使陈情前应先就拟抱怨事项向所涉机关反映，倘未获满意答复，再予陈情。倘所涉机关为政府部门，则该陈情案件必须透过北爱尔兰议会议员提出。就陈情内容进行调查之服务均为免费，所有接获之陈情案均以保密之方式处理。调查之对象包括：地方政府、教育及图书馆单位、医疗及社会服务机关及信托、政府部门及其专门机关。

（二）英格兰地方政府监察使

英格兰地方政府监察使（Local Government Ombudsman–England）成立于 1974 年。英格兰地区共有 3 个地方政府监察使，由英国女王任命，在取得资料或文件方面的权力等同于高等法院。其独立于政府部门、地方政府及政治人物，并在检视陈情内容时保持中立。英格兰地方政府监察使提供免费的陈情服务，并致力于就接获之陈情案件进行公平而独立之调查。倘被调查之机关确有不当之行政疏失，则英格兰地方政府监察使将会提出建议，要求该机关改善。英格兰地方政府监察使做出之决定是最终的结论，不得上诉，唯陈情者倘认为其推论方式存在法律疏失，仍可就英格兰地方政府监察使之决定，

向高等法院提出异议。在向英格兰地方政府监察使陈情之前，民众必须先就欲申诉事项向地方议会或所涉机关提出，或请求市议员（councillor）提供协助，倘未获满意答复，再予陈情。陈情案件必须于申诉事项发生之 12 个月内提出，英格兰地方政府监察使接获案件后，将于 5 个工作天内予以确认，并经初步审核后将相关案件分派予调查员（investigator）进行调查。平均而言，1 个案件所需之调查时间约为 3 个月；调查结果确定后，英格兰地方政府监察使将以书面信函知会当事人及所涉机关。

（三）韦尔斯公共服务监察使

韦尔斯公共服务监察使（Public Service Ombudsman for Wales）成立于 2006 年 4 月 1 日，负责韦尔斯地区之监察工作，针对民众提出之申诉进行调查。调查对象包括：地方政府、全国医疗服务（NHS）组织（包括家庭医生）、住宅协会（Housing Association）、韦尔斯政府（Welsh Assembly Government）等。在向公共服务监察使提出陈情之前，民众必须先就申诉事项向所涉机关提出反映，倘对于所涉机关提出之答复不满意，方可向公共服务监察使提出陈情。公共服务监察使提供独立、中立而免费之服务。

（四）苏格兰公共服务监察使

苏格兰公共服务监察使（Scottish Public Services Ombudsman）成立于 2002 年。监察使任期 5 年，由苏格兰议会提名，英国女王任命，连任不得超过 2 次。含监察使在内共有 50 人，下分调查、政策发展与服务 3 个部门，共有 26 位调查官，均有处理人民诉愿案件的经验，其余为处室主管及行政幕僚人员，其中处理人员诉愿案件之调查部门有 3 位主管及 5 位秘书提供协助，共有 34 人系与处理调查案件有关人员。公共服务监察使主要处理涉及苏格兰政府及其所属部门、各级地方政府、全国健康保险服务、住屋协会及大专院校等公务机关之诉愿。其职责在于审查各公务机构处理人民诉愿有无违反法治原则，以保障人民权益。该机关受理任何已先向各公务机关投诉而无法解决，或当事人不满意且无法处理之诉愿，此公共服务监察使亦为苏格兰地区解决人民诉愿之最终申诉管道。依据苏格兰公共服务监察使法，监察使通常是在当事人先已先向各公务机关投诉而无法解决或当事人不满意之任何无法处理之诉愿后，当事人或组织均可用信件、电子信件、电话或简讯对监察使提出诉愿。

第四节　新加坡反腐败立法概况

腐败问题是全人类社会共同面对的具有广泛性、历史性、永恒性的难题。新加坡独立以来，采取法治反腐的方式，在不断完善反腐败立法，构建反腐败法律体系的同时辅之以诸如成立独立统一的反贪机构、实行高薪养廉制度等配套制度与措施，以彻底扭转国家贪污腐败成风、社会动荡不安的局面。在我国全面推进依法治国和监察体制改革的大背景下，新加坡法治反腐的成功经验作为"他山之石"，对我国的反腐倡廉法律体系建设具有良好的示范效应。

一、新加坡监察立法的发展

（一）独立前的反腐状况

新加坡的法律体系建设始于19世纪。当时作为英国殖民地的新加坡，其法律体系的建设是以继承英国法为基础的，1825年英政府通过的《第二次司法宪章》授权了英国东印度公司对新加坡的主权，而这也成了新加坡继受英国法的法律依据，英国法成了新加坡法律体系的重要渊源。在继受英国法的同时，当地殖民政府还在遵循英国法的基本原则下颁布了一系列殖民地法，如《1878年民事统一法令》《刑罚法令》等等，这些立法也完善了新加坡的法律体系。总的来说，新加坡立法采用的是英国的立法模式，加上新加坡自己的立法，形成了具有东方特色的普通法体系。[1]

在英国殖民时期，新加坡高官几乎都由英国人担任，贪污腐败现象十分严重。殖民地时期的新加坡，贪污已然成为一种生活方式，腐败现象比比皆是：政府公务人员和执法、司法官员的贿赂活动十分猖獗，贪污，尤其是有组织的贪污非常普遍，政府官员滥用权力，以权谋私的现象也司空见惯。人民对那些肮脏的政治家和公务人员已失去信心。从1845年开始，贿赂与腐败在新加坡殖民警察局中已经是一个很普遍的现象了。据统计，从1845年到1921年这76年间仅被报道的警察贪污案就有172例。平均每年至少有2例发生。在日本占领期间，腐败更加严重，公务员依靠少得可怜的薪水度日，腐

---

〔1〕 张文山、李莉：《东盟国家检查制度研究》，人民出版社2011年版，第59页。

败问题不断加重。这个时期，为了反腐，殖民地政府也出台了一些措施。如1871 年，虽然政府明文规定腐败是违法的，并且在犯罪调查部成立反腐机构负责具体的反腐工作，但是因为反腐权限与资源等局限，反腐败的成效始终不大。这一时期的新加坡反贪污立法，则始于 1871 年《海峡殖民地刑法典》的颁布，该法典首次将贪污行为定为非法。但是，在该法颁布后相当长的时间内，殖民当局并没有采取任何实际措施以有效遏制贪污的横行，腐败现象有增无减。直到 1937 年，海峡殖民地立法会议又颁布了单行的《防止贪污法令》。但在实施过程中，该法条也漏洞百出。主要表现有：第一，《防止贪污法令》没有赋予反贪机构和官员足够的权力，使其在反贪行动中往往对各种复杂的情况无能为力；第二，对贪污贿赂的定义不明确，无法准确、有效地打击此类犯罪。因而，该法令在实际生活中并没有得到真正的实施，执行效果亦不理想，以至于 1959 年新加坡获得自治时，贪污舞弊现象仍非常严重，各部门之间贪污、受贿、敲诈勒索现象十分普遍，"一人得道，鸡犬升天"的裙带关系也十分明显，人民对于腐败怨声载道。[1]

（二）独立后的反腐建设

1955 年，李光耀等人组织成立了人民行动党，在其竞选纲领中把铲除贪污并成立独立有效的反贪机构作为主要的内容以赢取民心，提出了反殖民统治和打倒贪污的口号，不断揭露执政党的贪污腐败问题。同时，他们努力争取广大人民群众的支持，发起了致力于消除腐败的竞选运动。经过艰苦卓绝的努力，1959 年，人民行动党获准组织新的政府，李光耀出任总理。[2]人民行动党上台后，兑现竞选诺言，开始了真正的反贪斗争。该党认识到，要实现国家发展的目标，就必须严厉打击日益严重的贪污行为，同时也认识到殖民地遗留下来的那一套拖沓单一的反贪污战略不可能减少腐败现象，因此必须实行新的综合性反贪污举措。新政府要求国家公务员和各级党的干部时刻树立为国民奉献牺牲的精神，在政事和行政方面必须保持高度的廉洁自律。自人民行动党成立之时起，他们就将"打倒贪污"作为自己的口号，并将党旗的主色定调为白色，以示廉洁。[3]1960 年，人民行动党政府颁布了重新制

─────────────

〔1〕 刘子平："新加坡反腐倡廉的经验及启示"，载《东南亚纵横》2011 年第 10 期。
〔2〕 张文山、李莉：《东盟国家检查制度研究》，人民出版社 2011 年版，第 59 页。
〔3〕 王文庆："新加坡的廉政措施"，载《世界经济与政治》1993 年第 10 期。

定的《防止贪污法》作为刑法的特别法，力图用法律的震慑力和严厉的刑罚来遏制贪污行为。除了这部以实体法为主的法律外，新加坡还专门制定了反贪污的程序法，以补充和完善普通的刑事诉讼法的有关规定。1988年的《没收贪污所得利益法》就是这样一部法律，它与刑事诉讼法相互协调，共同完成保障反贪污制度和政策有效推行的任务。这也是新加坡反贪立法的一大特色。因而，新加坡的反贪污法律体系是由如下三个部分组成的，即刑法典中之部分规定、单行的实体《防止贪污法》、单行的程序上之《没收贪污所得利益法》，它们共同组成了新加坡严密的反贪法网，为新加坡反贪斗争的成功提供了完善的法律依据和保障。

经过近十年的努力，新加坡在60年代后期和70年代初期从根本上扭转了公务机关的腐败状况，公务人员的腐败案件也逐年减少（1985~1989年5年内，年均发案率由70年代的47起减至18起）。贪污腐败现象被消灭后，民众重新恢复了对政府的信任，新加坡政府也被民众誉为"由贤人组成的贤明政府"，并以其高效率与廉洁而闻名国际。新加坡的吏治清明，官员的清廉程度恒居亚洲诸国之冠，根据"国家透明组织"的报告，在2015年、2016年，新加坡的政府廉洁度分别居世界第8名、第7名，在亚洲各国中居于首位。

二、新加坡完善的监察法律制度

1959年新加坡人民行动党上台以来，为彻底扭转国家贪污腐败成风、社会动荡不安的局面，将反腐保廉法制化作为国家廉政建设的首要举措，实行依法治贪。首先，在国家根本大法方面，《新加坡宪法》经过多次修订，它除了规定国家的政治、经济制度外，还专门对有关廉政建设做出了要求，为刑法、行政法律以及专门性法律的制定奠定了基础。从世界现行宪法立法的角度来看，在国家宪法中专门就廉政问题作出规定是比较少见的，由此也可以看出新加坡对于打击贪污腐败、树立廉政政府的决心。其次，在刑事法律规范方面，新加坡还加强了刑事立法，严惩触犯各项法律的腐败行为。例如，《刑法典》专设了一章"公务人员或与公务人员有关的犯罪"的内容，明确把公务员利用职务收受酬金的行为规定为犯罪，并对犯罪主体和酬金概念等作出了具体的规定。再次，在行政法律方面，新加坡对规范公务员行为准则方面也作出了专门性规定。《公务员守则和纪律条例》对公务员的行为准则和应遵守的纪律作出了明确的规定，对于公务员违反公务员行为准则，玩忽职守，未能正确行使权力义务的行为，《公务惩戒性程序规则》中规定了相应的惩治程序以及行政处分。最后，针对公务员腐败犯罪，新加坡还出台了专门性法律，《防止贪污法》和《没收贪污贿赂利益法》这两部法律分别对贪污贿赂犯罪的构成、处罚和侦查、起诉、审判等程序性问题以及对没收政府官员贪污受贿所得的非法利益，作出了详尽的规定。总之，这些法律法规内容完备详尽，相互配套，形成了一套较为完善的法律系统，为反腐保廉提供了充分的法律依据和保障。

（一）新加坡宪法中关于反腐内容的规定

新加坡的制宪活动最早可追溯到海峡殖民地时期，以英王敕令的形式颁布的《海峡殖民地宪章》效仿西方三权分立的模式，构建起了海峡殖民地完整的政府组织体系。二战结束后，随着新加坡境内废除殖民统治的呼声不断高涨，英国政府被迫公布了《伦德尔制宪报告书》，并与新加坡各派政治力量达成了关于新加坡内部自治的协议。其后公布的《新加坡自治宪法》更是将除外交和国防以外的其他事务全部交给选举产生的立法会议及在此基础上形成的政府手中。在此次立法会议选举中，李光耀领导的人民行动党获得了胜利。1963 年，新、马合并并成立马来西亚联邦，新加坡正式成为马来西亚联合邦的一个州并重新颁布了《新加坡州宪法》。该宪法基本沿袭了原自治宪法的主要内容，增添了马来西亚联邦宪法在新加坡适用的条款。由于新、马双方在执政理念上出现严重分歧，加之种族矛盾也没有得到缓和，1965 年 8 月，新、马分离，新加坡独立。

独立后的新加坡于同年 12 月制定了《新加坡共和国独立法》。这部法律的公布标志着新加坡的独立地位以法律的形式确定了下来，同时，该独立法与 1955 年《新加坡州宪法》共同组成了《新加坡共和国宪法》，这一形式一直持续到 1979 年《新加坡共和国宪法》的修改。修改后的宪法将以上两个法律合并成为一部统一的宪法法典。不过，新加坡并没有完全抛弃原来《马来西亚宪法》中的规定，特别是在基本自由和国家紧急权方面，新加坡宪法明确规定可以继续适用。与此同时，新加坡作为移民及其后裔组成的国家，其宪法也呈多元化的发展，特别是二战后，受美国宪法的影响很大。可以说，独立后的新加坡宪法就是在不同宪法文化和宪法制度中形成和发展起来的。新加坡的宪法除了规定新加坡的政治、经济制度外，还对反腐败建设作出了规定：

1. 禁止公务人员从事商业活动

《新加坡共和国宪法》（下称《宪法》）第 2 条第 2 款规定，总统不得担任任何营利性的职位，并不得积极从事任何商业活动。第 17 条规定，内阁成员或者政务次长不得担任营利的职位，不得积极从事商业活动。可见，《新加坡宪法》对于禁止担任营利职位和从事商业活动的公务人员作出了广泛而细致的规定，即禁止总统、内阁成员（含总理）以及各部部长及次长从事商业性活动。在国家的运行中，法律赋予了他们管理国家政治经济活动的巨大权力。假如上述公职人员参与到商业活动中，极易引发以权谋私、权力变现以及贪污腐败的风险。除此之外，《宪法》在第 19 条第 5 款中还对担任总理、议长、副议长、部长、政务次长、政治秘书或者议会议员等职位的公职人员及其亲属利用职权受领任何报酬或者补助费的行为作出了禁止。新加坡在宪法中明确规定了这些内容，可以预防国家高层领导人为己谋利、贪污腐败的发生，有利于维护政府廉洁的形象，提高政府的公信力，保持社会的稳定、较快发展。

2. 提供优厚的待遇保障

《新加坡宪法》规定，总统府的经费和议会议员的工资要由立法机关以法律形式规定。总统在任职期间有权领取法律规定的报酬；总统的薪酬，不得任意削减。此外，《宪法》还对总检察长、议会议长和副议长以及议员的工资待遇、工资支付办法以及不得削减等问题作出了具体规定；对退休人员的退休金、退职金和其他类似补助金的支付也作出了保障性规定。事实上，在廉政建设之初，新加坡施行的是积薪养廉制度，而非我们今天通常所认为的高薪养廉制度。新加坡于 1955 年开始实施的中央公积金制度规定，每月从政府公务员工资中扣缴 20% 的公积金，政府也按月薪的 20% 配套提供公积金，职务越高，工龄越长，公积金也就越多。一般情况下，公务员退休时公积金总额有 80 万~90 万新元，相当于人民币 400 万~500 万新元。由于中央公积金免缴个人所得税，存款利率又高，每个公务员只要在职时廉洁奉公，到退休时都有一笔相当可观的储蓄用于养老、医疗、保险和支付子女的大学教育费用。但新加坡政府逐渐发现，对未来退休后幸福生活的向往并不能有效杜绝政府公务员现实贪腐的潜在欲望。有鉴于此，自 1973 年以后，新加坡政府连续数次上调了公务员的薪俸收入。1998 年以后，在世界公务员队伍中，新加坡公务员的工资已跨入高薪行列，如总理的年薪为 190 多万新元，部长年薪为 100 多万新元，局长年薪为 24 万多新元，普通公务员年薪也有 8 万～9 万新元。除了良好的薪酬外，新加坡公务员还享有医疗福利、贷款优惠、住房优惠以及集体保险四种福利，职位更高的公职人员还有更多优惠的条件。在这些薪酬福利的保障下，新加坡公务员可以过上舒适富足的生活，同时也减少甚至杜绝了他们贪污受贿谋私利现象的出现。

3. 设置公务委员会

《新加坡宪法》规定，设立一个公务委员会管理各级公务人员，包括对公务员的聘用、核定、晋升、调动和处分等管理。这个委员会是新加坡人事制度的主管机关，由主席 1 人以及其他 2 名成员组成，其中 1 名成员为副主席。每一名成员都由总理提出人选并签发任命书。公务委员会是一个法定机构，其主席和委员都是从社会各阶层人士中聘用的。《宪法》规定他们既不能是政府官员或国会议员，也不能在政党或工会中担任职务，必须为私人代表。由于公务委员会的委员必须由政府系统以外的成功人士组成，实行这种体制，实际上是通过公务员的服务对象代表来管理公务员，有利于加强对政府公务人员的监督。他们本身不是公务员，也不能是政治家或工会领导人，以保证委员会工作的公正性，从而有效避免行政系统人事权滥用和公务员管理夹杂政治因素等。因此，从管理体制上看，其具有一定的折衷性，这种折衷就是在国家行政系统之外再另设独立的公务员管理机构。

（二）新加坡刑事法律中关于反腐内容的规定

在新加坡，惩治贪污犯罪的刑事法律除了《刑法典》和《刑事诉讼法典》中的相关规定外，还有《防止贪污法》和《没收贪污、贩毒和其他严重罪行所得利益法》。后两者是根据实践需要对前两者的补充和完善。《刑法典》第九章"公务人员或与公务人员有关的犯罪"把公务员利用职务收受贿赂的行为规定为犯罪，并对犯罪主体和贿赂概念作了具体规定。《防止贪污法》是新加坡反贪污犯罪的基础性单行刑事法律，该法融实体规定和程序规定于一体，内容全面、严密、明确、具体，操作性强，其中不仅对贪污调查局的职权及其行使程序、贪污调查局成员的任命及其权力、有关贪污案件的保释和证据制度等程序和组织问题作了全面的规定，而且还在《刑法典》第九章的基础上，进一步规定了一般贿赂、代理人贿赂交易、腐化的完成或撤销投标、议员受贿、公共机构人员受贿等贪贿犯罪和妨碍特别调查、妨碍搜查、提供错误或虚伪资料等妨碍查处贪污行为的犯罪及其处罚，对"代理人""报酬"

等法律名词的含义、内容和范围作了专门的解释和界定。《没收贪污、贩毒和其他严重罪行所得利益法》制定于 1999 年，该法基本保留了制定于 1988 年的《没收贪污所得利益法》的内容。其中对贪污所得利益的含义、估价、没收的条件、没收令及其程序，对潜逃的贪污犯罪分子所得利益的没收，以及该法所涉及的有关用语的具体解释等都作了明确具体的规定。总的来说，新加坡的反贪刑事法律，尤其是《防止贪污法》，传递出了新加坡严厉打击贪污犯罪的强烈信号，并从实体和程序方面表现出了鲜明特点。

1. 实体方面

第一，腐败犯罪的主体范围大。《新加坡防止贪污法》规定的许多犯罪的主体均为"任何人"，惩罚对象不仅包括受贿者而且包括行贿者，不仅包括政府公职人员还包括非政府组织的公共团体，不仅包括行政执行机关还包括权力机关。《防止贪污法》第 6 条和第 12 条规定了受贿人接受贿赂及行贿人为自己的私利向受贿人行贿都必须受到处 10 万新元以下的罚款，或 5 年以下监禁；或二者并罚。值得注意的是，《防止贪污法》对以下两种情形提高了处罚标准：一是涉及犯罪的事项或是交易合同，或是与政府、任何部门或任何公众团体之间的合同计划书，或是与分包人之间的关于合同中的任何事项的执行的计划书，如为从政府或任何公众团体处获得承揽工程、提供服务、实施行为，或供应商品、原料或财物的合同，而向任何参与合同投标的人提供贿赂作为其撤销投标的诱因或酬金；二是议会成员的受贿行为，议会成员索取或接受任何贿赂或向议会成员提供贿赂的任何行为。这两类行为在处罚的一般规定的基础上，将监禁的上限提高到了 7 年，反映了新加坡政府对权力机构人员自我约束及政企交易环节腐败行为的重视。

第二，"贿赂"的含义宽泛。根据《防止贪污法》第 2 条的规定，"贿赂"是指任何非法报酬，即不仅包括金钱等财产和可用金钱计算的物质性利益，还包括无法用金钱计算的各种利益，如职位、雇佣和合同，以及其他各种服务、恩惠或好处，甚至包括任何对上述"贿赂"的表示、着手或许诺。新加坡的立法者已经意识到如今的贿赂手段日新月异，从起初单一的"权钱交易"到如今日渐复杂的多种贿赂手段交叉进行，部分非传统的贿赂手段如性贿赂、安排就业、提供旅游等，造成的社会危害并不亚于传统贿赂手段。确定受贿犯罪的犯罪对象仅仅为财产性利益已无法适应社会发展的需求，新加坡法律有关受贿犯罪对象范围的规定突破了法律只针一对"权钱交易"的贿赂手段进行规制的传统，将非财产性利益引入法律。[1]

第三，对于贪污行为界定的范围较宽。《防止贪污法》在贪污贿赂犯罪客观方面的覆盖范围广，并均作出了明确的界定，该法具体界定了四种贿赂情形：一是受贿人接受行贿人的非法给予，并按照行贿人的意图做出某种行为，即使该行为与行贿人没有任何联系；二是受贿人接受行贿人的非法给予，即使受贿人没有权力或机会，或在接受非法给予时本不打算按照行贿人的意图实施该行为；三是议员索取或接受贿赂情形；四是公众团体成员接受行贿，依照行贿人的意图在公众团体会议上投票赞成或反对，促成或阻止通过某项表决，批准任何符合行贿人利益的合同或其他事项，影响官方行为等。此外，该法还规定凡是使用以下五类手段，从公务员那里换取个人的好处，或由公务员借助向他人表示，均视为腐败行为：①奉送现金或任何礼品、贷款、手续费、奖励品、佣金、保障金，或其他财产或财产的利息，包括动产和不动产；②提供职位、雇佣机会或种类合同；③提供薪体、发贷款，全部或局部地豁免或取消债务、义务或其他责任；④提供任何形式的服务，偏袒或优惠包括保护他人，使之免于应得的惩罚和权力取缔，免于执行纪律或其他惩罚性质的行动或程序——无论这些行动、程序和决定是否已经付诸实施，也包括执行或者延缓任何权力或官方职责方面的偏袒或优惠；⑤在前四类活动的定义范围之内，提供任何其他形式的受益，从事任何其他活动以谋取利益，或者允诺提供任何其他形式的利益。《防止贪污法》从第5~14条，在上述界限之内，具体规定了15条罪名，包括公务人员的一般受贿罪、形式受贿罪、利用影响力受贿罪、利用职务受贿罪、从事贸易罪、代理人受贿罪、行贿代理人罪、欺诈委托人罪、行贿投标人与撤回投标罪、投标人受贿撤回投标罪、行贿议员罪、议员受贿罪、行贿公共机构人员罪、公共机构人员受贿罪和阻挠调查行为罪。[2]

第四，贪污数额不论多少，都构成犯罪。不论是《刑法典》还是《防止贪污法》，其中关于贪污犯罪的规定都没有将贪污的数额作为构成要件，也就是说，即使收受一元钱或者一杯咖啡也可能构成犯罪。

---

〔1〕 何立荣、何明凤：“我国与新加坡受贿犯罪立法比较及其启示”，载《广西社会科学》2004年第9期。

〔2〕 任超：“新加坡反贪制度评析”，载《南洋问题研究》2003年第1期。

2. 程序方面

第一，规定了"贿赂推定"制度。贿赂犯罪通常都是在隐秘环境下进行的，追诉机关要证明贿赂的存在实为不易。为此，《防止贪污法》第8条规定了"贿赂推定"制度。即，在起诉贪污犯罪时，如果能够证明已经或者寻求与政府、政府部门或者公共团体进行交易的人或其代理人向在政府、政府部门或者公共团体中供职的人支付、给予或者接受了任何报酬，则该报酬即被认为是为了引诱或者报答而贿赂地支付、给予或者接受，除非有相反的证明。即只要控方能够证明在政府、政府部门或者公共团体中工作的人员接受了任何人的报酬，只要当事人不能提出相反的证据，该报酬即被认为是贿赂。在新加坡，这种推定只在贪污案件的诉讼中适用，而不适用于其他案件。

第二，明确规定来源不明的财产可以作为认定贪污犯罪的证据。司法实践中，行为人的收入或支出可能远远超出其可知的合法收入，但追诉机关又很难直接证明其超出部分是贪污所得。针对这一问题，《防止贪污法》第24条第1款规定了"举证责任倒置"的证明规则。即，如果被告人拥有与其已知收入来源不成比例的金钱或财产而又无法作出令人满意的说明，或者在他犯被指控的犯罪当时或前后，曾获得了一笔他无法作出令人满意的说明的金钱或财产增值，法庭可以此来证明或考虑用其支持审判或询问任何人关于被告接受、获取、同意接受、试图获取贿赂的证言，以及这种非法接受、获取、同意接受、试图获取的贿赂是作为引诱或报酬的证言。因此，控方一旦证明被告的财产或支出超过他的合法收入，而本人又无法作出令人满意的说明，法庭就可以此作为认定被告构成贪污罪的证据。

第三，肯定了"共犯证据"的证明力。《防止贪污法》第25条规定："无论其他法律规则或者成文法是否有相反的规定，在涉及第24条（即《刑法典》和《防止贪污法》中规定的贪污犯罪）审判或调查的过程中，不能仅仅因为证人或证人的代表支付或交给代理人或公共团体成员贿赂这一点，而认为证人不可信。"这一规定肯定了共犯证据的证明力，有利于对贪污犯罪的证据的搜集。为了鼓励共犯作证，该法第35条规定：如果两个或两个以上的人受到贪污犯罪的指控，或受到共谋实施、试图实施、教唆实施该犯罪的指控，法庭可以要求其中一人或多人作为证人为起诉提供证据；任何拒绝宣誓或回答合法问题的行为人，都将受到与拒绝作证的证人同样的处理，根据具体情况依法由治安法院或地区法院处理；被要求提供证据的每个人，如果法庭认为该人就其依法被审查的情况作了真实而全面的陈述，根据具体情况，有权利得到一份由治安法官或法官签发的证明，证明其已就被审查的问题作了真实而全面的陈述，并不得再就这些问题对其提起任何诉讼。这些免除共犯责任的规定无疑有利于共犯证据的收集。

第四，明确规定惯例不能作为免罪证据。《防止贪污法》第23条规定："在依据本法进行的民事或刑事诉讼中，关于说明本法中所规定的贿赂是任何行业、职业、商业或贸易中的习惯法的证据，不可采。"所谓"习惯法的证据"，是指因商业或行业的惯例而收受利益的事实。这一规定明确了职业、行业、贸易或工作的习惯做法不能成为阻碍贪污犯罪成立的理由。

新加坡反贪刑事法网严密，尤其是其证据制度所具有的强烈针对性和务实性，在很大程度上降低了查处贪污犯罪的难度和成本，使新加坡反贪刑事司法具有极高的实效性。

（三）行政法律法规中有关廉政内容的规定

在宪法的基础上，为防止公务员贪污腐败现象的出现以及为了规范公务员的行为，新加坡制定了包括《公务员守则和纪律条例》《公务员法》《公务惩戒性程序规则》和《财产审核法》在内的多部行政性法律。在预防贪污腐败方面，这些法律形成了一条严格、完整和实用的体系，规范公务员的道德自律。《公务员守则和纪律条例》是新加坡重要的规范公务员行为的行政性法律。该条例主要有以下几个方面的内容：[1]

1. 公务员每年必须申报自己和配偶的全部财产和收入情况

为了监督管理新加坡公务员的财务状况，保证公务人员的廉洁，该法规定公务员须每年向设立在新加坡内阁的廉政署进行申报。廉政署是管理和监督政府官员个人财产申报的监督机关，需要申报的财产包括：①动产、不动产、银行存款及利息、股票、证券；②担保人和家庭成员所拥有的投资和利息情况；③个人负债情况等。新加坡制定的《财产审核法》中对申报要求和申报程序作了具体详细的规定。

2. 公务员购买股票必须经过批准

《公务员守则和纪律条例》规定，必须经所在单位常务次长批准，公务员才能购买国营企业的股票或者外国在新加坡上市而不在新加坡经营业务的公

---

[1]　参见金波："新加坡的制度反腐经验"，载《国际关系学院学报》2009年第4期。

司的股票；不允许购买私营企业或与本单位有业务往来的企业、公司的股票。不经批准，任何公务员不得直接或间接接受和持有在新加坡境内从事经营活动的公司或企业的债券或股票。

3. 不允许公务员私人经营买卖或兼职

这样可以预防公务员利用公职之便谋取私利。

4. 不允许公务员接受任何人赠送的礼品

礼品包括现金、物品、股票、债券等。对于确实推辞不掉的，可先将礼品收下，然后向单位报告并上缴国库。如果本人想保留这一礼品，可由财政估价后，由本人付款购买，退休的官员接受原下属人员所赠礼品，不得超过50美元，同时要将所收礼品的名称、价值等向所在单位的事务秘书写出书面报告。

5. 公务员不得接受宴请

如确需宴请，公务员需将宴请的时间和地点向自己的所在部门报告。经批准后，方可进行。另外，宴请不能大吃大喝，宴请支出不得超过举办宴请活动的人上月工资的2%。《公务员守则和纪律条例》对新加坡公务员的行为准则进行了详尽的规范，明确了公务员的廉政范围，界限清晰，对于预防腐败可以发挥一定的作用。

新加坡的法律系统常常以完善著称，对于违反《公务员守则和纪律条例》等法律的行为，也制定了《公务惩戒性程序规则》对违反规定的公务员予以处罚。《公务惩戒性程序规则》对于有违法行为的公务员应予以什么样的处罚，以及处罚的程序都作出了具体规定，是保证《公务员守则和纪律条例》实施的重要法律。它主要包括以下几个方面的内容：[1]

1. 规定负责处罚的机关

《公务惩戒性程序规则》明确规定，公务委员会负责对违法公务员进行处罚。若公务员出现了违法情况，公务委员会可决定以它认为合适的方式进行调查。根据《公共事务（纪律处分程序）条款》第3条第1项的规定，对公务员的调查过程由常任秘书向公务委员会提出。其中，常任秘书（按照本条款第2条的规定）包括副检察长、审计总长、议会职员、公务委员会主席、法律服务委员会主席、最高法院主簿、行政长官、最高法院的司法行政人员

---

〔1〕 刘守芬、李淳：《新加坡廉政法律制度研究》，北京大学出版社2003年版，第54~56页。

和管理人员、总统私人秘书、总理秘书和内阁秘书长。

2. 明确处罚的种类

《公共事务（纪律处分程序）条款》的优点在于对各类玩忽职守和品行不端的行为有具体的惩罚方式。经公务委员会核实后，根据本条款第4条第14项的规定，若被调查的公务员应该被撤职或降级，则在恰当的时间撤职或降级；若受调查的公务员不应被撤职或降级，则对其施以较轻处罚，如停工、延期加薪、罚款、谴责等，亦可同时实施以上惩罚。

当公务员被要求为了公众利益强制退休时，则依据本条款第6条中有关强制退休的内容，要求公务员所在单位的常任秘书提供一份详细报告，必要时也可要求公务员任职过的单位常任秘书提供。被要求退休的公务员还要出具一份关于退休的看法，此人的养老金、退职金以及其他福利也应依法处理。

关于停职接受调查期间公务员的薪酬问题，《公共事务（纪律处分程序）条款》的第7条和第10条也作出了明确的规定。如果受调查公务员的行为不致撤职或受到其他处罚的，有权收到包括停职期在内的全部报酬；若此人行为不致撤职，公务委员会可酌情退还停职期间被扣留的报酬。受刑事指控的公务员，从定罪之日起，除非经公务委员会许可，不再发放报酬，直到公务委员会考虑其案件为止。

如在刑事指控处理结果之前，公务员的增薪被扣留，公务委员会可下令没收其扣留的增薪。

3. 强调公务员在接受处罚过程中应有的权利与义务

公务员在接受处罚中享有以下权利：①对指控和强制退休有权进行答辩；②在出席调查会时经获准可以盘问证人，为自己提出辩解的证据；③要求会见为他作证的证人；④有权要求给予足够的时间事先了解提交调查委员会的将作为证据使用的文件内容；⑤经准许可以聘请1名律师或1名公务员作为代理人；⑥最后陈述。权利与义务永远对应，在接受处罚的过程中公务员也需履行以下义务：①对公务委员会、调查委员会进行的调查，不得进行阻挠，否则应立即向他发出警告，不接受警告，要将此事记录在案；②依照《公务惩戒性程序规则》第13条之规定，进行的纪律处分结案前，不经公务委员会的批准，被控的公务员不得擅自辞职或者离开新加坡。这一条文在很大程度上保证了公务员在接受调查期间，积极配合，履行好自己应尽的义务，同时不得到境外寻求庇护或者其他帮助。

4. 处罚程序

其一,《公务惩戒性程序规则》规定某一公务员如果有不法行为或者玩忽职守行为,需要由常设秘书向公务委员会提出指控。这里的"常设秘书"包括副检察长、审计长、国会秘书、公务委员会秘书、最高法院书记官、总统私人秘书、总理秘书和内阁秘书。"公务员"是指从事公务的固定的常设官员。其二,常设秘书向公务委员会提出某一公务员有不法行为或玩忽职守的指控后,公务委员会依据具体情况进行处理:若公务委员会认为公务员的不法行为尚未严重到需要解雇、降职,则公务委员会可采取其认为比较合适的方式直接进行调查;若公务员的违法行为比较严重,有可能被解雇或降职时,需经过"书面通知被控诉公务员—调查委员会进行调查—上交调查报告至公务委员会—公务委员会认定调查报告—作出处罚决定"的过程。上述法律法规对贪腐违法犯罪行为,从构成条件到认定程序,从调查程序到实体处理,从行政处分的角度均作了全面详细的规定,共同编织了一张严密的惩治腐败的法网,使腐败者无隙可乘。

(四) 相关配套的制度与机制

"徒法不足以自行",腐败的遏制不仅需要全面科学的反腐败立法,同时也需要一系列机制和外围制度,唯此方能让反腐败法律不至于落得一纸空文。新加坡在注重反腐败立法的同时还能够建立一系列反腐败机构、高薪养廉等制度。上述配套的制度也为新加坡反腐败法律的推行奠定了良好的制度基础。

1. 独立有效的反贪污专门机构

1952 年前,新加坡的贪污案由警察局查办。但是,由于当时贪污现象猖獗,一些警察也身陷贪污腐败泥潭,因此,成立专门的反贪机构显得十分必要。但是 1952 年成立的贪污调查局受权力的限制,并没有在反贪案件中起到应有的作用。因此,1960 年新加坡重新制定《防止贪污法》并于 1985 年作了重大修改,赋予贪污调查局极大的权限,使得其在新加坡反贪斗争中起到了非常关键的作用。

贪污调查局成立于 1952 年,开始主要是调查与走私有关的贪污活动,后来逐渐转移重心,以彻底铲除贪污行为为宗旨,集中精力侦察贪污贿赂案。新加坡反贪污调查局的组织和体制具有独立性和权威性。局长由总理提名,由总统任命,并直接对总统负责。调查局独立行使职权,不受其他任何部门的干扰。在查办高级官员案件中,总理若与总统发生意见分歧,则按总统的指示办。[1]反贪污调查局下设两个部：一是行动部（又称调查部），由数十名侦察员组成；二是咨询管理部和支援部，由26名文员组成。行动部负责一切案件的调查侦破工作，咨询管理和支援部负责行政和其他支援事项。[2]一般来说，反贪污调查局的职责主要是：调查和预防政府机关及企业的贪污受贿行为，对任何贪污贿赂嫌疑犯和任何可疑案犯，接到投诉后即可展开调查，若确属贪污案件，独立行使调查权，若不属于贪污案件则报交有关部门查办。据统计，贪污调查局每年接受投诉1500起，其中900起属贪污案，约占10%左右。[3]

为保证对贪污贿赂行为的有效侦察，《防止贪污法》赋予了反贪污调查局广泛的权力。这些权力主要体现在该法第15~21条的规定中，包括以下几个方面：首先，调查权。反贪污调查局局长和特别侦察员对于可能违反《刑法》或《防止贪污法》的行为，可以在无检察长允许的情况下，行使刑事诉讼法所赋予的一切与警方一样的调查权力，这种调查被视为警方调查。其次，特别查账权。在检察官授权的情况下，反贪污调查局可以调查任何银行账户、股份账目、购物账目、消费账目，以及任何银行保险箱。再次，搜查权。如果相信在某一地方藏有罪证，反贪污调查局在必要时可以依靠武力进入该地进行搜查，夺取或扣押任何有关的文件或物品。最后，逮捕权。反贪污调查局无任何逮捕证可逮捕与贪污犯罪有关的任何人。被逮捕的人，可以押送到调查局进一步审查，也可直接送到警察局听候处理。上述权力的拥有，为调查局快速、准确、有效地打击贪污贿赂案件提供了必要的保障，同时亦造就了一支精干的反贪队伍，为新加坡清正廉洁的政治局面的形成立下了汗马功劳。

2. 构建检察机关对贪污调查局进行监督制约

新加坡的检察机构与贪污调查局没有隶属关系。新加坡总检察署，是设在内政部下的一个行政部门，不像我国的检察机构为司法机构。根据《新加坡宪法》的规定，总检察长由总统根据总理的建议，从具有就任高等法院法官资格的人员中任命。而新加坡的贪污调查局成立于1952年，是从新加坡政

〔1〕 杨书文、陈正云：《中外职务经济罪案实录》，法律出版社1997年版，第117页。
〔2〕 傅新言："新加坡有效控制贪污贿赂犯罪之评析"，载《中外法学》1993年第2期。
〔3〕 傅新言："新加坡有效控制贪污贿赂犯罪之评析"，载《中外法学》1993年第2期。

府原警察局反贪污小组独立出来的专门反贪机构。1963 年，贪污调查局作为独立的组织，不从属于任何部门，直属于总理公署，既是行政机构，又是执法机构。局长由总理直接任命和领导，局长仅仅对总理负责，而不受其他任何人的指挥和管理。

尽管贪污调查局的权威极高，但其调查活动也要接受总检察署及其检察官的指导和监督。检察机关对贪污调查局的监督制约主要体现在以下几个方面。一是贪污调查局行使特别调查权必须经检察官授权。二是贪污调查局调查法律直接规定以外的罪案必须经检察官授权。根据《防止贪污法》第 19 条的规定，对成文法规定的任何犯罪案件，检察官均有权以命令的方式，授权贪污调查局局长或一名特别调查员行使《刑事诉讼法》规定的有关警察调查权的全部或部分权力。三是检察官对贪污调查局调查的案件行使审查起诉和提起公诉权。在新加坡，贪污贿赂案件的起诉全部由检察官负责，贪污调查局调查终结后必须将案件移送总检察署，由主控官审查决定是否起诉。对于决定起诉的案件，由主控官出庭公诉，贪污调查局的调查员只能以控方证人的身份出庭作证。四是检察官对贪污调查局的调查工作拥有一定的指导取证权。新加坡的刑事调查工作根据分工的不同，分别由刑事调查局、中央肃毒局、贪污调查局、移民局、关税局等执法机关负责，检察官不从事任何调查工作，只负责案件的审查起诉和出庭公诉。如果主控官审查后认为证据不充足，可指示调查机关终止调查或补充调查。对于主控官的指示，包括贪污调查局在内的相关调查机关必须执行。由此可见，贪污调查局的调查职权及其调查活动在很大程度上受到总检察署的监督和制约。不仅如此，总统和总理任免贪污调查局的局长、副局长、局长助理和特别调查员，公共服务委员会对贪污调查局公务员的聘用、晋升、奖惩，法院对贪污调查局调查的案件的判决，贪污调查局对总理负责的领导体制等，在一定程度上也制约着贪污调查局的调查活动。

3. 实行高薪养廉制度

新加坡实行高薪养廉政策，给予政府官员（包括政治领导人）以很高的薪水待遇，以减少他们从事贪腐行为的动机。针对其他一些东南亚国家政府官员们由于工资薪水太低而往往从事贪腐活动以维持生计的情况，以及过去新加坡国家公务员薪俸过低对反贪腐和廉政建设产生的负面影响，新加坡政治领导人明智地意识到：低薪不足以养廉。与其在低薪制下让官员们通过不法途径获取钱财，不如给予他们优厚的薪水待遇，再辅之以规范严厉的反腐防腐监控机制和权威、有力的法律惩治措施，能有效断绝或抑制政府官员们从事贪腐活动的念头和动机，大大增加了贪腐活动的风险成本和职业代价，从而有利于反贪腐斗争和国家廉政建设的推行和开展。相反，低工资和腐败现象之间的确存在某种内在的逻辑联系，这可从广大发展中国家贪腐问题的成因分析中获得印证。

一是大多数发展中国家社会整体消费水平迅速提高，加上国际金融危机和通货膨胀的消极影响，就使广大公职人员特别是中下层公职人员现有的工资水平和他们想要过上的一种比较体面的生活所需费用之间存在很大差距。在这种情形下政府官员们有两种选择：要么安贫乐道，依靠微薄的工资养家糊口；要么铤而走险或投机钻营，利用手中职权聚敛财富，摆脱贫困，过上一种体面舒适的生活。二是随着许多发展中国家所推行的自由市场经济政策使相当一部分人迅速富裕起来，过上了十分体面富有甚至豪华奢侈的生活，而广大公职人员仅靠微薄工资收入为生但却手握公共权力，强烈生活境遇的反差极易导致心态失衡，愿意固守清贫生活的公职人员只会越来越少，广大公职人员要求提高工资待遇的呼声越来越强烈，这种呼声和要求合情合理又不可阻挡。政府如果对这种合情合理的呼声和要求置之不理或迟迟不作回应，广大公职人员势必起来自救——利用手中权力发财致富。事实上这是许多发展中国家公职人员普遍从事贪腐活动的主要动因。[1]很多发展中国家的政治领导人其实也领悟到了低工资和腐败之间的内在联系，不是不想提高广大公职人员的工资，而是存在如下顾虑：一是担心提高公职人员的工资待遇会引起社会其他阶层的普遍反对而引起政治危机；二是担心大幅度提高公职人员的工资待遇会使国家财政难以承受。其实，这一顾虑是多余的。有的政治领导人只计算提高工资待遇需要花费的经济成本，而没有计算各类贪腐活动所造成的巨额经济损失，两相权衡，前者的花费是值得的，何况提高公职人员的工资待遇还有许多超乎想象的积极影响和长远效果。[2]

在提高公职人员工资待遇基础上开展反腐败斗争，不仅能得到普通民众的大力支持，而且还能获得广大公职人员的理解和支持。这会使得少数腐败

---

〔1〕 何增科：《政治之癌：发展中国家腐化问题》，中央编译出版社 2008 年版，第 141 页。
〔2〕 何增科：《政治之癌：发展中国家腐化问题》，中央编译出版社 2008 年版，第 142 页。

分子遭到孤立，从而更易使得反腐败斗争取得实质性的成功。以李光耀为首的新加坡政治领导人想通了上述道理：与其让官员们通过不法途径获取钱财，不如给予他们优厚的待遇。正是在这一思想的指导下，新加坡政府从1970年起多次大幅度提高公职人员的工资待遇。其包括政治领导人在内的各级官员的工资水准在发展中国家都是相当高的，中高级官员薪金比西方发达国家还要高。《世界联系》调查组于1996年针对世界各国高级公共服务人员年薪进行的调查显示，新加坡政府首长的年薪为812 858美元，是调查中排名第二的日本政府首长年薪（395 049）的2倍有余，是美国政府首长年薪（200 000美元）的4倍，是英国政府首长年薪（129 189美元）的6倍有余，是俄罗斯政府首长年薪（3275美元）的242倍。新加坡政府首长年薪比本国制造业雇员平均年薪多56倍，等于本国总裁平均年薪的2倍。[1]这意味着换到当时的美国的话，克林顿总统的年薪将从当时的200 000美元增加到1 800 000美元。在美国，这样高的薪金会引起公众抗议，而新加坡政府则将它看成是吸纳贤才和防止贪污的必要手段，用新加坡人自己的一句话说，就是"高薪养贤，厚禄养廉"。

过去以为新加坡实行公职人员高薪的目的主要是为了养廉，其实不然；当年李光耀提出提高政府官员薪金的出发点，主要是为了吸引最优秀的人才到政府任职，防止人才流失；虽有防腐的政治功能，但不是主要的政治目的。为了确保公务员有高收入，使政府机构能够吸引和留住优秀人才，激励公务员廉政勤政，新加坡政府每年都要通过咨询机构调查私营企业的工资水平，并对公务员和私营企业人员的工资进行调查比较，一旦公务员的工资低于私营企业人员，便会立即采取措施予以平衡。付给公务员较高的薪金，从表面上看增加了政府的开支，但是其创造的巨大社会效益是无法估量的。高薪能吸引优秀的人才从事公共事务管理，为国家的发展和繁荣提供最基本的政治保障。李光耀在新加坡推行的是精英政治。他希望把新加坡社会的各界精英都吸收到政府部门来担任高级领导人。他纳贤的对象主要是医生、律师、会计、大学教授、企业家、银行家等有能力并且诚实和品德优秀的杰出人物。如果发现合适的人选，行动党会劝他们弃职从政。这意味着他们可能放弃200万、300万，甚至500万的年薪。在这种情况下，即使来当一个部长少于100

---

〔1〕"世界各国高级公共服务人员年薪比较"，载《联合早报》1994年10月22日。

万也是不太容易劝人家来从政的。可见，新加坡的政治生态与中国完全不同，新加坡人不太愿意从政。中国社会是官本位，直到今天很多大学生仍以考公务员为第一志愿。在新加坡，被招揽的杰出人士绝不是为金钱所吸引的，而是需要在经济上做出牺牲而把智慧才华贡献给新加坡社会。

实行公职人员高薪的目的主要是为了吸引人才和防止人才的流失，但它也能降低腐败的诱惑和动机，起到防腐的客观效果。为了保证公务员不低于私营部门雇员的薪金标准，新加坡政府经常对有关行业及职业的薪金进行调研，公务员工资一旦低于私营雇员时便会给公务员加薪，以保证公务员有较高的收入。以 2000 年工资标准为例，总理年薪 194 万新元（1 新元约折合人民币 5 元），部长级公务员（含副部长级）年薪 110 万~150 万新元，局长级公务员年薪在 50 万新元以上，普通公务员年薪也在 15 万新元以上，新录公务员年薪也在 6 万新元左右。这样优厚的工资待遇可以保证每个公务员都能过上比较富足体面的生活。这种高薪制在吸引人才的同时客观上起到了养廉的作用，从而使公务员只靠工资就能生活得很好而没有必要去从事贪腐行为。

三、新加坡监察立法的借鉴意义

中共十八大以来，中国已进入腐败治理的重要转折点与战略机遇期。2016 年 11 月 7 日，中共中央办公厅近日印发《关于在北京市、山西省、浙江省开展国家监察体制改革试点方案》。党中央决定，在北京市、山西省、浙江省开展国家监察体制改革试点工作，从体制机制、制度建设上先行先试、探索实践，为在全国推开积累经验。2016 年 12 月 25 日，十二届全国人大常委会第二十五次会议决定，自 12 月 26 日起，在北京市、山西省、浙江省开展国家监察体制改革试点工作。试点期间，数部法律的相关条款在这三省市暂时调整或者暂时停止适用。之后的一个月内，依据全国人大常委会的决定，三省市相继召开人大会议，选举产生了各自的省级监察委员会主任，并在随后的人大常委会中选举产生了监察委员会的其他成员。国家监察体制改革试点由此迅速铺开。2017 年 3 月 8 日下午，十二届全国人大五次会议在北京人民大会堂召开第二次全体会议，全国人大常委会委员长张德江作全国人大常委会工作报告，报告中称会在年内将现有的《行政监察法》修改为《监察法》。"他山之石，可以攻玉"，完善的反贪法律及配套的制度是反腐工作的坚实基础。新加坡人民行动党上台以来实行依法治贪，将反腐保廉法制化作为国家廉政建设的首要举措，而这也彻底地扭转了新加坡贪污贿赂成风、社会动荡不安的局面。根据近三年透明国际发布的清廉印象指数排行榜，在评估的170多个国家中，新加坡的清廉度连续三年一直居全世界前10名，亚洲首位。近年来新加坡已然成为亚洲地区反腐倡廉的标杆。笔者以为中国可以在如下几个方面引进新加坡制度，加强反贪污腐败立法：

（一）提升反腐政治高度，更加重视法治反腐

以李光耀为首的新加坡人民行动党执政后把廉洁上升为国家战略，明确提出廉政已不仅仅是一种生活方式，而且成了国家生存的重要战略。在反腐败时新加坡特别注重法治的力量，新加坡在1960年颁布实施了《防止贪污法》、在1999年颁布实施了《贪污、贩毒及其他重大犯罪所得利益没收法》。其中，《防止贪污法》对贪污贿赂犯罪的构成，处罚以及侦查、起诉、审判等诉讼程序问题作出了具体的规定，而《贪污、贩毒及其他重大犯罪所得利益没收法》则是一部补充法律。该法律详尽规定了法院在审理贪污犯罪案件中适用没收贪污所得利益的命令的条件和程序，以及没收所得财产的范围，可操作性很强。除此之外，新加坡国会还颁布实施了《国会法》以防止国会议员受贿，《政治捐赠法》防止候选人以资金或者其他形式接受外国利益集团的赞助，还有《海关法》规范海关人员的行为，防止受贿。

中国目前正处于社会转型期，腐败问题是当前影响我国社会稳定的重要因素，是老百姓最关注的热点问题和焦点问题之一，也确实威胁着我们党的执政地位和国家政权。因此，有必要将反腐提升为国家战略，搞好反腐的顶层设计，同时开展综合反腐。党的十八大以来，中国反腐被提上前所未有的政治高度，党的十八大报告中强调对腐败"严惩不贷"，集中体现了党对反腐倡廉规律的新认识，体现了对长期执政所面临危险的自我警醒。习近平总书记在党的第十八届中央纪律检查委员会第二次全体会议上强调："要加强对权力运行的制约和监督，把权力关进制度的笼子里，形成不敢腐的惩戒机制、不能腐的防范机制、不易腐的保障机制。"在习总书记的领导下，党风廉政建设和反腐败工作成效明显。多数干部群众认为不正之风和腐败问题与以往相比有所好转，党员干部的工作作风有所改进。然而，受目前中国经济、社会、文化发展的制约，反腐败问题短期内仍面临一些困难，如公职人员队伍管理过于宽松，公职人员激励和压力机制不足。

中国的传统反腐模式，如政治运动反腐模式、组织反腐模式、制度反腐

模式在各自的历史阶段都发挥了重要作用，但目前已不再适应变化了的现实情况。中国传统反腐模式要向现代反腐模式转向，即走向法治反腐模式。从党的十四大至今，是中国廉政法治化建设逐步发展的时期。在此阶段，我国反腐倡廉面临着许多新情况、新问题，反腐形势严峻；党的十五大以后，反腐倡廉方略转向标本兼治、综合治理、逐步加大治本力度；党的十六大以后，反腐倡廉方略进一步向标本兼治、综合治理、惩防并举、注重预防方面发展；党的十七大以来，反腐倡廉方略更加注重治本，更加注重预防，更加注重制度建设；党的十八大报告提出"更加注重发挥法治在国家治理和社会管理中的重要作用"，"健全反腐败法律制度，更加科学有效地防治腐败"。与此相适应，廉政法制建设的发展方向更加明确，即向法治化方向发展，实现以法导廉、依法治腐、依法防腐，这一阶段可以说是新中国成立以来廉政法律制定数量最多和政策质量最高的时期，我国在宏观层面实际形成了一个中国特色廉政法制体系。[1]2013 年 3 月 9 日，在党的十二届全国人大一次会议举行的新闻发布会上，全国人大常委会首次公布反腐立法的时间表，表明我国反腐模式正从传统反腐向法治反腐转变，我国反腐策略正在从零散型的应急反腐向整体型的系统反腐转化，我国反腐将更加重视法制和制度的重要性。

当前，要根据我国国情，不断调整和完善廉政法制建设的总体规划，进一步完善监督制约类法制、违纪惩戒法制、纪检监察工作程序类法制，形成一个类别较为完备、功能较为全面的廉政法律体系。并且，要注意解决廉政立法的统一性问题，对我国现有的廉政法制和党内法规进行清理，对与上位法相抵触的要予以废止，对过时的要进行修订和补充，逐步形成协调统一的廉政法制体系。[2]在完善预防性廉政法制体系过程中，可以借鉴新加坡的经验，比如尽快制定《防止贪污法》《公共事务（纪律处分程序）条款》及《财产申报法》等，把国家工作人员的廉洁从政要求法制化。此外，还要完善公务员聘任制度，加大对公务员投诉的处理，严肃处理违纪公务人员，加大公务人员违法犯罪的代价，同时将公务员的社会保障与企业人员社会保障并轨，从而减少公务人员以权谋私的机会。

---

〔1〕 庄德水："法治反腐是反腐倡廉的必然选择"，载中国网：http://opinion.china.com.cn/opinion_16_66316.html，访问日期：2017 年 4 月 14 日。
〔2〕 庄德水："法治反腐是反腐倡廉的必然选择"，载中国网：http://opinion.china.com.cn/opinion_16_66316.html，访问日期：2017 年 4 月 14 日。

（二）反腐败立法时注重预防与惩治的结合

腐败是社会"毒瘤"，腐败治理过程更是会耗费大量的物力、人力和财力，因此在腐败治理中必须始终坚持以预防为主、防治结合的思路。新加坡在预防腐败法律体系的建构中，就非常注重惩治和预防相结合的原则。新加坡的预防腐败法律体系严谨、立法严密，执法严格、惩罚严酷，确保了惩治和预防腐败目标的实现。

首先，新加坡的反腐败法律体系注重有效预防腐败。新加坡法律规定的预防腐败的主要措施有制定合理的薪酬制度、实行财产申报制度和中央公积金制度。为了保证公务人员不用贪污受贿就能过上较为体面的生活，新加坡法律明文规定对公务员实行"高薪养廉"政策。在新加坡，公务员的薪酬与企业人员的薪酬对等、与承担的职责任务匹配、与社会的福利保障互补、与个人的行为表现挂钩。新加坡公务员的工资水平以当地银行家、律师、会计师、跨国公司高管、制造商、工程师等职业从业人员的薪酬为参照标准，与私人企业员工的薪水基本对等，总体与国民经济状况挂钩，由底薪、月不固定工资、常年津贴和不定额花红构成。公务员要定期呈报自己和家庭成员的全部收入情况。新加坡还建立了中央公积金制度。"据统计高级公务员到55岁退休时，公积金总额大约有80万~90万新元，相当于人民币400万~500万元。"[1]公务员任职期间，奉公守法、廉洁从政，退休时就可以领到这笔保障晚年生活的公积金，反之则一无所有。公务员在贪腐之前会慎重考虑，自己是否要冒着失去这笔可观的公积金收入的危险去行贿和受贿，从而达到预防腐败的目的。

其次，新加坡的反腐败法律体系注重严厉惩治贪腐行为。新加坡对贪污行为惩罚的严酷性，体现在有罪必罚、轻罪重罚上，对任何贪污腐化行为都毫不姑息。在新加坡，上至政府高官、下至平民百姓，只要违法犯罪，都会受到惩罚；公务员贪污腐败，没有受贿金额的限度，金额很少的受贿也会受到相对严厉的惩罚；公务员的财产超过了收入所得，又不能充分证明其合理来源，就会被认为是犯罪。而且，公务员一旦贪污受贿，出现违纪行为，便会被开除公职、受到严厉的经济制裁和刑事处罚，并没收全部公积金。《防止贪污法》规定，公务员构成犯罪行为的，一般要被判缴纳10万新元以下的罚

---

〔1〕 宋振国、刘长敏：《各国廉政建设比较研究》，知识产权出版社2006年版，第280页。

金，或者 5 年以下的监禁，或者两者并处；严重的将被处缴纳 10 万新元以下的罚金，或者 7 年以下的监禁，或者两者并处。[1]新加坡这种有罪必惩、轻罪重惩的严厉惩治方式，不仅极大地震慑了潜在的腐败分子，还提高了公民对政府的信任度，增强了公民坚决打击腐败行为的决心。

（三）构建独立而权威的反腐机构

独具特色的反贪污专门机构是新加坡依法治理腐败的核心力量。新加坡的贪污调查局（CPIB）是《防止贪污法》规定的反贪污专门机构，是《防止贪污法》的执行机关。《防止贪污法》规定贪污调查局的组成人员分别为局长、副局长、局长助理和特别调查员，局长由总统任命，直属内阁总理负责，独立行使职权。其主要任务是受理和调查对政府、公共部门和私营机构贪污贿赂犯罪的举报，调查公共服务部门和政府法定机构中的任何贪污腐败嫌疑，负责向国家总检察署提请起诉包括行贿、受贿在内贪污案件，检讨政府部门的工作程序，提供预防和减少贪污犯罪的方案。[2]

一方面，贪污调查局具有高权威性和高独立性。贪污调查局作为新加坡专门的反贪污执法机构，被国家法律赋予了广泛的职权。其独立性体现在由总理直接领导工作，独立于政府各部，其他任何人和任何部门对它都没有指挥权和管辖权，法律详细规定了调查局官员的地位、身份、权力等，有效地保障了贪污调查局官员的利益。其权威性体现在《防止贪污法》赋予了贪污调查局广泛的权力：案件调查权、逮捕权、对涉嫌腐败犯罪物品的搜查和扣押权、搜集腐败犯罪信息的权力等。《防止贪污法》还赋予了贪污调查局许多特权：贪污调查局局长和特别调查员可以不用逮捕证逮捕任何涉嫌贪污受贿的人；局长和特别调查员可动用特别权力调查贪污受贿案；有权入屋搜查，没收被认为是赃物或其他罪证的任何银行存款、股票和银行保管箱的财务；有权进入各部门、机构，要求官员、雇员及其他任何人提供所需的任何内部资料一；有权要求涉嫌贪污受贿者讲清其收入来源，有权将涉嫌者提交审判。[3]贪污调查局所拥有的广泛权力使它不受外界的强烈干扰，独立有效地行使职权，对潜在的贪赃枉法者形成巨大的威慑力。

---

〔1〕　王君祥：《外国反腐败法译丛——新加坡预防腐败法》，中国方正出版社 2013 年版，第 39 页。
〔2〕　王君祥：《外国反腐败法译丛——新加坡预防腐败法》，中国方正出版社 2013 年版，第 38 页。
〔3〕　孙景峰：《新加坡人民行动党执政形态研究》，人民出版社 2005 年版，第 266 页。

另一方面，贪污调查局也受外部权力的监督和制约。贪污调查局所享有的广泛权力，使得"贪污调查局一旦出现贪污腐败现象，对新加坡的影响将是很大的"。[1]因此贪污调查局在行使权力时，必须要有一定的限制。《防止贪污法》规定贪污调查局对腐败犯罪进行追诉必须经过检察官同意，在行使财产调查权时必须要有检察官的书面命令，财产调查也不只是贪污调查局的专属权力，检察官同样有权进行财产调查。因此，贪污调查局的权限会受到总检察署的制约和监督。另外，贪污调查局在接到民众的举报和投诉时必须迅速回应，正式立案并启动侦查程序之后，必须在 8 小时内对案件展开调查，一般的贪污贿赂犯罪案必须在 3 个月之内查证并结案。由此可见，尽管贪污调查局拥有极高的权威性和独立性，但其权力的行使也时刻处于严密的监督之下。

2016 年 12 月 25 日，十二届全国人大常务委员会第二十五次会议审议通过了《全国人民代表大会常务委员会关于在北京市、山西省、浙江省开展国家监察体制改革试点工作的决定》。该决定指出将试点地区人民政府的监察厅（局）、预防腐败局及人民检察院查处贪污贿赂、失职渎职以及预防职务犯罪等部门的相关职能整合至一个统一的反腐败机构——监察委员会。试点开展后关于监察委员会的地位、职权问题，检察院在改革后的法律地位问题以及监察委员会和检察院的关系问题引发了学界和实务界的热烈讨论。而构建统一、独立的反贪机构正是新加坡实行法治反腐的有效经验，也是正处于监察体制改革中的中国可以借鉴的"他山之石"。

---

〔1〕 王子昌："新加坡的强政府与好政府"，载《东南亚纵横》2003 年第 6 期。

　　建立集中统一的国家监察制度，整合反腐败资源力量，扩大监察范围，实现对行使公权力的公职人员监察的全面覆盖，对于遏制权力滥用，构建不敢腐、不能腐、不想腐的反腐败有效机制具有重要的意义。这一组织和制度创新的重大政治改革，需要修改现行《宪法》并制定《监察法》，通过制定法律明确国家监察立法目的、国家监察委员会的性质定位、职责属性、职权范围，建立监察委员会与司法机关的协调衔接机制，并构建对监察委员会自身的监督制约机制。《监察法》必须落实《方案》的顶层设计，明确上述六个基本问题，形成具体的国家监察法律制度。唯此，才符合"凡属重大改革都要于法有据"的法治治理要求，亦才能更好地实现深化国家监察体制改革之目的，建立起"集中统一""全面覆盖""权威高效"且"受监督制约"的监察体制。

第一节　国家监察立法之宗旨

　　《方案》明确强调，深化国家监察体制改革的目标，要建立党统一领导下的国家反腐败工作机构；实现对行使公权力的公职人员监察全面覆盖，建立集中统一、权威高效的监察体系；同时，也要强化对监察委员会自身的监督制约。概括而言，即是确立了国家监察体系的十六字原则：集中统一、全面覆盖、权威高效、监督制约。《监察法》立法必须以这十六字原则作为指导，具体而言：

一、集中统一

集中统一即是要整合反腐败资源力量，改变现有的反腐败"三驾马车"并驾格局，实施组织和制度创新，由监察委员会集中统一行使反腐败国家监察职能，具体意涵有三：①权力的集中，即整合行政监察、预防腐败和检察机关查处贪污贿赂、失职渎职以及预防职务犯罪等职权，集中由监察委员会专责行使；②机构的统一，即成立独立的监察委员会，各级监察委员会由各级人民代表大会产生，在组织机构上独立于"一府两院"，形成"一府一委两院"（"一委"即监察委员会）的国家机构新格局；[1]③党中央集中统一领导，监察委员会是党统一领导下的国家反腐败工作机构，要坚持党中央的领导，接受党中央的监督。党的纪律检查委员会和监察委员会合署办公，也正是为了更加有利于实现党对国家监察工作的集中统一领导。需要注意的是，为确保监察委员会依法独立行使监察职权，在监察工作上监察委员会实行"垂直领导"，同时接受产生它的人民代表大会的监督，但是同级党委不得干涉监察委员会工作。

二、全面覆盖

全面覆盖即是要实现对行使公权力的公职人员监察全面覆盖，具体意涵有三：①全面覆盖全部公职人员，包括党员和非党员，党的纪律检查委员会只能监督检查具有党员身份的公职人员，而国家监察委员会则监察全部公职人员，包括不具有党员身份的公职人员。②全面覆盖全部国家权力运行机关。现行的行政监察制度之下，监察部门是政府的一个职能部门，其监察覆盖范围只包括国家行政机关及其公务员，以及国家行政机关任命的其他人员，[2]即行政监察只覆盖国家行政权运行机关；国家监察则覆盖全部国家权力运行机关，包括立法机关、行政机关和司法机关，即国家监察委员会可以对"一

---

〔1〕 这一重大政治改革，是国家政权组织形式的重大改变，并且改变了现行国家机构的权限分配和组织架构。这种重大改变，必须先修改现行宪法，并由全国人民代表大会制定《监察法》来予以规范。同时，改革试点也必须先获得全国人民代表大会常务委员的授权。2016 年 12 月 25 日，第十二届全国人民代表大会常务委员会第二十五次会议通过了《全国人民代表大会常务委员会关于在北京市、山西省、浙江省开展国家监察体制改革试点工作的决定》。

〔2〕《中华人民共和国行政监察法》第 2 条："监察机关是人民政府行使监察职能的机关，依照本法对国家行政机关及其公务员和国家行政机关任命的其他人员实施监察。"

府两院"和其他公职人员进行监察监督,不再限于行政权之内。③全面覆盖公务员法所规定的公务员范围,我国公务员法规定的公务员范围既包括行政机关工作人员,同时还包括中国共产党机关、人大机关、审判机关、检察机关、民主党派机关、工商联机关的公务员,以及参照公务员管理的人员。亦即只要行使公权力并由财政供养,都是广义的公务员。[1]将"行使公权力"作为纳入监察范围的标准,有利于实现监察"全面覆盖"之目标。监察委员会的监察覆盖范围除了国家公务员法所规定的国家公职人员之外,还包括以下五大类:一是由法律授权或者由政府委托来行使公共事务职权的公务人员;二是国有企业的管理人员;三是公办的教育、科研、文化、医疗、体育事业单位的管理人员;四是群众组织、自治组织中的管理人员;五是其他依法行使公共职务的人员。这即意味着,所有行使公权力的公职人员都在监察之列。

三、权威高效

权威高效是要保证国家监察委员会的权威地位和独立品格,确保其能高效履行国家监察职能,具体意涵有三:①国家监察委员会具有较高的法律地位,国家监察委员会由国家最高权力机关全国人民代表大会产生,地方各级监察委员会由地方各级人民代表大会产生,其在法律地位上与"一府两院"平行,不再是政府机关的一个内设部门。②监察委员会集中统一行使监察职权。监察委员会集中统一行使对所有公权力部门及其工作人员监察的职权,整合了政府内部的监察机关、预防腐败部门和政府外部的人民检察院的反贪污贿赂部门、反渎职部门,以及检察院内部的预防腐败局的职能。[2]③监察委员会实行垂直领导体制,监察委员会在人员选用和监察工作上,都以上级领导为主,即接受上级监察委员会的领导,同时接受产生它的人民代表大会的监督,同级党委不得干涉监察委员会的工作,以此确保监察委员会的独立性和权威性,能够对同级党政机关、司法机关及其公职人员,尤其是公职人员中"关键少数"的领导干部进行监督,并能高效地开展监察工作。

---

〔1〕《中华人民共和国公务员法》第2条:"本法所称公务员,是指依法履行公职、纳入国家行政编制、由国家财政负担工资福利的工作人员。"

〔2〕 滑璇:"'法定职责必须为,法无授权不可为'——马怀德解读国家监察委员会",载《南方周末》2016年11月17日。

四、监督制约

"有权必有责,用权受监督",监察委员会集中统一行使监察职权,必须受到更为严格的监督制约。具体而言有四:①党的监督。由于党的纪律检查委员会和监察委员会合署办公,这里说的党的监督不是指同级党的纪委的监督。又由于监察委员会实行垂直领导体制,为保证监察委员会对同级党委的监督实效,这里的党的监督也不包括同级党委的监督。因此,针对监察委员会的党的监督,是指上级党委和上级纪委的监督。②人大监督。各级监察委员会都由同级人民代表大会产生,因此必须接受产生它的人民代表大会的监督,包括报告工作、接受询问、质询、罢免等。③内部监督。内部监督即自我监督,十八届三中全会后,中纪委成立纪检监察干部监督室,加强对中纪委监察部机关、各省区市、中央和国家机关纪检监察干部的执纪监督,效果明显。[1]国家监察委员会和中纪委合署办公,这种行之有效的自我监督机制将得到进一步强化。④社会监督。社会监督主要包括公民个人监督和社会媒体监督,公民个人依据《宪法》第41条之规定,可以对监察委员会及其工作人员提出批评建议、提出申诉、控告或者检举;社会媒体则可以通过调查和报道形成全方位、24小时的监督。

第二节 监察机关的性质定位

作为一项事关全局的重大政治改革,监察体制改革之后将产生一个独立于行政机关和司法机关之外的全新的国家机关。各级国家监察机关由人大产生,对其负责,并接受其监督。由此,在人民代表大会的制度框架内,国家机构体系将由现行的"一府两院"演变为"一府一委两院"("一委"即监察委员会)的新格局[2]。从其现实意义而言,国家监察体制改革对于国家宪法

---

〔1〕 党的十八大以来,中央纪委已分4次点名道姓地公开通报了19起纪检监察干部违纪违法典型案例,震慑作用明显。参见李志勇:"绝不容忍'害群之马'——从中央纪委通报的19起纪检监察干部违纪违法典型案例看'灯下黑'",载《中国纪检监察报》2015年2月15日。

〔2〕 江国华:"国家监察体制改革的逻辑与取向",载《学术论坛》2017年第3期。

体制的影响已经远远超过了 1988 年以来的六次国务院机构的改革之总和,〔1〕成了 1982 年《宪法》实施以来国家机构层面幅度最大的改革。〔2〕作为具有宪制改革意味的重大改革试验,有必要对新成立的监察机关的性质与地位进行必要的研究。

一、监察机关与权力机关的关系

从改革决定来看,"试点地区监察委员会由本级人民代表大会产生,监察委员会对本级人民代表大会及其常务委员会和上一级监察委员会负责,并接受监督"。〔3〕由此,监察机关和权力机关至少形成了产生与被产生、监督与被监督、负责与被负责三类关系,具体而言:

其一,产生与被产生的关系。改革之后,监察机关将与行政机关、检察机关和审判机关一样,都是由人大产生的重要国家机关,而这一产生与被产生的关系至少反映在以下两个层次上:①监察机关组织的"产生",从现行宪法的文本来看,基本无法通过宪法解释的方式对监察机关的成立进行合宪性说明。为此,必须通过宪法修改由权力机关对其机构性质和定位在宪法上进行重新说明。另外,根据监察工作的实际需求,监察改革之后所产生的后续配套立法工作都需要权力机关予以完成,尤其是涉及国家监察基本制度的一系列基本法都应由全国人大通过。如果没有权力机关的以上工作,监察机关就无法进入到由宪法所规范的国家机构体系之中,其相关的职权行使也将缺乏基本法的支持和依据。②监察机关人员的"产生",根据改革决定,各级监察委员会主任将由同级权力机关选举产生,副主任、委员由监察委员会主任提请本级人民代表大会常务委员会任免,即监察机关的组成人员都要通过权力机关的选举和任命产生,并基于权力机关对其的监督还有进行人员罢免的权力。

其二,就监督与负责的关系来看,作为国家机关的监察委员会,在实现机构地位提升的同时,其权力行使的过程也须得接受更为严格的人大监督。

---

〔1〕　沈岿:"论宪制改革试验的授权主体——以监察体制改革试点为分析样本",载《当代法学》2017 年第 4 期。

〔2〕　参考王旭:"国家监察体制改革的宪法学思考",载《中国政法大学学报》2017 年第 5 期。

〔3〕　参见"全国人大常委会关于在全国各地推开国家监察体制改革试点工作的决定",载《人民日报》2017 年 11 月 5 日。

从当前宪法和《监督法》的规定来看，权力机关对由其产生的机关可行使以下广泛的监督权，即有权撤销其制定的同宪法、法律相抵触的监察法规、决定和命令；听取和审议工作报告；审查和批准计划和预算；罢免和撤职；询问和质询；对法律的实施情况进行检查；组织特定问题调查等。但《监察法》仅规定了听取和审议其专项工作报告，组织执法监察，询问或者质询等几种方式，并未将所有人大监督的方式纳入其中。另外，《监察法》只是明确了监察机关应当向人大做"专项工作报告"[1]，但对于其是否应当遵循惯例向人大报告工作的问题还未得以明确。[2]但从法理上而言，权力机关依据《监督法》所拥有的监督手段，是其依法履行监督职责、代表人民监督公权运行的必要内容，如其各项监督手段不能在监察领域有效展开，就将在实质上动摇人民代表大会制度的权威性，有损法治主义精神和宪法所规定的基本秩序。当然，反向而言，"行使国家监察职能"的监察委员会也有权对人大进行一定的"监督"，但应当注意的是监察机关监察的对象只能是"人"而不是"机关"[3]。这就意味着监察机关并不能对各级人大进行直接的监察，只能对其公职人员行使公权力的职务行为进行具体监督，所有监察行为都要最终落实到公职人员的履职行为上。

二、监察机关与其他国家机关的关系

根据改革方案，监察委员会将由权力机关直接产生，而非由行政机关和司法机关机关来产生，从其位阶来看，监察机关独立于行政机关，检察机关和审判机关，在法律地位上与之平行、与之无任何直接的隶属关系，也不会受其管理和领导。具体而言，监察机关在改革后将与其他国家机关大致形成以下关系：

其一，监察与被监察的关系。根据改革方案和《监察法》的规定，监察

---

〔1〕《监察法》第53条提出："各级人民代表大会常务委员会听取和审议本级监察委员会的专项工作报告，组织执法检查。"

〔2〕作为人大监督的常用手段，虽然我国宪法和监督法中都未再对行政机关、检察机关和审判机关向人大报告工作进行明确规定，但作为一种实践中的惯例，以上国家机关向同级人大报告工作的做法一直被延续了下来。如《全国人大会议事规则》第30条规定："全国人民代表大会每年举行会议的时候，全国人民代表大会常务委员会、国务院、最高人民法院、最高人民检察院向会议提出的工作报告，经各代表团审议之后，会议可以作出相应的决议。"

〔3〕参见"监察的是'人'而不是'机关'"，载《中国纪检监察报》2017年11月13日。

委员会作为"行使国家监察职能的专责机关",将依法监察公职人员行使公权力的情况,并通过"监督、调查和处置"三项职权的综合运用,对"公职人员依法履职、秉公用权、廉洁从政从业以及道德操守情况进行监督检查",对其"涉嫌贪污贿赂、滥用职权、玩忽职守、权力寻租、利益输送、徇私舞弊以及浪费国家资财等职务违法和职务犯罪"进行调查。此外,《监察法》还明确了监察机关对其他国家机关进行监察的具体方式,提出了"政务处分""监察建议""问责""移送起诉"等处置手段。由此,监察机关通过对其他国家机关公职人员履职行为的具体监督,实现了对包括行政机关、检察机关和审判机关在内的具体行为的监察。当然,监察委员会的监察虽然范围广、力度强,但是其监察只是针对"人"的具体监察,而非是直接对"机关"的监察,这一点需要特别注意。

其二,互相配合的协作关系。鉴于监察委员会成立后将构建起集中统一、权威高效的反腐败体制,为此,其他国家机关有配合监察机关开展监察工作的法定义务。《监察法》第34条明确规定:"人民法院、人民检察院、公安机关、审计机关等国家机关在工作中发现公职人员涉嫌贪污贿赂、失职渎职等职务违法或者职务犯罪的问题线索,应当移送监察机关,由监察机关依法调查处置。"此外,"监察权限"一章还明确列举了在线索移交、调查、查询、冻结、搜查、通缉和限制出境等各项工作中的协作规定。〔1〕但应当特别注意的是,互相配合的协作关系应当首先建立在对权力分工的基础上,即对于其他国家机关的法定权力,监察机关既不能侵入也不能越权代替,〔2〕只有在此前提下才能谈具体工作上的配合与协作问题,否则权力一旦混同,就无分工协作的可能和必要。

其三,互相制约的监督关系。在改革之后,作为职务犯罪侦查的法定主体,监察机关必须要接受司法机关对其工作的监督,不同于公安机关对监察委员会的配合,检察机关和审判机关则要更多地承担起对监察工作的监督职责。具体而言,检察机关将通过审查起诉的过程对监察委员会的工作进行监督和制约,如对其移送起诉的案件,除"认为犯罪事实已经查清,证据确实充分,依法应当追究刑事责任的"可以直接起诉外,检察机关还能够在特定

---

〔1〕　分别参见《监察法》第四章"监察权限"中第34、18、23、24、29、30条之规定。

〔2〕　参见江国华、彭超:"国家监察立法的六个基本问题",载《江汉论坛》2017年第1期。

条件下提出"退回补充调查""自行补充侦查""不起诉"等其他决定[1]，从而形成对其办案过程和结果的监督和制约。而审判机关将以审判过程为中心展开对监察委员会侦办案件的监督，换言之，监察委员会虽然拥有一定的处置权，但其处置权不能代替审判权，其处置结果也非最终的裁判结果，被监察人员是否构成犯罪的裁判权要由也只能由审判机关行使。[2]

三、监察委员会的机构性质

对于监察委员会的性质问题，改革方案的表述为"国家反腐败工作机构"和"行使国家监察职能的专责机关"[3]，《监察法》的表述为"行使国家监察职能的专责机关"[4]，并通过"中华人民共和国监察委员会是最高国家监察机关"的规定确认了监察委员会是国家监察机关的通说。对于以上三种表述，"反腐败工作机构"仅突出了监察委员会在反腐败斗争中的作用，未对其更广泛的监察职能进行概括；而"行使国家监察职能的专责机关"的说法虽然对监察委的职权进行了整体概括，但其描述功能大于抽象的性质界定，缺乏对其机构性质的进一步凝练和特点的进一步阐明；"国家监察机关"的说法较为简洁、明确地对其职权内容和机构地位进行了概括，综合而言更适宜作为对其机构性质的表述。当然，"行使国家监察职能的专责机关"的说法也可以继续作为对其机构性质的具体描述，监察委员会的机构性质可以总结为以下几点：

其一，监察委员会是"国家机关"。作为由各级人民代表大会选举产生的

---

[1] 《监察法》第47条提出："对监察机关移送的案件，人民检察院依照《中华人民共和国刑事诉讼法》对被调查人采取强制措施。人民检察院经审查，认为犯罪事实已经查清，证据确实、充分，依法应当追究刑事责任的，应当作出起诉决定。人民检察院经审查，认为需要补充核实的，应当退回监察机关补充调查，必要时可以自行补充侦查。对于补充调查的案件，应当在一个月内补充调查完毕。补充调查以二次为限。人民检察院对于有《中华人民共和国刑事诉讼法》规定的不起诉的情形的，经上一级人民检察院批准，依法作出不起诉的决定。监察机关认为不起诉的决定有错误的，可以向上一级人民检察院提请复议。"

[2] 参见江国华、彭超："国家监察立法的六个基本问题"，载《江汉论坛》2017年第1期。

[3] 《方案》提出了"深化国家监察体制改革的目标，是建立党统一领导下的国家反腐败工作机构"，"由省（市）代表大会产生省（市）监察委员会，作为行使国家监察职能的专责机关"等说法。姜洁："中办印发《关于在北京市、山西省、浙江省开展国家监察体制改革试点方案》"，载《人民日报》2016年11月8日。

[4] 参见《监察法》第3条之规定："各级监察委员会是行使国家监察职能的专责机关。"

机构，监察委员会与行政机关、检察机关和审判机关一样，其机构性质为正式的国家机关，而非与国家机关属性相异的其他机关，或者国家机关之中的内设机构。

其二，监察委员会是"监察机关"。就其职权内容而言，监察委员会将作为行使监察权而非是行使其他权力的国家机关而存在，其所行使的也是完整的监察权而非是职务犯罪侦查或者廉政监督权。在此前提之下，监察委员会将具体承担"监督、调查和处置"三项监督职责，依法展开对所有公职人员行使公权力的情况的监督、调查和处置，展开对所有公职人员职务违法和职务犯罪情况的调查和处置。

其三，监察委员会是"专责机关"。这就意味着监察委员会只承担国家监察职责，不得履行监察职责之外的其他职责。另外，就其监察职责的实现方式来看，其监察职责不仅要专门履行还要具体履行，即均要通过对公职人员具体的履职行为展开监督和监察，不能对公权力机关展开抽象的监督和调查。

其四，监察委员会是"政治机关"。监察委员会是党直接领导的政治机关，是实现党和国家自我监督的政治机关。各级监察委员会，在党的直接领导下，代表党和国家对所有行使公权力的公职人员进行监督，既调查职务违法行为，又调查职务犯罪行为。监察机关的性质、地位和职权既不同于行政机关，也有别于司法机关。

第三节　监察对象范围

2018年3月20日第十三届全国人民代表大会第一次会议通过了《中华人民共和国监察法》（以下简称《监察法》）。《监察法》规定了监察机关监察的6类监察对象，进而使监察范围涵盖了我国所有行使公权力的公职人员。对所有行使公权力的公职人员监察全覆盖，补上了目前行政监察范围过窄的短板，实现了由监督"狭义政府"到监督"广义政府"的转变，有利于加强对权力的监督制约，促进全面扎紧制度之笼，深化标本兼治，确保党和人民赋予的权力真正用来为人民谋利益，从而跳出历史周期律，确保党和国家的长治久安。

一、新中国成立以来监察对象范围的变化

在改革之前，监察机关只是行政机关的一个职能部门，故而，其能够监察的对象主要集中在行政机关内部的工作人员上。具体而言，监察对象范围的变化大致分为以下阶段：

第一个阶段是初创阶段，在对行政监察对象的规定上，这一阶段的行政监察法在两个时期分别有着不同的规定，1950 年颁布的《中华人民监察委员会试行组织条例》规定了行政监察的对象为政府机关和政府里的公务人员。而后 1955 年国务院颁布了《中华人民共和国组织简则》中规定的监察对象包括了国务院各部门、地方各级国家行政机关、国有企业、公私合营企业、合作社以及相应在里面的工作人员，主要是将企业及其工作人员也纳入了监察的范围中。这一次监察范围的扩大与我国计划经济下企业的性质有着重要关系。

第二个阶段是恢复重建阶段，从 1959 年~1986 年行政监察制度处于长期的停滞阶段，行政监察制度受到破坏，行政监察机构被撤销。伴随着 1986 年通过的我国第四部宪法，法制得到恢复，一大批与行政监察相关的法律法规也陆续出台。1990 年的《行政监察条例》中规定监察对象包括各级行政首长和行政工作人员。这一规定简洁明了，并将组织排除在外。但是在 1997 年的《行政监察法》对监察对象又进行了调整，将组织重新作为监察对象，将监察范围扩大为国家行政机关、国家公务员和国家行政机关任命的其他人员。

第三个阶段是我国的行政监察阶段，2010 年新修订的《行政监察法》扩大了监察对象的范围，《行政监察法》首次以法律的形式将"授权和委托类"对象纳入到监察范围内。其中第 2 条明确规定了监察对象：第一，任何国家行政机关和他们的公务员；第二，国家行政机关任命的，可以为公务员以外的人；第三，被授权的组织或个人，但必须同时符合三个条件，必须由法律、法规授权的，不含规章以下规范性文件、必须具有公共事务的管理职能、若是个人必须是其从事了公务；第四，受委托的组织或个人，但也必须同时符合三个条件：主体是国家行政机关、必须有法律规定，依法被委托的、被委托的组织必须是从事公务管理的，而个人必须是被委托组织里从事公务的。根据新修订的《行政监察法》，我国目前的监察对象主要有四类，实践中存在大量授权行政和委托行政，随着机构改革和政府职能转变的不断推进，大量

原属于政府的职能通过法律法规授予或行政机关直接委托给企业、社会组织行使，特别是在当前大力加强社会建设的新形势下，政府职能有加快向社会团体、中介组织转移的趋势。再如一些技术性事务管理的委托、简单大宗的管理事务的委托，前者如司法鉴定、医学鉴定、质量鉴定等，后者如税款代缴、公路的维护管理等。目前，我国《行政诉讼法》《行政复议法》《国家赔偿法》《行政许可法》等法律对授权行政和委托行政从对象标准、效果归属等方面进行了规范，但对有关程序和方式及事项监督的规定仍操作性不强，管理失范现象时有发生，如一些被委托的组织违法收费、违规评级评优、贪污受贿等，在社会上产生了恶劣影响。

二、扩大监察对象范围的必要性

权力导致腐败，绝对的权力导致绝对的腐败，行使公权力的机关和人员都需要受到监察，监察的对象不能仅局限于行使行政权力的行政机关及其工作人员。但原有的反腐体制覆盖范围却过于狭窄，行政监察的覆盖范围为行政机关及其任命的工作人员，而非《公务员法》所指的公务员。简单地说，人大机关、政协机关、党的机关等工作人员并非行政监察所涵盖的对象；而党的纪律检查部门所能够规制的对象也仅限于中共党员；检察院虽然依法对公职犯罪具有侦查权，能够覆盖到所有享有公权力的主体，但如果这些主体并不构成犯罪，仅仅是一般的违法或者违背道德的话，检察机关也将无能为力。正是各个反腐败主体在反腐中各管一段而不管全局的现状在一定程度上使得我国现行的反腐机制存在着诸多盲区，其中非党员非行政系统的公职人员就是例证。

国家监察委改革是建立统一的反腐败机构、实现公权力监察全覆盖的良好路径。因为如果把原来行政监察机关针对行政机关的监察方式无条件地应用到其他国家机关和组织及其公职人员上，则不一定都合适。解决这一难题的办法，就是按照监察对象进行监察职能的整合。[1]我国法律上公务员不限于行政机构，而是包括政党、群团、人大、司法等除军队以外的各类公职人员，所以有必要将这些纳入到国家监察委的监察对象中来。

新成立的国家监察机关成立后将健全国家监察组织架构，形成全面覆盖

---

〔1〕 于安："反腐败是构建新国家监察体制的主基调"，载《中国法律评论》2017 年第 2 期。

国家机关及其公务员的国家监察体系。[1]新成立的国家监察机关对6类监察对象进行监察：一是中国共产党机关、人民代表大会及其常务委员会机关、人民政府、监察委员会、人民法院、人民检察院、中国人民政治协商会议各级委员会机关、民主党派机关和工商业联合会机关的公务员，及参照《中华人民共和国公务员法》管理的人员；二是法律、法规授权或者受国家机关依法委托管理公共事务的组织中从事公务的人员；三是国有企业管理人员；四是公办的教育、科研、文化、医疗卫生、体育等单位中从事管理的人员；五是基层群众性自治组织中从事管理的人员；六是其他依法履行公职的人员。

三、监察对象范围的厘定

依据《监察法》，监察委员会是我国设立的专门行使反贪污腐败和执法监督的机构，其中反腐败是其主要职能。监察委员会依照宪法和法律行使监察权，有权对政府机关和公职人员的活动进行监督，对违法失职行为进行调查和处置，国家机关及其工作人员因违法失职或者贪污受贿，国家监察委员会有权对犯罪行为进行调查，此种调查包括刑事诉讼法规定的职务犯罪侦查权。监察委员会对国家机关及其公职人员实现监督的全覆盖，是否包括国家权力机关及其组成人员，是否包括国家主席、国务院总理、最高人民法院院长和最高人民检察院检察长等由全国人大及常委会选举产生与决定产生的高级官员，如何保障宪法上的审判独立原则，监察的标准是以身份区分还是以从事的公务区分，这些问题属于重要的宪法和法律问题，需要在宪法或者修改法律时予以明确。

（一）尊重权力机关的宪法地位

人民代表大会制度是国家的根本政治制度，人民代表大会是国家权力机关，人民代表大会由人大代表组成，因此，对人大机关的监督主要是对人民代表大会组成人员的监督。对人民代表大会组成人员的监督是监察委员会的主要职责。国家监察委员会是国家的政治机关，对国家权力机关实施全面的国家监察，不存在任何政治逻辑问题，当然，也不存在权力保留的问题。国家监察委员会对人大机关实施监督是要实现国家监察全覆盖。

---

〔1〕 习近平："在十八届中央纪律检查委员会第六次全体会议上的讲话"，载《人民日报》2016年5月3日。

监察委员会对人大机关的监督包括两个方面的含义：第一，对人民代表大会及其常务委员会组成人员实施监督，换句话说，就是要对人大代表实施监督，这是监察委员会监督的重要职责。只有监督人大代表的行为，才能确保人民代表大会正确行使宪法和法律赋予的神圣职责，全心全意为人民服务。第二，除人大代表之外，人大机关还有许多办事人员，这些办事人员多数属于国家公务员，应当接受国家监察委员会的监察。《监察法》明确规定，凡是属于公务员以及参照公务员法管理的人员，都属于国家监察委员会的监察对象。

监察委员会监督的界限在于其监察对象是"人"而不是"机关"。也就是说，监察委员会监察的对象是人大机关中的工作人员而非人大机关。《监察法》作为反腐败重要立法，一个重要的目的就是把公权力关进制度的笼子。按照对所有行使公权力的公职人员进行监督的改革要求，制定《监察法》，就是要通过法律明确监察范围，实现对所有行使公权力的公职人员监察的全覆盖。这里有一个重点，监察的是"公职人员"而非公职人员所在的"机关"。也就是说监察的是公职人员行使公权力的职务行为，该公职人员所属的单位不是监察委员会的监察对象。

（二）政协作为监察对象的正当性不足

中国人民政治协商会议（简称"政协"）是中国人民爱国统一战线的组织，是中国共产党领导的多党合作和政治协商的重要机构，是我国政治生活中发扬社会主义民主的一种重要形式。新中国成立以来，政协一直是非国家机关，作为政治协商、民主监督和参政议政的团体，它本质上不行使公权力。如把政协整体纳入监察对象的范围，客观上造成政协也成为国家机关，形成二元化的权力体系，不符合建立政协的初衷，也不利于民主党派监督执政党。政协是由中国共产党和各民主党派、无党派人士、各人民团体、各界爱国人士共同组成的，监察委的监察只限于政协中的中共党员，用党纪约束其行为。[1]本书认为，判断政协机关及其人员是否属于国家监察委的监察对象，判断的标准就是是否行使"公权力"。"公权力"，即公共权力。对于公权力的界定，孟德斯鸠的表述具有代表性，他认为，公权力是"基于某一特定的社会共同体成员共同同意或以某种形式的认可并为管理其中的公共事务，以支配、影

[1]　韩大元："论国家监察体制改革中的若干宪法问题"，载《法学评论》2017年第3期。

响和调控该共同体而形成的一种公共威慑力量"。[1] 从应然层面看，公共权力具有公共性、强制性、合法性、民主性和法治性等特征。在当下的中国语境中，行使公权力的主要是执政党、政府（这里是指广义上的政府）以及由法律和政府授权的组织。因此，本书认为不宜将政协机关及其人员置于国家监察委员会的监督之下，对于政协委员的履职情况可以由政协内部细化考核规定。

（三）对于司法机关工作人员的监督问题

监察委员会成立之后，与最高人民法院和最高人民检察院的权力处于相同位阶。监察机关与审判机关、检察机关都由权力机关产生并对它负责，受它监督。同时，在人民代表大会制度下，行政权、审判权、检察权之间也是存在权力的制约和平衡。在监察体制改革的背景下，监察的目标是实现全面覆盖，当然包括审判人员、监察人员在内的所有公职人员。但是审判权、监察权独立行使作为一项重要的宪法原则，监察委员会在行使监察权时如何恪守审判独立、检察独立需要进一步探讨。

监察机关对检察官和法官的监督不能影响其对案件的独立判断，不应干扰检察权和审判权的独立行使。监察机关与检察机关和审判机关在工作上存在前后衔接的关系，监察机关调查完毕的案件都需要移送检察机关审查起诉后才能进入到正式的司法裁判过程中，由人民法院依据国家法律对监察对象作出最终的公正裁决。故此，监察机关对司法机关工作人员的监督方式和力度事实上将引起较大的连锁反应，如果监察机关对于检察机关和审判机关的监督力度超出了合理的范围，就会使司法机关在正常的案件审理过程中面临巨大的现实压力，在实质上破坏三个机关之间分工合作、互相制约、互相监督的关系，造成国家机关之间权力运行和司法生态失衡。[2]

（四）事业单位和群众自治中管理人员的界定

作为一种社会组织，事业单位诞生于新中国成立之初。新中国成立以后，借鉴苏联的体制模式，建立了高度集中的计划经济体制。在当时的计划经济体制下，国家为适应社会主义建设事业的发展和满足人民群众文化生活的需

---

〔1〕 ［法］孟德斯鸠：《论法的精神》（上册），张雁深译，商务印书馆 1961 年版，第 105 页。

〔2〕 江国华、何盼盼："中国特色监察法治体系论纲"，载《新疆师范大学学报》2018 年第 5 期。

要，相应设立了由国家审拨经费，从事教育、科学、文化、卫生、社会福利等领域社会服务的社会组织，由于设立的机构具有社会公益性质，使其不同于国家机关、企业和社会团体，统称为事业单位。此后，为了进一步加强国家对事业单位的监管，国务院于1998年发布了《事业单位登记管理暂行条例》，首次从法律的角度对事业单位的内涵予以明确界定。该条例第2条规定：事业单位是指"国家为了社会公共利益的目的，由国家机关举办或者其他组织利用国有资产举办的，从事教育、科技、文化、卫生等活动的社会服务组织"。[1]村民委员会等村基层组织人员在协助人民政府从事行政管理工作时，属于"其他依照法律从事公务的人员"。因此，村委会成员在受政府委托从事上述公务时，属于监察对象。但根据《村委会组织法》的规定，任何组织或者个人不得指定、委派或者撤换村民委员会成员，监察机关应视情况作适当处理。对民主党派、医院等事业单位以及村委会等基层自治组织中公权力相关行为的监督要严格遵循法律界限，实践中应当避免混淆公权力与非公权力、国家公职行为与社会组织行为之间的界限，防止陷入监察不能和监察工作难以开展的困境。

四、监察对象范围的确立原则

（一）全面覆盖

对行使公权力的公职人员实行监察全面覆盖，具体意涵有以下三点。①全面覆盖全部公职人员，包括党员和非党员。党的纪律检查委员会只能监督检查具有党员身份的公职人员，而国家监察委员会则监察全部公职人员，包括不具有党员身份的公职人员。②全面覆盖全部国家权力运行机关。现行的行政监察制度之下，监察部门是政府的一个职能部门，其监察覆盖范围只包括国家行政机关及其公务员，以及国家行政机关任命的其他人员。即行政监察只覆盖国家行政权力运行机关。国家监察则覆盖全部国家权力运行机关，包括立法机关、行政机关和司法机关，即国家监察委员会可以对"一府两院"和其他公职人员进行监察监督，不再限于行政权之内。③全面覆盖公务员法所规定的公务员范围。我国公务员法规定的公务员范围包括行政机关工作人员，

---

〔1〕 中华人民共和国国务院："事业单位登记管理暂行条例"，载人事部专业技术人员管理司：《新编事业单位人事制度改革与人事管理实用政策法规》，中国人事出版社2007年版，第73页。

同时还包括中国共产党机关、人大机关、审判机关、检察机关、民主党派机关、工商联机关的公务员，以及参照公务员管理的人员。亦即只要行使公权力并由财政供养，都是广义的公务员。将"行使公权力"作为纳入监察范围的标准，有利于实现监察"全面覆盖"的目标。监察委员会的监察覆盖范围除了国家公务员法所规定的国家公职人员之外，还包括以下五大类：一是由法律授权或者由政府委托来行使公共事务职权的公务人员；二是国有企业的管理人员；三是公办的教育、科研、文化、医疗、体育事业单位的管理人员；四是群众组织、自治组织中的管理人员；五是其他依法行使公共职务的人员。这即意味着，所有行使公权力的公职人员都在监察之列。

监察对象的"全面覆盖"有三个维度：①从权力种类来看，全面覆盖全部公权力，即覆盖立法权、行政权、司法权、监察权等全部国家公权力；②就权力运行过程而言，全面覆盖权力运行的全过程，更加注重事前、事中监督，而不是仅仅进行事后监督，形成"既监察于已然，又监察于未然"的全过程监督机制；③从人的角度来考察，全面覆盖所有行使公权力的公职人员，既包括国家公务员法所规定的公务员，还包括法律授权或者受委托行使公共事务职权的人员、国企管理人员、公办教科文卫体事业单位管理人员、群众组织自治组织中的管理人员。

（二）突出重点

突出监察对象为"人员"的重点。在行政监察体制下，监察对象既包括行政机关组织体也包括行政机关中工作的公务员以及行政机关任命的其他人员，从而使其监察的对象究竟是应重点指向组织体还是人员个体不明确。监察体制改革的目标是对国家机关及其公职人员实现监督的全覆盖。一方面是将所有国家机关及其公职人员纳入到监察范围的过程中，另一方面在确定监察的对象时应当恪守宪法边界，尊重权力机关的宪法地位，坚持审判独立的宪法原则，正确区分组织体和人员个体，职务行为和非职务行为或异化的公务行为，从而开展有针对性的有效监督。

突出监察机关的调查、处理运行机制。根据《监察法》，监察委员会为有效履行反贪污贿赂的职能，必须监督检查公职人员依法履职、秉公用权、廉洁从政以及道德操守情况；调查涉嫌贪污贿赂、滥用职权、玩忽职守、权力寻租、利益输送、徇私舞弊以及浪费国家资财等职务违法和职务犯罪行为并作出处置决定；对涉嫌职务犯罪的，移送检察机关，依法提起公诉，监察委员会可以采取留置等措施。尽管《监察法》也赋予了监察机关监督监察对象"依法履职""秉公用权""廉洁从政""道德操守"的监督职能，但是可以很明显地看出，监察委员会强调对重点对象与重点领域的调查和处理权。

突出对"关键少数"的监督。在对监察对象的判断上，监察委员会作为党领导下的统一反腐败机构，其监察范围应当不仅仅局限于国家公职人员的身份，而更应该从其公务行为出发，整合反腐败资源应对可能的腐败对象。在《监察法》中应明确公权力主体与公职的范围与界限，对目前的公职人员的范围做适当的限制，以突出对"关键少数人"的监督，防止监察权的泛化。

（三）做好分工与衔接

我国宪法确立了以国家权力机关为核心的宪制架构，在人民代表大会制度下，人民代表大会及其常委会对其产生的国家机关行使监督权，人民法院和人民检察院均有权依法监督人民政府，人民法院通过行政诉讼审查政府行为的合法性；人民检察院对政府的执法活动进行监督。宪法还规定在刑事诉讼中公安、检察和法院三机关互相配合、互相制约，保证侦查活动的合法性并且公正、准确地适用法律裁决案件。国家监察体制改革应当正确处理好和权力机关、司法以及纪委的关系，在具体的对象范围上应当既要明确各自的监督对象，又要设置适当的程序做好程序的衔接。加强与其他部门的共同治理，不能代替或者包揽其他机关依法行使的监督权，"努力形成科学有效的权力运行制约和监督体系，增强监督合力和实效"，[1]发挥党的监督、司法监督、民主监督、舆论监督的积极作用。

人大监督权作为公权力的一种特殊类型，从宪法地位上来看，国家权力机关由人民通过选举产生，各级人大和常委会在国家权力体系中居于核心地位，任何国家机关都有接受人大监督的义务，都必须无条件地接受监督，对监督的结果必须服从。从监督的指向来看，人大监督权是一种单向的监督，被监督者只能接受监督，而不能反向监督人大机关，这都体现了人大监督的刚性和强制力。

监察体制改革将检察院的侦察职务犯罪的职权转隶至监察委员会，检察机关应当回归自己国家法律监督机关的宪法定位，在对公权力机关和人员的反腐工作中，检察机关要更加积极地与监察机关建立协调衔接机制，做好证

〔1〕《中共中央关于全面推进依法治国若干重大问题的决定》，人民出版社2014年版，第18页。

据的合法性审查，把反腐败进一步纳入到法治的轨道中来，使国家监察体制改革和刑事诉讼制度改革有效衔接，发挥好国家监督和检察监督、法院审判各司其职的功能。

另外，在处理国家监察委员会和纪委的关系的问题上，有人认为，国家监察委员会除应集中政府监察部门、预防腐败部门、检察机关和审计部门等反腐败专门机构的资源和力量外，还应将现行分散在纪委的反腐败资源也整合于其中。虽然国家监察委员会和纪委合署办公，但这种观点没有正确区分二者的监督对象的区别，将两种不同性质的权力混淆。纪委行使监督权的依据是党的纪律和党内法规，监督对象只能适用于党组织、党员领导干部和广大党员。由于监察委员会将会被定位于国家机关，所以行使监督权的依据是宪法和法律，其监督对象应是行使国家公权力的国家公职人员。所以，对于非党员的国家公职人员，纪委的纪律是无法进行相应的约束的。同时，合署办公后必然要面对纪律检查委员会执纪与监察委员会执法之间的"纪法衔接"问题，需要立法进一步细化。

结　语

监察对象的范围同监察机构的职责共同构成了监察制度的核心，监察对象的范围解决的是"监督谁"的重大核心问题。监督对象的范围是监察立法目的的充分体现，我国监察体制改革以强化监察效果、加强反腐败工作为根本目的，主要的工作任务是整合行政监察、预防腐败和检察机关查处贪污贿赂、失职渎职以及预防职务犯罪等工作力量。为此，目前的监察对象范围就必须进行扩展，实现对所有行使公权力的公职人员监察的全覆盖。

基于现代化的经验与原理，公权力的受限性是应有内容之一，这意味着国家监察权的有限性。实践中，对于监察对象范围的标准难以把握，即对于什么样的人员属于监察对象往往难以把握。所以，在修改宪法及相关监察立法时，可以通过正向列举和反向排除相结合的方式，对这一范围进行必要的明确与限缩。

第四节　监察机关的职权范围与监察手段

从《监察法》的内容来看，监察委员会拥有监督、调查和处置三项职权，从法理上看，当前赋予监察机关的三项职权都是行动性的权力，针对的都是具体的违纪违法监督和职务犯罪侦查工作的职权需要。而根据国家机构运转对职权的一般需求来看，除了以上必需的行动性权力之外，还需要一些事前和事后性的权力来加以补充，例如规则制定权和策略形成权等。为此，有必要对监察机关之职权范围作系统梳理，以明确监察机关的职权内容和行使范围。

一、监察机关的职权范围

（一）监察机关之现有职权

监察委员会作为反腐败工作机构，调查职能应当是监察委员会的核心职能，直接关系监察委员会各项职能的发挥。《监察法》规定：监察委员会按照管理权限，对本地区所有行使公权力的公职人员依法实施监察；履行监督、调查、处置职责，监督检查公职人员依法履职、秉公用权、廉洁从政以及道德操守情况，调查涉嫌贪污贿赂、滥用职权、玩忽职守、权力寻租、利益输送、徇私舞弊以及浪费国家资财等职务违法和职务犯罪行为并作出处置决定，对涉嫌职务犯罪的，移送检察机关依法提起公诉。监察委员会的职权范围、监察手段及其应当承担的法律责任必须以更加细致的配套法律、法规的形式予以固定，将《监察法》中的抽象概念具体化，列明"权力清单"，明晰权责内容，切实做到"法无授权不可为"；以"不得"采取某些措施，"不应"超过必要期限等"禁止性规定"，设定履职程序的"负面清单"，才能做到"重大改革于法有据"。根据《监察法》的表达方式，监察委员会行使的监察权，是传统立法权、行政权、司法权之外一种新型的权力—监督执法权。这一权力包括监督、调查、处置三项基本职权。其中，监督权是基础性权能，调查、处置权是主导性权能，是监督权运行的刚性支撑和重要保障。

1. 监督职能

监察委员会的监督职能特指国家监察体制的独立监督权，其监督职权主要集中于监督检查公职人员依法履职、秉公用权、廉洁从政以及道德操守情况的保障职能。从监督对象看是国家机关公职人员，即所有承担公共事务、由公共财政负担的公职人员。但从廉政建设的角度来看，此处的监督对象应当涵盖了公职人员及其所在的国家机关。从监督内容来看，主要是监督公职人员依法履职、秉公用权以及遵守法律职业规范等情况。从监督手段来看，既包括被动地受理举报线索，也包括主动地事前、事中、事后检查。就监督这一职权而言，其与行政监督相比有较多的相似之处，只是监督对象更为广泛，不仅涵盖行政机关公务员及其任命的人员，还包括其他行使公权力的人员。总的来说，监察机关的监督职权主要包括执法监督权、廉政监督权、受理检举、控告权等具体权能。

（1）执法监督权。根据《监察法》，监察委员会是监督执法机关，这就明确了国家监察机构的监督性质和执法性质。执法监督权的行使主要是对国家机关及其公职人员依法履职、秉公用权的情况进行监督。根据监察机关履行监督职责的方式，执法监督权可分为两种，一种是一般执法监督权，监察机关通过列席被监督机关的会议，听取工作汇报，调阅相关部门的文件资料，或者通过定期、不定期的巡视等方式，依照国家的法律、法规和政策，对国家公职人员贯彻执行国家法律、法规和政策以及决定、命令的情况进行全面监督检查的活动。同时，执法监督权与检察权和审判权相互制衡，对检察、审判活动是否廉洁公正也将实施监督。一般执法监督，是监察机关的一项经常性的、基础性的工作，其内容广泛，覆盖面宽。采用这种方法便于全面掌握情况，了解带普遍性和倾向性的问题。通过一般监督，可以了解各国家机关及其公职人员的工作进展情况及成效，总结经验教训，不断改进工作，了解国家法律、法规、政策和决定的贯彻执行情况。第二种方式是专项执法监督，也称专门监督。监察机关根据各级人大及其常委会或上级监察机关的决定，或根据本地区、本部门某个时期、某项工作的实际需要，对国家机关及其公职人员的某项具体工作进行专项监督检查的活动。专项监督不同于一般监督，其具有针对性强、内容比较单一、有阶段性等特点。另外，专项监督要解决的问题比较明确，监督比较深入，内容比较集中，着眼于通过对在一般执法监督过程中发现的重点问题进行专项监督，揭露违法违纪、失职、渎职，有令不行、有禁不止的行为，通过监督国家机关依法履职、用权的情况，发现和查处权力行使过程中的违法违纪、失职、渎职现象，从而保证国家机关各部门、各环节的协调一致，保障正常工作秩序，促进公务员的尽职、尽责和工作的高效率。

（2）廉政监督权。廉政监督是监察机关依法对国家机关及其公职人员的各种腐败行为进行监督、纠举惩处的一种职能活动。国家机关及其公职人员肩负着管理各种国家事务的重任，只有正确使用法律所赋予的权力，国家的各项管理工作才能正常运行。如果以权谋私、贪污、行贿受贿，公权力就成了非法攫取各种私利的手段，这样不仅会直接损害公民的合法权益，而且会给国家利益、国家管理秩序以及公权力机关在人民群众中的威信带来巨大损害。因此，廉政监督的主要任务是监督国家机关及其工作人员执行廉政制度以及道德操守方面的情况，查处各种贪污、贿赂、以权谋私等有关腐败问题的违法违纪案件，促进廉政建设，进行廉政教育，以保证国家机关及其公职人员的为政清廉。廉政监督是廉政建设的重要方面，廉政建设包括法规、制度建设，完善监督制约机制，查处腐败案件，加强思想教育等许多方面的内容，而廉政监督是廉政法规、制度得以实施的保证，它既可以及时发现并纠正各种不廉洁的行为，又可以防止或减少不廉洁现象的再发生。应当注意的是，由于廉政建设是国家机关之间共同的目标，因此，廉政监督是需要监察机关与其他机关相互配合、共同协调进行的一种职能活动，而不是监察机关独立进行的。廉政监督的另一个层面是进行效能监察，效能监督通过将监督融入国家权力运行的各个环节中去，实现事前监督、事中监督和事后监督，通过效能投诉举报以及勤政廉政考核制度，及时发现各国家机关及其公职人员的各种不良行为，发现管理上、制度上和监督制约机制上存在的问题，对不作为或不规范作为提出监察建议，从而有针对性地采取措施。效能监督是保证政令通畅、严肃纪律、促进勤政建设的重要措施，可以促进国家公职人员增强法律意识、依法办事，增强公仆意识、服务意识，从而克服官僚主义和形式主义，使其工作作风切实得到转变，是加强党风廉政建设和深入开展反腐败斗争的必然要求。

（3）受理检举、控告权。受理对被监察对象违法违纪行为的控告、检举，是指监察机关按照其职权承认控告、检举的有效性，并按照法定程序予以接受和处理的行为。在我国，控告、检举是我国宪法赋予公民的一项基本权利，是公民、法人和其他社会组织对国家机关活动进行民主监督的一种方式，公民监督权和社会监督权在反腐败进程中发挥着重要的作用，大多数贪腐案件的查处来自群众的检举、控告，因此受理检举、控告也是监察机关行使监督权的一部分。监察机关受理控告、检举，必须具备的前提条件是控告、检举的对象是国家公职人员，控告、检举的内容是社会群体所检举、控告的与反腐败有关的人和事。因此，监察机关对群众一般的来信来访的接收、处理，不能视为具有法律效力的受理，受理控告、检举也不等同于立案，它只是监察机关决定是否立案调查的前期工作，对于社会群众所举报的事项，监察机关可以通过明察暗访的方式进行核实，若涉嫌腐败事项，则进入立案调查程序。受理检举、控告是对公民和其他社会主体合法权益的保护，也是实现监察机关与群众监督相结合的重要途径，监察工作必须依靠群众，而群众监督又必须通过有关专门监督机关的依法处理，才能发挥有效作用。监察机关受理控告、检举，正是实现国家监察与群众监督相结合的重要途径，只有实现这个结合，才可能更充分地发挥监督职能的作用。

2. 调查职能

调查职能即依法揭露和查证违法违规和犯罪行为的权力，是监督国家机关和公职人员是否依法公正履职的法律手段。调查职能作为监督职能的必然延伸，体现为对监督发现的违法问题进行调查核实，即通过调取证据查明违法问题是否存在，简言之就是"调取证据、查明事实"。从工作内容来看，调查工作由于需要调取证据，是否具有丰富的取证手段和强制措施保障，直接影响调查工作效能的发挥。此处的调查，就是"调查涉嫌贪污贿赂、滥用职权、玩忽职守、权力寻租、利益输送、徇私舞弊以及浪费国家资财等职务违法和职务犯罪行为"。因此，监察委员会之调查权的范围较行政监察中的调查更为广泛，即国家监察机关的调查权不仅有行政监察中的调查权之义，更有原由检察院对职务犯罪案件行使的刑事侦查权之内涵。理由有二：其一，根据《监察法》的规定，原行使检察院自侦权的反贪污贿赂及反渎职局的职能已为监察委员会吸收，相应的侦查权自然应当转由监察委员会行使；其二，监察委员会的定位在于监察公职人员依法行使权力，自然也就不仅仅限于调查构成违法的公职人员，当然地也包括调查构成犯罪的公职人员。与此对应，调查可以分为一般性调查和刑事侦查。

（1）一般调查权。一般性调查就是对监督发现的违法违规问题，依据法律、法规进行信息收集，查证核实监督发现的问题是否存在，这是监察机关履行监督职责的常规性手段。一般性调查权与《行政监察法》中规定的行政监察机关的调查权相类似，基于监察委员会以反腐败为核心的特征，此处的一般性调查权之范畴具体指监察机关及其办案人员为收集、查明、证实违法违纪机关及其公职人员的腐败行为而依法采取的专门调查工作和有关调查措施的权限范围。其中，专门的调查工作是指了解所反映的主要问题是否存在，为立案与否提供依据的初步核实工作以及与其紧密相关的及时收集实物证据、询问证人或受侵害人、与被调查人谈话。另外，其工作的开展并非一定要经过立案环节。

监察委员会对国家机关及其公职人员涉嫌违规违法和犯罪行为的调查，应依照严格的流程进行：通过受理公民举报，审计、海关、工商、环保等其他部门移交，媒体曝光等途径获取腐败信息线索，审查评估后决定是否调查。实施一般性调查阶段主要包括两方面的内容：收集证据和查明事实。收集证据即监察机关依据法律、法规有关规定，运用法律、法规和规章赋予的手段和措施，获取能够证实涉案事实的证据，包括书证、物证、证人证言、被调查人的陈述和辩解、视听资料等。收集证据，必须坚持合法、客观、全面。合法，即为收集证据所采取的措施必须是在法律法规所赋予的职权范围内，并且手续齐备，在调查的过程中可以采取谈话、讯问、询问、查询、冻结、调取、查封、扣押、搜查、勘验检查、鉴定、留置等措施，但绝不允许以威胁、引诱以及其他非法手段收集证据。客观，即要求如实地反映事物的本来面目，所有属于真实反映案情的证据，包括能证实被调查人有违法违纪行为或无违法违纪行为，以及违法违纪行为情节轻重的各种证据都应收集，不能按主观意愿来加以取舍。查明事实就是要查明违法违纪人作案的时间、地点、手段、动机和目的、违法违纪程度、造成的危害和后果以及违纪人作案后的态度等。经调查人认定的违法违纪事实，应形成书面材料并与被调查人见面，允许被调查人申辩，必要时应重新调查或补充调查。如果调查期间发现，或者所查明的事实及证据表明国家机关及其公职人员之违法违纪行为涉嫌职务犯罪，则应转入特殊性调查，进行职务犯罪刑事侦查。另外，在监察委员会办理违法违纪案件的过程中，可以提请公安、审计、税务、海关、工商行政管理等有关机关及部门予以协助，被提请协助的机关及部门应当根据监察机关提请协助办理的事项和要求，在职权范围内予以协助。

（2）特殊调查权。特殊性调查权，是对监督发现的涉嫌犯罪问题进行的强制性调查，具有限制或者剥夺被调查人人身自由、财产自由、通信自由等特征。当有证据证明被调查人有可能触犯刑律时，就要立案侦查，这是国家监察权中最具威慑力的权力和最重要的基本权能。职务犯罪主要是指涉嫌我国《刑法》分则第八章规定的 12 种罪名，即贪污罪、挪用公款罪、受贿罪、单位受贿罪、行贿罪、对单位行贿罪、介绍贿赂罪、单位行贿罪、巨额财产来源不明罪、隐瞒境外存款罪、私分国有资产罪、私分罚没财物罪。监察委员会的职务犯罪侦查权其实就是来源于原由检察院行使的职务犯罪侦查权。因此,其职务犯罪调查权的行使也可以参照检察机关的侦查模式。其侦查对象即侦查客体,是指侦查主体对于报案、控告、举报和自首等材料。按照管辖范围,经审查认为有犯罪事实需要追究刑事责任的刑事犯罪案件,其范围包括犯罪事实、犯罪性质、犯罪的时间、地点、动机、目的、手段、后果以及犯罪的过程。

职务犯罪调查一般从立案开始,立案是侦查客体产生的前提。按照我国当前《刑事诉讼法》的规定,侦查客体必须具备两个条件:第一,有犯罪事实,即侦查客体的事实条件,这是指有依照刑法的规定构成犯罪的行为发生,包括已经实施完毕的犯罪、正在实施的犯罪和预备实施的犯罪;第二,需要追究刑事责任,这是侦查客体的法律条件,仅有犯罪事实,还不是侦查客体,必须同时具备犯罪依照刑事法律的有关规定应当追究刑事责任这个条件,才是侦查客体。侦查以刑事责任为直接目的,法律规定不追究刑事责任的,比如《刑事诉讼法》第15条规定的不追究刑事责任的六种情形,就不能成为侦查客体。监察机关刑事侦查权的内容,是指其为收集、查明、证实犯罪和缉获犯罪嫌疑人而依法采取的侦查工作和有关的强制性措施的权限范围。在侦查过程中可以采取讯问被告人、询问证人、勘验、检查、扣押物证或书证、鉴定等侦查措施,有关的强制性措施则指刑事诉讼法规定的拘留、取保候审、监视居住。但是拘留和逮捕不属于监察机关的权限范围,采取该措施仍然需要公安机关或者检察机关的批准。因此,职务犯罪调查权和一般性调查权的法律性质截然不同,后者不属于司法领域侦查意义上的调查。一般情况下,侦查主体必须经过立案这一法定程序,才能行使侦查权,这是侦查权与一般性调查权最主要的区别之一。同时,两者间也存在相互转化的情形,在实施一般性调查期间,如若发现被调查对象存在职务犯罪嫌疑,则转入刑事侦查领域,如果在职务犯罪侦查过程中,不能证明被侦查对象成立犯罪,但有违法违纪行为,则终止侦查,转为一般性调查。

3. 处置职能

处置职能,即监察机关依照法定职权,根据监督、调查结果,向有关部门和人员提出具有一定法律效力的处理决定的权力。根据《监察法》的规定:"监察委员会调查涉嫌贪污贿赂、滥用职权、玩忽职守、权力寻租、利益输送、徇私舞弊以及浪费国家资财等职务违法和职务犯罪行为并作出处置决定,对涉嫌职务犯罪的，移送检察机关依法提起公诉。"因此，监察机关要严格依据法律法规，对违法违规问题进行定性及给予相应的处置，处置职能主要分为监察建议权以及非终局性处分决定权两个方面。

（1）非终局处分决定权。所谓非终局处置决定权，是指监察委员会的"处置"职能仅仅是一个中间行为，经过监督和调查环节，如果监察委员会认定被监察对象只涉及党纪问题，则交由党委部门，由党委部门做出最终的处理；如果涉嫌贪污腐败，上升到犯罪层面，则交由检察院审查起诉，由法院进行裁判，也就是说最终的处置权还是由有关国家机关及其部门行使，即使是政纪处分也要按照相关人事规定进一步进行处理。不宜认定处置权为终局性权力的原因有二：其一，不构成犯罪的情形下，各类公职人员的内部处分由国家监察委员会做出并不合适，比如开除党籍等处分就并非是作为国家机关的监察委员会的应有职权；其二，各类公职人员的内部处分形式存有区别，比如对于法官的处分就有别于对党员和对行政机关工作人员的处分，如果由监察委员会行使最终处分权，将会出现国家机关适用党内法规或者国务院制定的行政法规这种情形，无疑是与其自身的独立地位不相匹配的。因此，监察机关之处置权应理解为非终局意义上的处分权，即由监察委员会根据调查结果，分别做出相应的决定，不构成犯罪的交由各个机关人事部门给予对应主体必要的内部处分，涉嫌构成犯罪的，则交由检察机关予以公诉，由人民法院作出判决。这样也有助于理清各机关之间的权力关系，避免权力之间的混淆。

（2）监察建议权。监察建议权实质上是由原先行政监察机关所行使的一项权力，监察委员会的检察建议权也由此转化而来，具体是指监察机关依照法定职权，根据检查、调查结果，向有关部门和人员提出具有一定法律效力的处理建议的权力。提出监察建议，是监察机关特有的一种处置方式。其主要特点在于监察建议具有一定的法律效力，这是不同于通常的工作建议的。监察机关依法提出的监察建议，有关国家机关无正当理由的，应当采纳。但是，在出现以下四种情形的情况下，有关单位和人员可以对监察建议提出异议，即依据的事实不存在，或者证据不足或者适用法律、法规、规章错误，或者提出的程序不合法涉及事项超出被建议单位或者人员法定职责范围。除此之外，有关单位和人员对监察机关依法提出的监察建议必须采纳。这些都说明监察建议具有法律效力。基于监察机关监督国家机关及其公职人员依法履职、秉公用权、廉洁从政以及道德操守的职能，监察机关根据监督、调查结果，可以提出监察建议的具体情形包括以下几个方面：①拒不执行法律、法规或者违反法律、法规以及国家机关的决定、命令，如果没有达到需要进行处分的程度，应当予以纠正的，可以向该国家机关或其上级机关提出监察建议。②本级国家机关所属部门和下级机关所发布的规范性文件，如果有违反腐的价值目标，应当予以纠正的，监察机关也可以提出修改的建议。由此也可以看出监察委员会的职能不仅仅局限于对具体行为的监督。其监督职能的范畴已经延伸到抽象的法律规范性文件中，其有权对同级或下级国家机关制定的规范性文件和重大决策中的问题进行检查，如规范性文件中存在腐败的漏洞，可以向该国家机关或者其上级机关提出重新审查的建议。③国家机关及其公职人员不作为。过去的一段时间的反腐，主要是针对"积极腐败"，但是对"消极腐败"，比如为官不为的现象，现有纪检监察机关还缺乏有效手段。因此，为防止国家公职人员的消极腐败，对于公职人员的不作为，可以向相关国家机关及部门提出监察建议。④录用、任免、奖惩决定明显不适当，应当予以纠正的。实践中经常出现公务员在任用、考核以及奖惩方面"暗箱操作"的情况，一旦出现腐败的案件，都会产生链接效应。因此，要从腐败的源头消除腐败，就必须赋予监察委员会监督公职人员任用、考核等环节的权力，对于不当的奖惩行为可以提出监察建议。⑤其他需要提出监察建议的。由于法律无法穷尽一切可能发生或存在的社会现象，因此会存在遗漏。在立法时不可能完全预料社会生活中可能发生的事务，所以用此条款来兜底。

（3）其他处置权。对于监察委员会作出的处分决定，应允许被处分对象进行申诉，即应当赋予被处分对象一定的救济权。此外，应当赋予行政监察机关对监察建议及监察处分决定之落实情况的监督权。对于国家监察机关作出的监察建议或监察处分决定不予执行的，监察机关可要求有关部门书面说明理由，对监察机关提出两次监察建议或者处分决定都没有被采纳并未说明理由的情况，可以考虑赋予监察机关直接做出监察决定的权力。有令不行，必将导致丧失行政监察权的执行力，监察委员的处置权将会等同于空喊口号。因此，执行力是权力能否执行的必要条件，只有具备了执行的权力，才能充分发挥权力的作用，所以为提高行政监察决定的执行力，应当赋予其一定的执行权，对于执行权的权限范围与边界应当在后续的立法中予以明确。

（二）监察委员会应享有的其他职权

国家监察委员会作为国家监督机关，整合了行政监察部门的行政监察职能、预防腐败局的预防腐败职能、检察院的查处和预防职务犯罪职能，这就意味着国家监察委员会的职权也将在很大程度上是对三者的整合，定位于其核心职责是反腐败和廉政建设，保证公职人员的清正廉洁，局限于"监督、调查、处置"三项职能无法将其监察工作发挥最大的效用。因此，应当对其职权范围进行适当扩张。

1. 预防性监察权

建设高效廉洁的国家机关系统是一项宏大的系统工程，有效的预防性监察体系则是一项非常重要的奠基性工程。《监察法》第 11 条的第 1 款明确了监察机关廉政教育的职能。所谓预防性监察，就是国家机关以建立健全惩治和预防腐败体系各项制度为重点，以制约和监督权力为核心，以提高制度执行力为切入点，通过采取思想教育、道德规范及制度完善等措施，建设惩治和预防腐败体系基本框架，建立拒腐防变教育长效机制，健全反腐倡廉法规制度，形成权力运行监控机制，以防止国家机关及其工作人员违法或不合理行使职权的一种前置监督机制。预防性监察应当包括事前监察或事中监察，因为单纯的事后监察并不能从根本上杜绝国家公职人员违法行为的发生。预防可以是针对个案的，也可以是针对类案的；可以是案发后的事后预防，也可以是主动介入的事前预防。预防监察的实质在于：一方面，增强权力对于腐败的"免疫力"，即增强国家权力行使者自觉抵制腐败的能力；另一方面，隔离腐败"传染源"，即减少甚至消除腐败行为发生的客观条件。考虑到一旦发生违法或不当行为会给国家、集体和公民造成巨大的损失，故应该把监察的逻辑重点放在预防监督上，可防患于未然。相比惩治性的监察，预防性监察具有主动性。违法行为发生后采取惩治性措施，虽然对于其他国家权力行使者是一种警示和告诫，但对于国家和违法者来说，都是一种损失，已是于事无补，显示出被动性和滞后性。另外，预防的手段，应当是多元化的，包括：针对发现的问题发送监察建议完善制度或加强管理，加强对权力运行的制约和监察，从而强化他律；针对公职人员自身加强教育，从而强化自律；针对整个社会公众加强宣传，在事前大力进行思想政治教育，争取公众对监察委员会工作的支持和配合，宣扬廉洁文化，营造良好的社会环境。实际上，党的十六届三中全会提出，要建立健全与社会主义市场体制相适应的教育、制度、监督并重的惩治和预防腐败体系，其主要目的也是预防。这既是从国情出发，又顺应了系统预防腐败的潮流。该体系包含教育、制度、监察、改革等众多内容，其中每一个方面都是预防腐败体系的有机组成部分，都需要其他方面的配合和支持。预防性监察工作的实质性内容包括三个方面即加强教育、健全制度和加强技术性设施的建设等。就教育来讲，国家公职人员廉洁从政的意识和公民廉洁行事的意识均属于思想观念的范畴，是相对稳定的，一旦形成，就很难在短时期内发生变化。就制度来讲，预防监察体制机制的建立及其硬件设施的完善，都将对于规范权力运行发挥长期的作用与效力。

2. 监察法规制定权

制度设计本身的不完善可能就是发生腐败的重要原因。在受理民众举报、打击官员腐败、监督权力运行的过程中，监察委员会处于一个特殊地位。就权力行使和国家管理而言，它能够获取最全面的信息，能够掌握最真实和最前沿的情况，因而，有必要赋予监察委员会相应的立法权，由其制定和发布涉及权力行使、公共管理的行为准则，通过参与国家法律和其他重要制度的构建过程，把反腐败的需求贯彻到整个国家的制度构建之中。以欧洲地区的监察专员制度为例，监察专员在追究行政机构及其官员不当行为的同时，会将其工作经验进行总结，发布有关善治的行为准则——"监察专员标准"。因此，新的国家监察机关在职权上不能够限于处理个案，在通过个案调查进行事后惩治腐败的同时，国家监察委员会可以通过制定监察法规来指导和规范公职人员的职务行为，促进公共管理水平的提升，提前预防劣政和腐败的发生。其重点任务有二。一是修改《立法法》，赋予监察委员会以监察法规的制定权，允许其在宪法、法律之下就其职权范围内的事项制定法规，监察委员会制定的法可以称为"监察法规"，监察法规与国务院的行政法规具有相同效力，两者发生冲突时，由全国人大常委会作出裁决。从另一个方面来讲，无论是国务院还是最高人民检察院抑或是最高人民法院，它们都拥有一定的立法权。其中前者为行政法规，后者为司法解释。国家监察委员会与一府两院居于同等地位，监察权是一种与行政权、司法权都不完全相同的新型权力。监察机关在履行监察职能时自然不能依据一府两院的相关立法，而全国人大及其常委会指定的法律又多具有抽象、概括的特点，此时就有必要允许国家监察委员会根据相关法律制定相应的监察法规以便利监察机关履行职责。由此看来，赋予其制定监察法规的权力也有其必要性和可行性。二是参照国外监察专员的做法，赋予其监察规章的制定权，允许其发布相应的监察规章和办法，制定公务人员行为准则，促进廉政建设。同时，监察机关还应当享有提出立法议案、参与立法审议的权利，对涉及公职人员活动的其他议案的审议权和附署权，对全国人大和国务院任免的公职人员的任职资格和职业操守进行审查的权力等。

二、监察机关之监察手段

监察手段的类型和性质决定了监察制度是否具有足够的强制力和威慑力，监察机构是否能够有效进行监督要取决于监察手段是否有力。根据《监察法》的规定，为履行监督、调查、处置职权，监察委员会可以采取谈话、讯问、询问、查询、冻结、调取、查封、扣押、搜查、勘验检查、鉴定、留置等措施。上述措施可以分为针对人的措施（谈话、讯问、询问）、针对财产的措施（查询、冻结、调取、查封、扣押、勘验检查、鉴定）以及强力措施（搜查、留置）。具体而言，有以下内容：

（一）谈话

谈话是在通过采取其他措施收集到一定证据的基础上，监察人员对被调查人进行的一种面对面的调查取证活动。为查明案件真实情况，谈话往往贯穿于案件审理过程始终。调查谈话的根本目的就是听取关于被调查人实施违纪违法行为的陈诉和辩解，获取其他违纪违法行为参与人的情况，甄别嫌疑，排除无辜，保障无违纪违法不受追究。调查中的谈话必须遵循法定的程序要求。首先，谈话人员必须是负责案件调查的监察人员；其次，调查谈话人员必须不少于二人；最后，谈话过程中应当做好笔录，谈话结束后，应要求被调查人核对阅读笔录，并在笔录的每一页都要签上被调查人的名字，最后一页还要写上"以上记录我看过，与我讲的一样"等字样，签名写上年月日。另外，调查谈话人员必须遵守办案纪律。监察人员应遵守以下纪律：①不准对被调查人或有关人员采取违犯党章或国家法律的手段；②不准泄露案情，扩散证据材料；③不准伪造、篡改、隐匿、销毁证据，故意夸大或缩小案情；④不准接受与案件有关人员的财物和其他利益。与此同时，要切实保障被调查人的申辩、辩解权、回避权、控告权等权利，以保证调查客观、公正地进行。如果在谈话中发现被调查人是无辜的，要立即纠正。履行必要程序，立即解除调查，并在一定范围内予以澄清和说明，恢复工作，做好其他善后工作。

（二）讯问

讯问仅仅发生在刑事侦查的过程中，也即讯问仅指监察人员在侦查职务犯罪的过程中，依照法定程序和言辞方式向犯罪嫌疑人查问案件事实和其他与案件有关问题的一种侦查活动。讯问犯罪嫌疑人是每个刑事案件必须进行的一项重要的侦查行为和侦查手段，其主要任务包括：①准确、及时地查明案件全部事实；②追查同案嫌疑人、发现其他犯罪活动或线索；③获取口供，收集和核实证据；④保障无辜的人不受刑事追究；⑤对犯罪嫌疑人进行守法教育；⑥研究犯罪活动的规律和特点，总结讯问的经验和教训。通过讯问，一方面，有利于查明案件事实，扩大收集证据的线索，发现新的犯罪以及其他应当追究刑事责任的犯罪嫌疑人；另一方面，给犯罪嫌疑人以申辩的机会，维护自身的合法权益。讯问对于时间、地点、在场侦查人员的人数以及相关程序均有严格要求，同时，在讯问犯罪嫌疑人时，严禁刑讯逼供，也不准诱供、骗供、指明问供。根据最高人民检察院《刑诉规则》第 65 条的规定，对采用刑讯逼供等非法方法收集的犯罪嫌疑人供述和采用暴力、威胁等非法方法收集的证人证言、被害人陈述，应当依法排除，不得作为报请逮捕、批准或者决定逮捕、移送审查起诉以及提起公诉的依据。

（三）询问

此处的询问是指监察人员为查明事实和证据，依照法定程序对证人、被害人等知情人就其知悉的案件情况，以言词方式进行调查询问的一种调查行为。证人、被害人都是了解案件情况的自然人，由于违法、犯罪行为发生在社会生活中，很有可能被其他人所知晓，因而大多数案件是存在证人的，有的案件还存在被害人，询问证人、被害人是调查过程中经常采用的一种调查行为。其意义有以下两点：第一，有助于查明案件事实。证人和受害人对案件情况的了解或多或少，将这些信息汇集起来，往往能揭示违法、犯罪发生的原因、过程和结果。证人证言可能提供新的调查线索，有助于进一步调查取证。此外，证人证言及被害人陈述也可以用于核对其他证据材料的真实性，防止事实判断错误。第二，有助于查获违法违纪行为人、犯罪嫌疑人。通过询问证人、被害人，可以了解谁是可能的违法违纪者或作案者及其逃跑、隐匿的路线、地点，从而开展追查工作。询问只能由监察人员在法定的时间、地点开展，并且只能个别进行，同时也应当遵循相应的步骤与方法，不得采用羁押、刑讯、威胁、引诱、欺骗以及其他非法的方法获取证言和被害人陈述。对于证人、被害人的个人隐私，除特殊情况外，应当为其保守秘密。

（四）查询、冻结

查询、冻结是指监察人员在调查贪污、腐败、挪用公款等违反行政、刑事法纪的行为时，根据调查工作的需要，依法向银行或者其他金融机构、邮电部门查询违法违纪人、犯罪嫌疑人的存款、汇款，并通知上述机构、部门停止支付行为人的存款、汇款的一项常规性调查措施。在贪污、腐败案件中，往往伴随着经济交易或者财产性侵犯，违法违纪人或者犯罪嫌疑人通常会获得一定的非法经济利益，并以存款、汇款的形式隐匿、转移非法所得，因此，及时迅速地发现、查明违法违纪人、犯罪嫌疑人的存款、汇款，并予以冻结，不仅可以最大限度地挽回国家和公民的损失，并且还可以为揭露、证实犯罪提供证据。应当强调的是，查询冻结的对象只能是违法违纪人或者犯罪嫌疑人的存款、汇款，不是其家属、子女、父母或者其他亲属、朋友的存款、汇款。当然，此处的查询对象还应当包含涉案单位的存款和汇款。同时应当注意的是，监察机关虽有查询和冻结的权力，但是不能对存款、汇款进行划扣。

（五）调取

调取主要是针对可以用于证明涉案事实的证据材料，是指在调查过程中，监察机关为了查明案件情况，在发现某单位或者个人持有与案件有关的物证、书证或者视听资料等证据以后，依照法定程序，要求单位或者个人向监察机关提供相应证据的活动过程。调取证据和收集证据有所不同。一方面，调取证据常常是指在发现证据后，监察机关通过行使法律赋予的职权，向有关单位和个人直接取得该证据的调查行为。而收集证据是指监察机关为查明案件事实真相，依照法定程序调查、发现、取得和保全一切与案件有关的情况和材料的活动过程。另一方面，相比较而言，收集证据的概念更为宽泛，收集证据的过程长，证据的种类、名称、数量、特征等方面带有很大的不确定性。而调取证据则属于一种具体的收集证据的方法，它具有明确的取证对象，即具有明确的调取单位名称、证据种类、数量、特性等。因此，调取证据可以看作是证据收集这个大概念下的子集或组成部分。监察机关在从事证据调取行为时，必须严格遵守相关法律规定，调取实物证据的，应当经监察机关负责人批准，并开具调取证据通知书。

（六）查封、扣押

查封、扣押是指监察机关对于与案件有关的物品或者文件等依法强制查封、扣押的一种调查行为。查封是指监察机关在调查过程中，对于能够证明案件事实的证据材料以及财物予以查封，存放在特定场所，不允许被监察对象接触和使用上述材料。扣押是指将有关证明材料或财物暂时予以扣留，使之脱离被监察对象的控制，避免被监察对象转移、隐匿、伪造、涂改、毁损证据材料和财物。为了调查案件事实，监察机关必须搜集查阅与案件有关的文件、资料和财务账目等其他有关证据材料，但这些证据材料一般掌握在被调查对象手中，被调查对象往往以各种理由拖延或者拒绝提供证据材料，阻碍监察的正常进行。另外，涉嫌贪腐违法违纪、犯罪时，往往涉及经济利益，涉案财产数额也较大，因此，监察机关在调查违法违纪或者职务犯罪时，可以根据实际情况，暂予查封、扣押可以证明违反法律、法规或者纪律的文件、资料、财务账目等相关材料以及涉案财产，但是要遵循相关程序规定，出具监察通知书、开列清单，并由监察机关、被监察对象和在场见证人核对签字。

（七）搜查

搜查是指监察人员为了收集证据、查获违法违纪行为人、犯罪嫌疑人，依法对违法违纪行为人、犯罪嫌疑人以及可能隐藏违法违纪行为人、犯罪嫌疑人的身体、物品、住处和其他有关地方进行搜寻、检查的一种调查行为。搜查是监察机关同违法犯罪做斗争的一项重要手段，对于监察机关及时收集证据，查获违法违纪行为人、犯罪嫌疑人，防止其逃跑、毁灭、转移证据，揭露、证实犯罪，保证诉讼的顺利进行，具有十分重要的意义。搜查直接关系到《宪法》所规定的公民的人身自由和住宅不受侵犯的权利。搜查既可以针对人身，也可以针对被搜查人的住处、物品和其他有关场所进行，并且只能由负责侦查的监察人员进行，其他任何机关、团体和个人都无权对公民人身和住宅进行搜查，否则情节严重构成犯罪的，将依法追究其刑事责任。监察机关进行搜查时，必须向被搜查人出示搜查证，否则被搜查人有权拒绝搜查。同时，不得超越法律所规定的搜查对象和范围，搜查妇女的身体，应当由女工作人员进行。

（八）勘验检查

勘验、检查是指监察人员对与违法违纪、犯罪有关的场所、物品、尸体、人身等进行查看、了解和检验，以发现、收集和固定违法违纪、犯罪活动所遗留下来的各种痕迹和物品为目的的一种调查行为。勘验、检查的主体、任务和性质相同，只是适用对象有所区别。勘验的对象是现场、物品和尸体，而检查的对象则是活人的身体。勘验、检查是调查中取得第一手证据材料的一个重要途径，通过勘验、检查，可以及时发现、收集和固定违法违纪和犯罪的痕迹和证物，了解案件的性质，确定调查的范围和方向，为进一步查清事实，揭露、证实违法违纪和犯罪行为提供可靠的依据。勘验、检查的具体操作有所不同，但是也要遵循相关的程序规则。首先，勘验、检查只能由负责调查的监察人员进行，必要时可以指派或聘请有专门知识的人，在调查人员的主持下进行；其次，为保证客观性，调查人员应邀请与案件无关的人作为见证人在场；最后，勘验、检查的情况应当写成笔录，由参加勘验、检查的人和见证人签名或者盖章。勘验检查的种类包括：现场勘验、物证勘验、人身检查、尸体检验和侦查实验。

（九）鉴定

鉴定是指监察机关为查明案情，指派或聘请具有专门知识的人，就案件中某些专门性问题进行鉴别和判断并作出结论的一种调查行为。鉴定是一种重要的技术性很强的调查手段。对于监察机关及时收集证据，准确揭示物证、书证在诉讼中的证明作用，鉴别案内其他证据的真伪，查明案件事实真相，查获违法违纪人、犯罪嫌疑人具有重要的作用。鉴定应当严格遵守法定程序，以保证鉴定的客观性、公正性。首先，鉴定人只能由监察机关依法指派或聘请，必须具备解决本案中涉及的专门性问题的专门知识和技能，并且不属于回避人员的范围；其次，监察机关应当为鉴定人提供必要的条件，及时向鉴定人送交有关检材和比对样本等原始材料；最后，鉴定后，鉴定人应当出具鉴定意见，并签名。调查中经常采用的鉴定类别主要有：刑事技术鉴定，人身伤害的医学鉴定，精神病的医学鉴定，查封、扣押财物的价格鉴定，文物鉴定，司法会计鉴定等。

（十）留置

在上述12项措施中，前11项措施属于转隶前的监察厅（局）、预防腐败局，及人民检察院查处贪污贿赂、失职渎职，以及预防职务犯罪等部门，行使调查权和侦查权时的措施。谈话、讯问、询问等措施法律依据明确，在实践中适用较为规范。相对而言，"留置"既不是监察机关行使调查权时的一项措施，也不是检察机关行使侦查权时的一种措施，而是属于一项新规定的强制措施。监察委员会依法对"涉嫌贪污贿赂、滥用职权、玩忽职守、权力寻租、利益输送、徇私舞弊以及浪费国家资财等职务违法和职务犯罪行为"的公权力人员，按照法定程序可以当场采取留置措施；如有必要则将其强制扣留，并带至法定场所到案接受调查，继续进行留置处理。

留置措施的适用期限在不同的阶段有所不同，监察委员会在调查公权力主体的违纪、职务违法和职务犯罪行为时可采取留置措施，因此可从违纪行为调查阶段、职务违法行为立案调查阶段和职务犯罪行为立案侦查阶段三个方面，科学设置短期、中期和长期留置期限。启动程序是留置措施的第一步程序，无论是短期留置、中期留置还是长期留置，监察委员会在对被调查人员采取留置措施之前，必须严格按照报送和审批程序进行，其中审批程序又可细分为内部审批程序和外部审批程序。短期留置只需进行内部审批，之后报送上一级监察委员会备案即可，但是中期和长期留置必须由本级和上一级监察委员会审批通过后方可采取。另外，留置措施应当具有谦抑性，监察委员会能够不使用留置措施，而以其他手段例如谈话、讯问、询问等手段，亦能达到维护社会公共秩序及保护社会与公民法益之目的时，则应不优先行使留置的权力。

应当强调的是，根据有关规定，党的纪律检查委员会、监察委员会合署办公，但是各级纪委不能以纪委办案的名义采用留置措施，留置属于监察委员会开展监察活动时所使用的限制人身自由的强制措施，该项措施的行使主体只能是各级监察委员会。如果纪委滥用"双规"限制被调查对象的人身自由，或者借用"留置"名义剥夺被调查人员的人身自由，将导致"双规"、留置适用的混乱，甚至会严重损害被调查人员的合法权益。为了明确留置措施的行使主体，同时规范"双规"和留置的适用，国家监察委员会和中央纪委可以联合发文进行规定。对涉嫌违反党纪的中共党员只能用"双规"的方式组织谈话或约谈，一旦发现该名党员有职务违法或职务犯罪行为，各级纪委则须及时将被调查人员移交监察委员会进行调查处理。此时，监察委员会才有权对被调查人员采取留置措施，扣留被调查人员对其进行监督、调查和处置。

(十一) 其他手段

监察委员会作为国家最大的监督机关，监察手段对其监督职权的发挥有极大的影响，虽然规定了12种监察措施，但是明显不能满足其监察效力的要求，有必要对其监察手段予以进一步扩张。

1. 要求解释和说明理由

可以注意到，监察机关的讯问措施仅仅是针对构成职务犯罪的犯罪嫌疑人，而除了留置措施以外，缺乏对违法违纪行为人强制性配合调查的措施。被监察对象是监察事项的亲身经历者，相比询问证人和被害人，他们对监察事项的发生、发展和结果有着更直接的认识。为了了解监察事项的真实情况，监察机关除了搜集相关的证据材料以外，还有必要听取被监察部门和人员就监察事项的解释和说明，以便全面、客观地了解事实。从另一方面来讲，原先的行政监察机关在履行职责时，也有权要求被监察的部门和人员就监察事项涉及的问题作出解释和说明，而监察委员会的一部分也是由行政监察机关转隶而来的。由此，可以对其监察方式予以借鉴，赋予国家监察机关要求行为人解释和说明的监察手段，对于该事项给予违法违纪人陈述以及表明自己意见的机会。应当强调的是，责令解释和说明的措施更多的是适用于被监察对象不积极配合调查以及妨碍取证等情况。

2. 责令停止违法、违纪行为

国家机关及其公职人员违反法律、法规和纪律的腐败行为，往往会损害国家机关的权威性，也会对廉政建设造成损害，同时也会侵害人民的合法权益，如果不及时制止可能会造成不必要的后果。同时，监察委员会对腐败的违法违纪监督不仅仅是事后的，还有事前、事中监督，因此，有必要赋予监察机关责令停止违法违纪行为的监察手段。在监察机关履行监察职责时，如果发现被监察的部门和人员实施的行为违反法律、法规和纪律，有违反腐倡廉的目标的，可以责令被监察的部门和人员停止违法违纪行为。

3. 刑事强制措施

监察委员会为收集犯罪证据、查获犯罪嫌疑人可以讯问犯罪嫌疑人，询问证人，查询、冻结存款、汇款等财产等调查活动，但都是建立在犯罪嫌疑人没有逃离的情况下，在职务犯罪中，犯罪嫌疑人可能逃跑或企图自杀，或毁灭伪造证据串供，或打击报复证人，妨碍侦查机关迅速查清案件事实，为保障诉讼活动顺利进行，监察委员会可以采取限制或剥夺犯罪嫌疑人人身自由的强制措施。现行《刑事诉讼法》第一编第六章规定了五种强制措施，即拘传、取保候审、监视居住、拘留和逮捕，此次监察体制改革，检察机关反贪反渎部门整体转隶监察委员会，因此监察委员会在侦查职务犯罪时同样可采取拘传、取保候审、监视居住、拘留、逮捕措施，但是拘留和逮捕两项措施的执行还是应当经过相应的批准程序的。

第五节　监察机关的组织机构

组织法对于机构建立和设置来说无疑具有重要的基础性地位，组织法在承接宪法的基础上，通过对机构的组织体系进行全面规范，起到了构建监察委员会制度的基本框架的重要作用，在此基础上也为后续监察行为法和监察程序法的立法工作提供了基本的组织框架。虽然国家监察委员会组织法目前并未被全国人大常委会列入工作计划，但凡事预则立不预则废，在此对监察机构的组织结构进行适当的探究也是为将来组织法的立法工作作出应有的铺垫。

一、监察机关组织结构的现状及问题

（一）现行国家监察组织体制形成的历程回顾

我国现行的监察组织体制，是在借鉴苏联社会主义模式，并结合我国党情国情的背景下建立和逐步发展起来的。列宁的著作和俄共（布）的多次决议都明确规定，由党的代表大会选举产生监察委员会，"同党委会公平地行使职权，并向本级代表会议和代表大会报告工作"。[1] 1927 年，中国共产党第五次全国代表大会借鉴苏联共产党（布）设立监察委员会的经验，决定成立中央监察委员会，这是我党历史上最早设立的党内专门机构。后来，因为党迫于形势的需要转入地下秘密工作，中央监察委员会委员又大多牺牲，1928 年，中共六大取消了监察委员会，代之以中共中央审查委员会，主要监督"各级党部之财政、会计及各机关之工作"。[2]

新中国成立后，中央政治局决定成立中央及各级党的纪律监察委员会，1955 年，更名为中央监察委员会（简称"中央监委"）。1969 年，中共九大通过的党章中，取消了党的纪检机构的有关条款，中央及各级党的监委被迫撤销。直至 1977 年 8 月中国共产党第十一次全国代表大会通过的《中国共产党章程》，恢复了设置党的纪律监察委员会的条款，规定各级纪委由同级党

---

〔1〕 华正学："列宁与政治监督"，载《政治学研究》1989 年第 5 期。
〔2〕 王谦："浅析中共五大产生的中共监察委员会"，载《党的文献》2010 年第 6 期。

委选举产生。一年之后，中国共产党第十一届三中全会选举产生了新的中共中央纪律检查委员会，实行同级党委与上级纪委双重领导体制。

1986 年 12 月，为了加强国家监察，第六届全国人大常委会决定恢复并确立国家行政监察体制，设立监察部，隶属国务院。随后，地方各级监察机构成立，隶属各级人民政府。为形成党政监督的整体合力，1993 年，针对改革开放之后不正之风和腐败现象突出的形势，党中国务院决定中央和各级纪委和监察机构合署办公，实行"一套工作机构、履行党的纪律检查和行政监督两项职能"的体制。根据我国加入的《联合国反腐败公约》的要求，2007 年 9 月 6 日，国家预防腐败局宣布成立，属于国务院直属机构，该机构在监察部加挂牌子，局长由监察部部长兼任，随后地方各省级预防腐败局成立。

为及时、有力地打击改革开放以后出现的经济犯罪，1978 年最高人民检察院恢复重建之后，设立了经济检察机构，主要负责查处国家机关、国有企业及其工作人员的职务犯罪。1995 年，最高人民检察院决定撤销经济检察厅，成立反贪污贿赂总局，标志着全国检察机关查办职务犯罪机构组建的完成。2000 年，为贯彻党中央"预防为主，标本兼治"的方针，最高人民检察院设立职务犯罪预防厅，地方各级检察机关也相继成立预防机构，形成查办案件与预防犯罪两手抓的格局。在打击经济犯罪和惩治腐败的实践中，审判机关行使对职务犯罪的依法确认和定罪量刑职能，隶属行政系统的审计、工商和公安机关也承担一些发现、查证、移送职务犯罪线索和处置行政违纪违法的执法职能。

（二）现行国家监察机关组织体制的问题

一直以来，我国监察组织机构体制在党中央的领导下，为党风廉政建设和反腐败斗争的深入发展提供了有力的政治保障和组织保证。但是，站在历史的今天，伴随着我国社会主义事业的蓬勃发展，现行的监察组织体制已经不能完全适应经济社会发展和反腐败斗争的多种需要，还存在一些重大的问题亟须解决。

第一，监察组织机构存在体制缺陷。当前，我国反腐败职能分散于各级纪检监察机关、政府的预防腐败机构，各级检察机关查办和预防职务犯罪机构之中，这些机构领导机关不　，不仅职能重叠、边界不清，难以形成合力，且执行法律不一，执行标准不一，分散了反腐力量，很难形成稳定、规范而高效的反腐合力。依据对 2008 年至 2012 年的数据的分析可知，5 年间全国纪检监察机关每年立案查处约 13 万件，移送司法机关处理 4000 多件，不到立案总数的 4%；检察机关每年查处职务犯罪案件约 5 万件，属纪检监察移送的不到 10%。[1]这与腐败存量积聚和腐败增量加剧的客观事实形成了强烈的反差，说明体制上的障碍削减了对腐败查处的概率与效能。检察机关作为国家司法机关，主要职能是参与诉讼和监督诉讼。检察机关是反腐败的重要职能机构，但实际上职务犯罪侦查部门只是检察机关的内设机构，执法办案人员仅占司法办案人员的 1/10 左右，反腐方面的办案力量严重不足。目前，全国检察机关侦查办案人员约 6 万人，每年查办案约 5 万件，大批职务犯罪线索无法得到及时初查，大量腐败犯罪黑数[2]的存在，严重影响了中央确定的减少存量、遏制增量的反腐败目标要求。

第二，监督机构监督乏力。由于监督机构隶属地方和部门，其功能受到限制，腐败行为的发现机制失灵、防范机制失效、惩治机制乏力，同级监督形同虚设。其最大的危害是无法对地方和部门领导进行日常监督，省部级官员问题必须寄希望于中央查处，中央一旦监督不到位，极易"养虎遗患"。据不完全统计，截至 2015 年 11 月 13 日，十八大以来共有 133 名副省级以上官员被查处。[3]对这些被查处的省部级官员犯罪案件进行分析不难发现，涉案官员贪腐犯罪"非一日之寒"，都与长期以来反腐监督缺乏独立性、同级监督失效有关，这也是系统性腐败、区域性腐败、塌方式腐败、家族式腐败出现的重要原因。其次是检察院集公诉、监督、侦查于一身，既参与诉讼，又监督诉讼；既自行侦查，又自行审查起诉，有违侦、诉、审各负其责、相互制约的法治原则，饱受既当"运动员"又当"裁判员"的质疑，客观上损害了司法公信力。2015 年，全国检察机关监督纠正滥用强制措施、违法取证等侦查活动违法情形 31 874 件次，督促侦查机关立案 14 509 件，追加逮捕 18 196 人、追加起诉 23 722 人。而对职务犯罪案件的纠正违法、监督立案、追捕、追诉的总数则没有披露。实践中暴露出来的职务犯罪侦查借用纪委手段、侦

---

〔1〕 "中纪委十七届二、三、四、五、六次全会工作报告"，载中共中央纪律检查委员会、中华人民共和国国家监察委员会网站：http://www.ccdi.gov.cn/xxgk/hyzl，访问日期：2016 年 5 月 3 日。

〔2〕 所谓犯罪黑数，从犯罪学的范畴上看，又称"犯罪暗数"或"隐案"，是指已经发生但由于种种原因未予发现和未被纳入官方犯罪统计之中的那部分犯罪案件数。参见王玫主编：《新犯罪学》，高等教育出版社 2005 年版，第 189 页。

〔3〕 "十八大以来已有 133 名副省级以上官员被查处"，载中华网新闻频道：http://news.china.com/domestic/945/20151208/20893779.html，访问日期：2016 年 5 月 6 日。

查行为具有随意性、执法不规范等问题并不鲜见，这种内部监督软弱、监督范围狭窄、监督模式滞后和外部监督有限的固有缺陷，[1]反映出异体监督与同体监督的不同效果与司法反腐公信力的隐形流失。

第三，执法执纪边界不清。纪检监察机关和检察院机关在职能上发现腐败线索或接到腐败举报之后，都可以独立进行调查。由于纪检监察机关实际上具有腐败线索受理的优先权，对腐败线索能否转化为腐败案件起着关键性作用，实践中受法律专业背景等因素局限，这一关键性作用往往发挥不够。据 2015 年的统计，全国检察机关查办经济类职务犯罪案件 41 237 人，监察机关移送审计发现的成案线索仅占查处人数的 0.78%。[2]由于没有法定授权，纪律检查机关的调查手段受到一定的限制，主要表现为没有搜查的权力。于是，"双规"成了纪律检查机关常用的调查和审理手段。由于纪律检查机关的监督属于执政党内部的监督，其掌握着大多数案件的首办权，这一现象也引起了外界的质疑。而检察机关虽然拥有法定侦查权力，但由于在法定时限内难以突破案件，往往借助"双规""双指"办案，法律手段和行政手段混用，职务犯罪案件起诉、审判中作非法证据排除的有相当数量即与"双规"有关。

上述问题的存在，为腐败蔓延、渎职滥权提供了温床，严重影响了我国社会主义事业的建设，制约了中国社会特色社会主义的法治建设。因此，在监察体制改革的背景下，构建并完善我国国家监察委员组织机构势在必行。

二、监察组织建构的基本原则

随着国家监察体制改革的全面推进，构建完善的国家监察委员会组织体制及机构设置是应有之义。健全国家监察组织架构，实现党内监督和党外监督并举、党纪监督和国发监督结合，推进国家治理体系和治理能力现代化，是未来监察体制改革发展的重大趋势，是政治体制改革的重大创新。所以，在构建国家监察组织体制时我们应该坚持以下几点原则：

---

〔1〕 薛应军："检察机关 2013 年至 2015 年受理举报线索 1074 万件"，载民主与法制网：http://www.mzyfz.com/cms/jianchashikong/xinwenzhongx-in/anjianjujiao/html/1064 /2016-05-17/content-1195683.html，访问日期：2016 年 5 月 2 日。

〔2〕 薛应军："检察机关 2013 年全 2015 年受理举报线索 1074 万件"，载民主与法制网：http://www.mzyfz.com/cms/jianchashikong/xinwenzhongx-in/anjianjujiao/html/1064/2016-05-17/content-1195683.html，访问日期：2016 年 5 月 2 日。

第一，坚持党的领导。习近平总书记关于坚持党对党风廉政建设和反腐败工作的统一领导，扩大监察范围，整合监察力量，健全国家监察组织架构，形成全面覆盖国家机关及其公务员的国家监察体系，中央纪委履行党的纪律检查和政府行政监察两项职能的重要论述，强调了党对反腐败体制机构的全面领导，阐明了纪委在履行党内监督职能的同时，要肩负起国家监督的职能。[1]而国家意义上的监督职能是通过扩大监察范围，整合监察力量，建立起自上而下的监督体系来实现的。我们理解，国家监察体系设计既要体现党的绝对领导，从组织体制上确保国家监察职能在纪委监督的框架下开展；又要体现人民主权原则和人民代表大会制度，由人民代表大会选举产生。建立国家监察机构，意味着现行纪检监察合署办公体制的调整，监察职能萎缩的现状将得到改变。纪律检查职能属于党内监督，这一监督在参与党的领导的过程中实施，以保证党的先进性、纯洁性；国家监察职能属于国家监督，在参与国家机器运行过的程中实施，以确保执政党全面从严治党和依法依规治权得以实现。

第二，坚持法治原则。独立性、高效性和权威性是反腐败工作追求的基本目标，也是国家监察机构建设的根本要求。独立性是指反腐败机构能独立行使职权，不受外部政治压力和不当干预。联合国毒品与犯罪事务办公室将机构独立、人事独立、经费独立、职权独立作为反腐败工作有效开展的重要标准。其中，职权独立是核心，机构独立、人事独立、经费独立是保障。[2]这些标准对我国构建独立性更强的国家监察机构具有重要借鉴价值。高效性是指能及时查办腐败案件，突出表现是案件查处迅速果断，"迟来的正义等于非正义"。同时，做到办案质量高，执法效果好，追求法律效果与政治效果和社会效果的有机统一。我国反腐败国家监察机构要充分运用审计、廉政监察等手段及时发现腐败线索，实现违法与犯罪的有效衔接，从而实现发现、查处和追究的高效运转。权威性是指反腐败机构能够得到最高政治领导层的推动，"国家权力核心在哪里，反腐败机构就直接从属于哪里"。[3]我国反腐败国家监察机构要突出党的领导的权威，国家法律的权威，就要从隶属关系、

---

〔1〕 习近平："在中国共产党第十八届中央纪律检查委员会第二次全体会议上的讲话"，载《人民日报》2013年1月23日。

〔2〕 冉刚："独立性，反腐败机构的生命线"，载《中国纪检监察报》2014年3月27日。

〔3〕 冉刚："独立性，反腐败机构的生命线"，载《中国纪检监察报》2014年3月27日。

组织架构上紧紧围绕党和国家的权力核心来进行设计。

第三，坚持人大制度。在我国，人民的主体地位是通过人民代表大会制度实现的。我国的人民代表大会制度，是马克思主义国家学说与我国具体实际相结合的产物。西方国家实行三权分立的政治制度，人民主权已被分割为立法权、行政权和司法权，因而无论是议会还是政府或司法机关都没有资格作为"国家监督"的主体，邓小平同志批判"三权分立"的制度"使他们每个国家的力量不能完全集中起来，很大一部分力量互相牵制和抵消"。[1]在人民代表大会制度下，国家的一切权力属于人民，人民代表大会代表人民统一行使国家权力。"我们的制度是人民代表大会制度，共产党领导下的人民民主制度，不能搞西方那一套"，[2]人民代表大会的组织形式和活动方式决定了它主要负责反映和集中人民的意愿，作出决策，并监督决策的贯彻实施。因而，整合组建国家监察机构，应该由人大修改宪法有关条款和制定修改相关法律，体现职权法定、权责相适应、用权受监督的法治精神，接受全国人大及其常委会的立法监督和工作监督。

三、监察组织建构的基本路径

根据全国人大常委会作出的改革决定[3]，监察委员会将由三省的局部试点向全国试点全面推开，从其涉及的各级监察委员会的设置上来看，省（自治区、直辖市）、市（自治州）、县（自治县、市辖区）三级行政区将普遍设立监察委员会。在改革向全国推开的情况下，应尽早完成对监察机构进行组织建构的任务。具体如下：

（一）基本的组织制度

其一，双重领导制度。对于上下级监察机关之间隶属关系的问题，改革决定提出，"监察委员会对本级人民代表大会及其常务委员会和上一级监察委员会负责，并接受监督"。[4]据此表述，学界大多认为监察委员会在隶属关系

---

〔1〕《邓小平文选》（第 2 卷），人民出版社 1994 年版。

〔2〕《邓小平文选》（第 3 卷），人民出版社 1994 年版。

〔3〕 改革决定提出："在各省、自治区、直辖市、自治州、县、自治县、市、市辖区设立监察委员会，行使监察职权。""全国人大常委会关于在全国各地推开国家监察体制改革试点工作的决定"，载《人民日报》2017 年 11 月 5 日。

〔4〕 "全国人大常委会关于在全国各地推开国家监察体制改革试点工作的决定"，载《人民日报》2017 年 11 月 5 日。

上将与人民检察院的"双重领导"模式类似，即在对同级人大及其常委会负责的同时，也要对上级监察委员会负责。[1]但值得注意的是，检察机关的"双重领导"还通过《宪法》第132条进行了补充规定："最高人民检察院领导地方各级人民检察院和专门人民检察院的工作，上级人民检察院领导下级人民检察院的工作"的表述，进一步说明了上级检察机关对下级检察机关的领导关系。就监察机关纵向组织关系而言，现有的改革决定虽然只作出了"监察委员会对本级人民代表大会及其常务委员会和上一级监察委员会负责"的原则性规定，但《监察法》依然作出了与《检察院组织法》相一致的表述，即"中华人民共和国监察委员会领导地方各级监察委员会的工作，上级监察委员会领导下级监察委员会的工作"。[2]由此来看，改革者对于监察机关隶属关系的设计还是维持了与当前检察机关相一致的双重领导模式，而学界所提出的以"垂直领导"为主的"双重领导"模式[3]的看法并未得到支持。这样的制度设计从现实情况来看是非常必要的，改革之后，监察机关作为"位高权重"的专门反腐机构，[4]其自身的权威地位以及与党的纪检机关合署办公的特殊设置，使得其在监察活动中将很少受到地方党委和政府的干预。在此条件下，如果再对其双重领导模式进行垂直化改造，其机构地位将会更加崇高，这将从根本上导致检察机关和审判机关对其工作的监督困难。作为对比，虽学界多年来一直有要求检察机关进行垂直领导，实现检察一体化的呼声[5]，但二者所拥有的现实资源和地位的巨大差异，决定了检察机关进行一定的垂直领导是实践所必需的，而监察机关进行垂直领导则有成为权力利

---

[1]　参见江国华："国家监察体制改革的逻辑与取向"，载《学术论坛》2017年第3期。当然，也有学者指出，国家监察委上下级领导方式不同于人民检察院，"未来国家监察机关的体制应该具有比检察机关内部领导关系的领导性更强的特性"，但从当前的改革试点方案来看，还尚且无法断定两机构的模式到底有何不同，在新的改革文件出台之前，应当认为监察委员会还是采取了类似检察机关的"双重领导"模式。参见姜明安："国家监察法立法初探"，载《中国法律评论》2017年第2期。

[2]　我国《检察院组织法》规定："最高人民检察院领导地方各级人民检察院和专门人民检察院的工作，上级人民检察院领导下级人民检察院的工作。"

[3]　参见陈光中："关于我国监察体制改革的几点看法"，载《环球法律评论》2017年第2期。

[4]　参见江国华、彭超："国家监察立法的六个基本问题"，载《江汉论坛》2017年第1期。

[5]　诉讼法学界对"检察一体化"有过长期的研究，也有不少学者提议我国检察机关实行"检察一体化"。代表性观点如张建伟：《论检察》，中国检察出版社2014年版，第18~30页；谢鹏程：《论检察》，中国检察出版社2014年版，第174~176页；甄贞：《法律监督原论》，法律出版社2007年版，第89~100页；陈卫东："检察工作一体化及其保障与规范"，载《河北法学》2010年第1期。

维坦的可能。当然，出于保证监察权独立行使的考虑，可在人财物管理方面作出一定的特殊安排，使其日常的业务管理进行更加符合监察权运行规律的设置，但完全的垂直管理在现有的条件下应当慎行。

其二，集体决策制度。《监察法》中涉及监察委员会决策制度的条款主要集中在"监察权限"和"监察程序"两章中，其中，第31、32、39、42、43条分别在从轻减轻处罚的建议、调查方案的确定、调查过程中的重要事项以及留置措施的决定权等内容中规定了"应当集体研究"的要求。作为对比，《监察法》中提及监察机关领导人员个人决策的内容主要集中在第38、39条的规定之中，即对初核情况报告和分类处理意见的审批、立案报告的审批应由"监察机关主要领导人员"进行。综合《监察法》的规定来看，监察权运行过程中的重大事项应由集体研究后决定，在监察机关内部的案件处理过程中，领导干部可以决策的事项是对被监察对象的人身和财产权利没有直接影响的程序性事项。对此，我们可以基本判定改革者当前所要确立的是集体决策的机制，即主要领导的决策权只限于案件流转和文件审批等内部行为，重大事项都需要严格的集体研究。另外，从各试点地区监察委员会的实际运行情况来看，也基本上是维持了与当前纪检监察机关相同的集体领导的方式，以此来实现监察委员会与纪检机关在试点改革期间的良好协作和顺利过渡。其具体做法就是在民主集中制的基础上，通过内部的分工协作，建立由相关部门主要负责人、监察委员会主要领导为主要责任主体的集体讨论、集体审议、集体处置的工作机制，对于重大、复杂、疑难等案件必须坚持集体审议的原则，在民主讨论的基础上形成最后的处理意见。[1] 有鉴于立法层面和操作层面共同的制度选择，可以基本判定监察委员会将奉行集体决策制度，与首长负责的方式相比，这一模式更能体现出监察权运行的自身特点和内在规律，可以实现对监察手段的审慎运用以及保证监察权的公正规范运行，并起到对被监察对象基本权利最大程度保护的目的。

---

〔1〕 对于山西、北京、浙江三地监察试点改革的具体情况及其决策模式的总结，主要参见了以下报道："从一开始就把监察权关进笼子——北京开展国家监察体制改革试点工作纪实（下）"，载《中国纪检监察报》2017年6月2日；"做好深度融合大文章——山西开展国家监察体制改革试点工作纪实（下）"，载《中国纪检监察报》2017年6月8日；"改革，不止于挂牌——浙江省开展国家监察体制改革试点工作纪实（下）"，载《中国纪检监察报》2017年6月14日。

（二）内设机构和办案组织

从我国现有的各类组织法的立法情况来看，内部机构的规定往往非常简单，如现行的《检察院组织法》中规定"最高人民检察院根据需要，设立若干检察厅和其他业务机构。地方各级人民检察院可以分别设立相应的检察处、科和其他业务机构"〔1〕，而在《国务院组织法》中甚至都未直接出现内部机构设置条款，只有对国务院直属机构设置的简单规定。〔2〕这样的立法现状显然是与我国当前法治精细化发展的要求不相匹配的，对此，有必要在参考改革之前检察机关〔3〕和行政监察机关〔4〕办案组织形式的基础上，根据监察权运行的自身规律，形成以办案组织为核心的内设机构设置，明确办案组织的主体要素、权力配置和运行机制，以促进监察权的专业和高效运行。

其一，办案组织的主体要素，即要明确办案组织是由独任制监察官还是监察官办案组担任的问题。对此，应综合考虑监察机关工作的实际情况以及人员配置情况，在保障监察权独立行使之外也要促进监察机关内部的有效管理和统一行动。参考学界对检察机关办案组织形式的研究〔5〕，可按照其行使的权力类型不同，将这一问题具化为职务犯罪侦查部门需要何种办案组织、立案审查部门需要何种办案组织、廉政监督部门需要何种办案组织，以及线索处置部门需要何种办案组织等若干问题。依其各自行使的职权特点，建立

---

〔1〕 值得注意的是，《人民检察院组织法》已经在修订中，修订草案丰富了其内设机构的规定，但鉴于该草案还未审议通过，本书仍以当前组织法的文本为准进行分析。

〔2〕 《国务院组织法》规定："国务院可以根据工作需要和精简的原则，设立若干直属机构主管各项专门业务，设立若干办事机构协助总理办理专门事项。"

〔3〕 参见最高人民检察院 2015 年 9 月出台的《关于完善人民检察院司法责任制的若干意见》第二部分对"司法办案组织"的规定。

〔4〕 《中国共产党纪律检查机关监督执纪工作规则》就要求纪检机关在初步核实阶段应当建立核查组，在立案审查阶段应当建立审查组，并对核查组和审查组的办案程序及其权限进行了规定。参见《监督执纪工作规则》第22、23条的规定，"采取初步核实方式处置问题线索，应当制定工作方案，成立核查组"，以及"核查组经批准可采取必要措施收集证据，与相关人员谈话了解情况，要求相关组织作出说明，调取个人有关事项报告，查阅复制文件、账目、档案等资料，查核资产情况和有关信息，进行鉴定勘验。需要采取技术调查或者限制出境等措施的，纪检机关应当严格履行审批手续，交有关机关执行"；第27、28条对立案审查阶段办案组织的设置与具体职权范围进行了规定，提出"纪检机关相关负责人批准成立审查组，确定审查谈话方案、外查方案，审批重要信息查询、涉案款物处置等事项"，以及"审查组可以依照相关法律法规，经审批对相关人员进行调查谈话，查阅、复制有关文件资料，查询有关信息，暂扣、封存、冻结涉案款物，提请有关机关采取技术调查、限制出境等措施"等规定。

〔5〕 参见龙宗智："检察官办案责任制相关问题研究"，载《中国法学》2015 年第 1 期。

与其职权需要相适应的组织形式，如在职务犯罪侦查中可能更强调行动的高效与统一，那么，就可建立以主任检察官为核心、进行"团队作战"的办案组；对于案件审查部门而言，其工作性质则更多地具有司法的属性，强调办案人员的独立判断，那么独任制监察官的模式更适合其对相关材料的严格把关。[1]基于监察权内容的复合性，有必要在业务细分的基础上，建立起与其职能相对应的差异化的办案组织形式。

其二，办案组织的权力配置，即应当明确监察机关的办案组织享有哪些权力，承担哪些责任的问题。从目前的检察实践情况来看[2]，检察机关对办案组织进行了如下的权力配置，其一是规定了独任制检察官和检察官办案组所能够管辖的案件范围，其二是规定了办案组织在作出重大决定时所具有的办案权力。而从党的《监督执纪工作规则》中来看其也按照办案的不同阶段，规定了办案组织所能享有的办案权力的范围，尤其对其使用技术调查措施和强制措施的权力进行了严格的限制性规定。对此，监察机关办案机构的权力配置可以从管辖范围和权力范围两个层面入手，首先要明确其各自的管辖范围，规定重大、疑难案件应当由监察官办案组来承办，并通过配套文件对重大、疑难案件的标准进行具化；其次应明确其权力范围，规定两种形式的办案组织能够行使的监察手段，规定对于留置、技术调查措施、搜查等手段，必须由监察官办案组来掌握，不能由独任制监察官进行决策等问题。

其三，办案组织的运行机制，即应明确办案组织监察权如何行使的问题，尤其是如何决策、如何指挥和领导的问题。从《监察法》来看，虽然已经设计了专章对"监察权限"进行规定，但关于办案组织运行机制的规定仍需进一步明确，如在第31、32、42、43条都出现了"应当监察机关集体研究"之后再行使特定职权的规定，那么，这就意味着对于办案组织的运行机制而言，需要考虑的不仅是办案组织与分管领导、监察委主任之间的领导与被领导关系，而且还需要考虑与日后具有集体领导和决策性质的领导机构的关系。那么，监察机关集体研究的事项范围、决策方式与程序以及责任承担问题就必须予以明确，以保障监察权的科学、高效和独立行使，防止监察委员会权力

---

〔1〕　参见何静："司法责任制背景下检察办案组织的优化"，载《河南财经政法大学学报》2017年第2期。

〔2〕　参见最高检在司法改革中出台的《关于完善人民检察院司法责任制的若干意见》。

的滥用。

（三）人员管理制度

从《监察法》的规定来看，涉及监察委员会人员管理制度的规定还停留在原则性层面，仅在形式上简单地确立了监察官制度，对于具体的选任办法、等级晋升、职业保障等问题都未进行明确规定。[1]有必要建立适应监察工作需要的监察官制度，明确监察官的职责、义务和权利，人员选任和奖惩，职业保障和申诉控告等内容，以推进监察队伍的专业化和职业化建设。

其一，人员组成与任免。根据当前的改革精神，应在后续监察立法中对监察机关的人员任免和组成情况进行如下规定：①监察委员会实行主任负责制，设置主任一人，全面领导监察委员会的工作，管理本委员会的监察行政事务；其下设副主任和委员若干人，副主任协助主任工作。②监察委员会主任由本级人民代表大会选举产生，监察委员会副主任、委员，由监察委员会主任提请本级人民代表大会常务委员会任免；地方各级监察委员会主任的任免，须报上一级监察委员会主任提请该级人民代表大会常务委员会批准；监察委员会主任任期与产生它的人民代表大会每届任期相同，连续任职不得超过两届。

其二，监察官的选任条件。一般而言，选任条件包括了政治条件、品行条件、年龄要求和专业要求，以及特殊的禁止性条件。在监察体制改革之后，监察机关和党的纪检机关合署办公的特殊设置，决定了日后监察官的管理将不可避免地与党的纪检干部的管理产生一定的交叉影响，而二者工作上的协同与合作关系又决定了对于双方的人员管理应当尽可能的协调一致。对此，就监察官的选任而言，就需要着重讨论以下问题，即监察官是否必须为中国共产党党员；监察官是否应当具有法学教育背景且通过司法考试；在被选任为监察官之前，该人选是否应当具有相当程度的司法类工作经验；受过纪律处罚而无犯罪记录的人员是否可以被选任为监察官；等等，这些都需要在日后的改革实践和监察立法中进行完善。

其三，监察官的职责、权利与义务。为保证监察工作的高效和公正，有必要建立适应检察工作实际的监察官责任制，通过列明监察官所拥有的职责

---

[1]《监察法》第14条规定："国家实行监察官制度，依法确定监察官的等级设置、任免、考评和晋升等制度。"

义务，突出监察官在监察权行使中的主体地位，明确监察机关内部案件流转中的权责界限，避免由于多层审批和过程冗长导致的责任互相推诿的现象。具体而言，在组织立法赋予监察官监督、调查和处置等抽象职权之后，还应以监察法规的形式明确监察官所拥有的职权清单，并结合不同岗位监察官的履职需要，设定相应的职责内容。对于需要上级多次进行审批的重大复杂案件，应当以监察权的运行为中心，设置案件调查和处理的关键节点，并明确在此节点中承办监察官、监察组和监察委员会领导人员的职权和责任，实现监察全程的分工明确以及责任明晰。

其四，监察官的职业保障制度。为促进监察官队伍的专业化和规范化管理，有必要建立以下基本的职业保障制度：①明确监察官非因法定事由，非经法定程序，不被调离、降职、免职、辞退或者处分，监察官依法履行职务不受追究；②建立适应监察工作自身特点的考评和奖惩机制，提出科学的奖惩方案和具体指标，重点考核其工作业绩和职业品质，组建权威的考评和奖惩机构，防止考评和奖惩的形式化和行政化，根据考评结果，应建立相应的职级晋升或者降级的办法；③监察官的人格尊严和人身安全应当受到法律的特别保护，鉴于监察工作的特殊性，为保证监察官的办案安全，监察机关应当采取必要措施对承办重大复杂案件的监察官及其近亲属进行安全保护，对妨碍监察委员会依法行使职权的违法犯罪行为，对侮辱诽谤、暴力侵害、报复陷害等行为，应当及时制止，依法追究法律责任。

第六节　留置措施研究

2018 年 3 月 11 日第十三届全国人民代表大会第一次会议通过的《中华人民共和国宪法修正案》在《宪法》第三章"国家机构"中增加了一节，作为第七节"监察委员会"。由此，监察委员会在法律地位上，将与现有的"一府两院"相平行，各级监察委员会由各级人民代表大会产生，在组织机构上独立于"一府两院"，形成"一府一委两院"（"一委"即监察委员会）的国家机构新格局。根据《宪法》，中华人民共和国第十三届全国人民代表大会第一次会议于 2018 年 3 月 20 日通过了《中华人民共和国监察法》（以下简称《监察法》）。《监察法》规定了留置等调查措施，并对留置措施的适用条件和程序作了明确规定。鉴于留置措施涉及公民人身自由的限制，有必要对其法律属性、适用原则、适用程序等作学理性阐释。

一、监察留置的法律性质

根据《监察法》之规定，监察留置属于"调查措施"之范畴。就其性质而言，在《监察法》框架内，"调查"既是一项基本的监察权力，也是行使"调查权"的一种方式。作为一项权力，"调查"与"监督""处理"并列，系监察机关三大基本职权之一。作为行使"调查权"的一种方式，"调查"包括"讯问、询问、留置、搜查、调取、查封、扣押、勘验检查"等措施。其中的"留置措施"具有行刑双性、强制性、预防性等法律属性。

（一）行刑双性

留置措施究竟是具有行政属性还是刑事司法属性，目前学界通说观点是两种性质兼具，是一种兼具强制措施性质和调查取证措施性质的国家监察手段。[1]这一观点应当结合监察体制改革进程中留置措施的推进过程进行分析。

从改革之初来看，《全国人民代表大会常务委员会关于在北京市、山西省、浙江省开展国家监察体制改革试点工作的决定》（以下简称《决定》）第2项将行政监察部门、检察机关及纪检监察部门反腐资源整合至监察委员会，从权力来源分析，监察委员会的调查权力的来源之一为刑事司法机关，留置措施当然具有刑事司法属性。其次，《监察法》第22条规定留置措施适用于"严重职务违法或者职务犯罪"，监察委员会调查权行使范围涵盖了职务犯罪行为，留置措施在设置目的方面当然具有刑事司法属性。另外，将被调查人留置于特定场所，所限制的是被调查人的人身自由权，留置措施的性质可类比《刑事诉讼法》的拘留和逮捕。

留置措施还具有行政属性的理由在于，监察体制改革的基本价值之一为优化国家的权力配置从而建立高效、有力的反腐机制，改革之后，政府的行政监察由过去的同体监督变成了异体监督，形成了国家监督权与国家行政权的监督与被监督关系，通过监督权对行政权的监督保障，实现行政权的依法、公正、高效运行。[2]从权力来源而言，监察委员会的一部分职权来自于行政

---

[1] 姜明安："国家监察立法的若干问题探讨"，载《法学杂志》2017年第3期。
[2] 吴健雄："论国家监察体制改革的价值基础与制度构建"，载《中共中央党校报》2017年第2期。

监察机关的转隶；从权力实际运行的过程和性质来看，监察委员会的职务违法与职务犯罪调查权能也更偏向于以往行政机关或党纪监察部门对组织内部工作人员的调查，类似内部行为，在功能和实际运行效果方面具有行政属性。故由此可以认定，留置措施在具有刑事司法属性的同时也具有行政属性。监察委员会留置措施的定位并非单一的刑事属性或行政属性所能涵盖与释明的。

（二）强制性

留置措施的又一性质在于强制性，同时兼具主动性与单方性。从强制性的角度来看，《监察法》中规定的留置措施的"留置"可作如下释义：为保障侦查活动的顺利进行，针对犯罪嫌疑人所采取的、限制其人身自由的强制措施。监察委员会对于上述职务犯罪嫌疑人的犯罪行为进行侦查时，为保障侦查活动顺利进行，按照法定程序可以当场采取留置措施，在确有必要的情况下，监察人员也可以使用手铐等械具，以保障后续监督、调查、处置等行为顺利实行。与此对应，监察人员依法对被调查人员采取留置措施时，被调查人员具有隐忍或服从的义务，配合监察委员会的侦查活动，不得依据任何理由采取暴力或非暴力的对抗行为。

基于留置措施的此项特性，我们可以认定其天然地具有扩张性，可类比刑事诉讼程序中的未决羁押。[1]在所有保证刑事程序顺利进行的强制措施中，对人身自由干预最大的是羁押，未决羁押不但是对犯罪嫌疑人、被告人自由的剥夺，也会导致被追诉人与他的社会、经济关系断绝。[2]若留置措施被不合理使用，极易导致被调查人的合法权利受到不当侵犯。如何防止侦查权因过分膨胀而成为"脱缰野马"，将是监察委员会未来改革进程中所应正视的重要问题。

（三）预防性

留置措施的第三个性质在于预防性。此项性质主要体现在两个方面：其一是对于被调查人员实施其他犯罪行为或潜逃行为的预防。因涉嫌职务违纪与职务犯罪的人员在社会上多具有一定影响力，在其犯罪情节达到了采取留置措施的要求或有证据显示其可能自杀、逃跑、实施其他犯罪或毁灭证据等

---

〔1〕　考虑到"审前羁押"很容易被误解为"审判前阶段的羁押"，而将审判阶段的羁押排斥在外。因此，笔者在本书中采用"未决羁押"这一称谓。此观点来自陈瑞华："未决羁押制度的理论反思"，载《法学研究》2002年第5期。

〔2〕　［德］克劳思·罗科信：《刑事诉讼法》，吴丽琪译，法律出版社2003年版，第273页。

行为时，及时将其留置[1]，能够在一定程度上预防犯罪并保障监察委员会职权的顺利行使。同时，"被告人在场"是刑事诉讼程序的重要原则，被告人对于整个刑事审判程序负有"出席义务"[2]。在《监察法》第22条规定的情形下对被调查人采取留置措施亦能够预防嗣后进行的刑事诉讼程序因被告人无法到场、证据被伪造、隐匿等情况无法正常进行。其二为对于其他机关和个人实施阻碍侦查的行为能够起到一定的预防作用。监察委员会在进行腐败案件的调查与侦查过程中可能受到来自外界的多方干扰，譬如涉嫌单位犯罪的机关以及涉及同案违纪或犯罪的嫌疑人，在必要时对被调查人采取留置措施，能够有效对案件进展情况进行保密，防止被调查人接触可能对调查、侦查行为造成不利影响的单位或个人，造成案件信息外泄等情形的发生。

二、监察留置的原则

留置的基本原则主要解决留置措施今后应当如何进行进一步规范建构的问题，主要包括考虑何种因素、从哪些方面进行建构，以及未来在留置措施适用过程中出现无法律明文规定的情形时，应当遵循何种原则决定是否采取留置措施等方面。监察留置的原则应当包括：合法性原则、正当程序原则、合比例原则以及查留分离原则四项内容。

（一）合法性原则

监察留置措施的性质与刑事诉讼中的拘留、逮捕之要素存在交叉重叠。与刑事拘留和逮捕相比，羁押并不是一种法定的强制措施，而是由刑事拘留和逮捕的适用所带来的持续限制嫌疑人、被告人人身自由的当然状态和必然结果。[3]与拘留、逮捕相类似，留置措施也必定会带来被调查人人身自由受到限制的结果，属于较为严厉的强制措施，在适用过程中尤其应当注意遵循合法性原则。当前，《监察法》在留置措施的行使主体、批准主体、执行与批

---

〔1〕《监察法》第22条规定："被调查人涉嫌贪污贿赂、失职渎职等严重职务违法或者职务犯罪，监察机关已经掌握其部分违法犯罪事实及证据，仍有重要问题需要进一步调查，并有下列情形之一的，经监察机关依法审批，可以将其留置在特定场所：（一）涉及案情重大、复杂的；（二）可能逃跑、自杀的；（三）可能串供或者伪造、隐匿、毁灭证据的；（四）可能有其他妨碍调查行为的。对涉嫌行贿犯罪或者共同职务犯罪的涉案人员，监察机关可以依照前款规定采取留置措施。留置场所的设置、管理和监督依照国家有关规定执行。"

〔2〕 林钰雄：《刑事诉讼法》（上），中国人民大学出版社2005年版，第270页。

〔3〕 陈瑞华："未决羁押制度的理论反思"，载《法学研究》2002年第5期。

准程序、被留置人的权利保障、留置时限、刑期折抵，以及取证过程的合法性问题等方面作出了规定，但为使留置措施的行使具有完善、系统的法律依据，在未来修法时应当进一步明确留置措施的执行场所、与刑事逮捕的衔接、被留置人权利救济（包括事前及事后救济）、违反法律规定行使职权所应承担的后果[1]，不仅对合法性要求作出宣示，也赋予被调查人以救济途径。

（二）正当程序原则

在正当程序原则方面，美国耶鲁大学法学教授杰里·马修（Jerry L. Mashaw）提出了引人注目的"尊严价值理论"。其核心内容是，评价法律程序正当性的主要标准是它使人的尊严获得维护的程度。[2]《监察法》在第 41 条涉及正当程序原则，包括证件出示、书面通知、二人以上进行等内容。但此处关于正当程序的规定依然略显简单。我们不妨引入"尊严价值理论"理论，结合行政法中正当程序的基本原则对留置措施进行建构：监察委员会在采取留置措施时应当遵循正当的法律程序，包括：事先告知被留置人，向其说明行为的依据及理由，并听取被留置人的陈述、申辩，告知其进行权利救济的途径。除此之外，正当程序原则还应当包括"自己不得作自己案件的法官"之意，使留置措施的最终决策者保持独立性与中立性，即留置措施的决定主体与批准主体应当分离，由批准主体来进行留置措施合法性的事前审查。

（三）合比例原则

留置措施的使用应借鉴比例原则，将该种对公民人身自由进行限制的强制措施适用于较狭窄的范围内——"在考虑某措施比例性的时候，必须平衡犯罪的严重性、嫌疑的程度、保护证据或信息的措施可能带来的价值和对所涉及的人带来的破坏或危害等因素"[3]。留置措施的比例原则内涵包括两个方面：其一为开始采取留置措施的条件（包括涉嫌职务违纪及职务犯罪程度的要求）；其二为留置时限的规定，将对于人身自由进行限制的时间尽量缩短，以减少不必要的未决羁押。关于这两个问题，笔者将在下文中"留置的正当程序"一章"留置执行"一节中作出具体论述。

---

〔1〕　包括机关责任与个人责任，前者主要指非法获取的证据应当被排除，后者意指个人违法行使职权应承担相应的刑事责任。

〔2〕　陈瑞华："程序正义的理论基础——评马修的'尊严价值理论'"，载《中国法学》2000年第 3 期。

〔3〕　宋冰：《美国与德国的司法制度及司法程序》，中国政法大学出版社 1998 年版，第 384 页。

（四）查留分离原则

《监察法》第 22 条规定可以将被调查人留置在"特定场所"，但究竟何为"特定场所"，在京、晋、浙三省市开展试点工作的过程中，较为普遍的做法是将被调查人留置于看守所中，应当说是较为适宜的，但这一做法并未得到规范性文件的明确认可。在理论方面向前延伸一个维度，目前我国的刑事侦查过程中所采取的模式为"侦押合一"的模式，而此种模式实际上有着较大的弊端。由于看守所属公安机关管辖，因而看守所在司法实践中往往也被认为与侦查机关一样，负有查究和打击犯罪的职责，许多地方侦查机关甚至明确规定，看守人员应当与侦查人员相互配合，协助收集犯罪证据和深挖余罪。[1]这就导致了侦查权向羁押场所不断扩张的问题，主要见诸两个方面：超期羁押与刑讯逼供。为使得监察委员会在行使调查权与侦查权过程中尽量避免产生侵犯人权的状况，在进行留置措施的制度构建的过程中，应将"查留分离"作为基本原则之一加以奉行，将留置场所与职务违纪调查及职务犯罪侦查场所予以分离。

三、监察留置的条件

如前所述，监察留置与《刑事诉讼法》中对于拘留、逮捕的要件规定存在一定的交叉重叠，《监察法》列明了采取留置措施的条件。主要包括：事实条件、对象条件与情节条件。在进行监察留置条件的规范建构时，应当参考拘留、逮捕的条件，同时应当考虑到监察委员会的职权、监察对象的特殊性，以及与嗣后刑事诉讼程序衔接的机制，作出区别于刑事拘留、逮捕的规定。

（一）有违纪违法事实

《监察法》第 11 条明确了监察机关的调查职责，结合第 22 条，可对监察留置的事实条件作如下解读：一是有证据证明发生了违法、犯罪事实，要求该项的事实须已构成违法或犯罪的程度，这一点是留置的事实发生条件；二是有证据证明该项违法犯罪事实是被调查人所为，若有多人参与，应证明该被调查人所涉嫌的情节已经达到了违法或犯罪的程度，这一点是留置的事实情节条件；三是证明被调查人实施违法、犯罪行为的证据已查证属实。通常，在腐败案件中，一个被调查人可能会涉及数个违法或犯罪行为，只要有证据

---

〔1〕 陈永生："我国未决羁押的问题及其成因与对策"，载《中国刑事法杂志》2003 年第 4 期。

证明其中一个行为的情节符合"涉嫌贪污贿赂、失职渎职等严重职务违法或者职务犯罪"这一条件的要求即可，此点为留置的事实的证据条件。

（二）违纪违法嫌疑人属于公职人员

就监察体制改革之前的监督工作来看，行政监察机关、党内纪检机关以及检察机关所能够监督的对象范围是存在交叉和互有重复的，[1]构建统一国家反腐败体制，能够使得监督对象更加全面，留置措施的适用范围与监察委员会的监察对象范围相一致。《监察法》将监察对象具体规定为六类人员，以此划定监察对象的范围是较为妥帖的。但有一点需在未来立法过程中进一步商榷——行贿罪为受贿罪的对合犯罪，两罪具有并发性与隐蔽性，在调查受贿罪的犯罪事实的过程中，突破口的寻找往往依赖于行贿者的举报或口供，应当考虑将涉及监察机关管辖的职务违法、职务犯罪案件的行贿人也纳入留置对象的范围内，有利于相关案件的调查工作的顺利开展。但在此基础上如何恰当地确定留置对象范围并进行相应的权力监督与规制，使得监察机关在行使权力的过程中不至于恣意扩大权力适用范围，应当在未来结合实践经验再行斟酌。

（三）有留置之必要

《监察法》第22条对留置措施适用的情节条件作出了规定，基本对试点地区监察委员会留置措施的操作规范进行了整合，对这一法条应作如下拆分解读：

1. 涉及案情重大、复杂

"重大、复杂"这一条件在实践中不易界定，应当考虑在监察体制改革逐渐完善的过程中将其细化，在法条中明文规定，以便于公众对于留置措施适用的监督。案件涉及人数的多少、造成社会影响的大小是衡量职务违法、职务犯罪行为情节是否严重的标准，但不宜在法条中明确界定。涉案金额作为腐败犯罪重要的参考指标，容易予以量化，但金额标准在未来具有浮动的可能，不宜在具有高度稳定性的法律中明文规定，可考虑将其规定在相应的司法解释中，兼顾到留置措施适用条件的稳定性与灵活性。

2. 可能逃跑、自杀

逃跑与自杀是职务违法与职务犯罪调查、审判过程中的较大阻碍。我国

---

〔1〕　江国华："国家监察体制改革的逻辑与取向"，载《学术论坛》2017年第3期。

目前仍与许多国家在引渡问题上无法达成协议或在实际操作中遭遇难题，而职务违法与职务犯罪案件通常不是单独发生的，其涉及人数较多，被调查人逃亡海外或自杀之后，相关的调查工作可能无法继续进行，或需要耗费较多的调查资源。在被调查人具有逃跑、自杀倾向时及时将其留置，有利于调查活动的顺利进行，节约办案成本，同时使确实违法、犯罪的被调查对象得到应有的惩罚。"可能逃跑"这一条件较易确定，譬如被调查对象实施了购买机票、车票、办理护照等行为，而"可能自杀"这一条件不易界定，在调查过程中应当密切注意被调查人员的动向，必要时可引入心理方面的评估，尽量确保被调查人在出现自杀倾向时能够及时采取措施。

3. 可能串供或者伪造、销毁、转移、隐匿证据

条件三涉及被调查人妨碍取证的情形。职务违法与职务犯罪案件的被调查人通常具有一定的社会地位与影响力，且职务违法与职务犯罪案件具有较强的隐蔽性，案件取证难度极高，相关犯罪证据容易灭失，调查机关对言辞证据的依赖程度较高，而对违法与犯罪行为熟知的人大多是同案犯、行贿人或被调查人的亲友，出于惧怕打击报复或维护亲友的心理，可能与被调查人实施串供、销毁、转移、隐匿证据行为，导致案件的调查陷入僵局。因此，在调查工作开始后，监察机关应当尽力防止被调查对象接触同案犯、证人以及相关证据，发现被调查人有此类倾向时，及时将其留置，方能保证案件调查工作的顺利进行。

4. 可能有其他妨碍调查的行为

此项属于兜底性质的条件，给予监察机关在采取留置措施时一定的自由裁量空间，监察机关可根据案件调查情况灵活决定是否采取留置措施。这可参照《关于依法适用逮捕措施有关问题的规定》中关于"有逮捕必要"的规定。首先，除非是监察机关为了进一步获取证据而允许被调查人在监察机关监视之下继续实施违法、犯罪行为之外，有继续实施职务违法、犯罪行为可能的被调查人应当被留置；其次，对同案犯、证人实施威胁恐吓、打击报复的被调查人，应当被采取留置措施以防止其他犯罪行为的发生。除此之外，"其他妨碍调查行为"仍需监察机关在进一步调查工作的实践中予以明确。

四、监察留置的正当程序

留置措施兼具行政性与刑事司法属性、强制性等特征，若被不当使用，

极有可能不当侵犯到公民最基本的人身自由权。因此，正当程序在留置措施的适用中显得尤为重要。除应当满足前述的各项条件之外，主体条件、留置场所、留置时限、留置与逮捕如何衔接等问题也应当作为监察留置正当程序的要点予以考虑。

（一）留置决定与批准

监察委员会作为职务与职务犯罪调查权的行使主体，掌握着被调查人违法、犯罪的一手资料，对于对被调查人采取留置措施的必要性有着最为直观的判断，将留置决定权交由监察委员会行使最为恰当，由领导人集体研究决定是否采取留置措施，这一点在法理及实践过程中并无争议。

有争议之处在于：采取留置措施的决定作出后，其进一步的审批权究竟应当为哪个机关所掌握？在试点地区探索的过程中，三地区对于留置措施批准主体的规定不尽相同：北京市规定"留置措施的使用须报同级党委主要负责人批准，予以立案审查（调查）；市纪委市监委机关对局级或相当于局级的监察对象采取留置措施的，还需报市委主要领导批准；区级纪检监察机关对处级或相当于处级的监察对象采取留置措施的，还需报区委主要领导批准"〔1〕；山西省的规定为"省监委确需采取留置措施的，应提交省监委执纪审查专题会议研究决定，并由案件监督管理室报中央纪委备案"〔2〕；浙江省的规定则是"凡采取留置措施的，需监委领导人员集体研究、主任批准后报上一级监委批准，涉及同级党委管理对象的，还需报同级党委书记签批，凡使用、延长、解除留置措施的，市县两级监察机关都需报省级监察机关备案，而省监委则需报中央纪委备案"〔3〕。三试点地区留置措施的审批主要与两个机关相关：监察委员会与党委（主要）负责人。在结合三试点地区经验的基础上，《监察法》规定省级以下监察机关采取留置措施须经上一级监察机关批准，省级监察机关决定采取留置措施须报中华人民共和国监察委员会备案。在当前监察体制改革的初步阶段，此种规定有利于监察委员会职权的高效行使、留置措

〔1〕"从一开始就把监察权关进笼子——北京开展国家监察体制改革试点工作纪实（下）"，载《中国纪检监察报》2017年6月2日。

〔2〕"做好深度融合大文章——山西开展国家监察体制改革试点工作纪实（下）"，载《中国纪检监察报》2017年6月8日。

〔3〕"改革，不止于挂牌——浙江省开展国家监察体制改革试点工作纪实（下）"，载《中国纪检监察报》2017年6月14日。

施的顺利实施以及反腐案件进展情况的适当保密。

此外，《监察法》第43条规定："……在特殊情况下，可以延长一次……省级以下监察机关采取留置措施的，延长留置时间应当报上一级监察机关批准……"由此，留置措施的批准主体实际上应当包括两个层次：其一为初始留置的批准主体，其二为留置时限延长时的批准主体，目前《监察法》的规定为二者主体是同一的，此种规定便于在实践中操作，但在未来是否应当考虑将二者分开设置，体现留置措施的"审慎"延长原则，这一问题尚有继续探讨的空间。

（二）留置执行

留置执行指监察委员会在采取留置措施时的具体操作规范，笔者将从留置场所与留置时限两个方面结合《监察法》的具体规定进行解读及提出相应的完善建议。

1. 留置场所

首先，留置须在统一的场所中进行，这一条须予以明文规定。应当参照《刑事诉讼法》第91条"……逮捕后，应当立即将被逮捕人送看守所羁押……"的规定在采取留置措施后立即将被留置人送往留置场所，同时确保整个过程录音、录像的完整性。但《监察法》对于留置措施的执行场所仅规定为"特定场所"。《山西省纪委监委机关审查措施使用规范》在第八章也仅仅规定使用留置措施，应当在指定的专门场所实施，与被留置人谈话、讯问，应在专门谈话室进行。[1]试点地区的阶段性总结尚未明确指出何处为"专门场所"或"专门谈话室"。留置场所设置为看守所较适宜，主要基于以下几点考量：第一，看守所中的械具及配套设施等已经较为完善，监察委员会若在此之外另设一处留置场所需动用较多的人、财、物力，从经济的角度而言，此种做法并不适宜；第二，纪委办理反腐败案件时若采用设施条件优于看守所的场所（如宾馆），"留置一日折抵拘役、有期徒刑一日"的做法将会对其他被羁押于看守所的犯罪嫌疑人造成实质上的不公。[2]进一步而言，前文提

---

〔1〕"做好深度融合大文章——山西开展国家监察体制改革试点工作纪实（下）"，载《中国纪检监察报》2017年6月8日。

〔2〕也有人认为，基于此种可能形成的不公，应当规定为"留置二日折抵拘役、有期徒刑一日"。但笔者认为，《监察法》的规定较为合理，我们的关注点还是应当集中于尽力使被调查人受到与其他被羁押于看守所的犯罪嫌疑人受到同等的待遇。

及，"查留分离"应当作为留置措施实施过程中的一项基本原则加以奉行，在看守所职能的实际运行过程中，尽管其作为公安机关的部门之一，但在实质上已经具备了一套较为完整的机关运行体系，应当考虑将看守所从侦查机关中剥离，由司法行政机关来行使相应的管理职能。诚然，我国目前的看守所分为治安看押区域和刑事看押区域，将被调查对象留置在这两个区域中的任何一个从名义上来说都是不太适宜的，应当考虑将目前的看守所进行相应的硬件设施改造，并开辟专门的留置执行区域，以规范留置执行场所。

其次，在被留置人权利告知方面，可参考香港廉政公署在扣留被调查人时所采用的制度。廉政公署执行处为被扣留的人士提供周全的扣留设施。根据《廉政公署条例》第10A条的规定[1]，廉署有权扣留被捕人士；《廉政公署（被扣留者的处理）令》[第204（A）章]列明了被扣留人士所享有的权利。被扣留者会收到一份中英对照的"致被扣押人士的通告"[2]，列明该法令的详细内容。这份通告会张贴在各个扣留室、会面室和扣留中心较为醒目的位置。留置措施在行使过程中可以对此进行借鉴，在留置执行场所张贴相应的权利告知，使被留置人明确自身的合法权利。

2. 留置时限

在留置时限方面，从理论角度而言，有的观点认为应从违纪行为调查阶段、职务违法行为立案调查阶段和职务犯罪行为立案侦查阶段三个方面，设

---

[1] 《廉政公署条例》10A条："（1）根据第10条被逮捕的人——（a）可随即被带往警署，并在该警署按照《警队条例》（第232章）处理；或（b）可被带往廉政公署办事处。（2）凡根据第10条被逮捕的人被带往廉政公署办事处后——（a）如职级为高级廉政主任或以上的廉署人员（在本条中称为'廉署高级人员'）认为为作进一步调查，有需要扣留该人在该办事处，则该人可被扣留在该处。"

[2] 《第204A章：廉政公署（被扣留者的处理）令（宪报编号：1 of 2003）》第17条致被扣留者的告示（版本日期：30/06/1997）：廉政公署须在用作扣留被扣留者的每间房间的显眼处，以及易为被扣留者看见的廉政公署办事处内其他显眼地方，张贴具以下条款的中文及英文告示："被扣留者请注意：①你可要求将你已经被扣留一事通知你的亲属或一位朋友；②在不会对调查的进行或执法构成不合理延迟或阻碍的前提下，你可与一名法律顾问通讯和商议；③你如根据裁判官的命令被扣留，为准备你的辩护，你会——（a）获供应书写用品，而你的书信可邮寄出或递送出而不受延误；（b）在不会对调查的进行或执法构成阻碍的前提下，你可打电话给他人（1987年第51号第9条）；④你可要求保释；⑤你如感到不适，请要求医疗护理；⑥你会获得免费供应足够的食物和茶点，除属基本需要的衣物外，你不得接受从外间送来的任何其他东西，但在你的要求下，可获准自费得到外间送来食物，但这些食物须经过检查；⑦你如作出要求，便会获得供应饮用水。"

置短期、中期和长期留置期限。[1]此种观点不甚合理,理由在于留置措施的时限设置需结合留置措施出台的目的进行考量(即:使得当前纪委在办案过程中的"两规"措施逐步进入到刑事司法体制内,取得法律上的依据)。首先,该观点认为短期留置可参照《公安机关适用继续盘问规定》第 11 条[2]有关继续盘问时限的规定,设置"12-24-48"小时的短期留置时限。联系到职务违纪违法及犯罪行为通常涉及面广、人数较多、取证难度大,在监察委员会决定采取留置措施之后,以"小时"记的留置期限往往不能满足调查与侦查的需要,故此种设置实际上是多余的。其次,其认为长期留置应当参照《行政监察法》第 33 条[3]有关立案调查的案件期限的规定,设置"6 个月~1 年"的长期留置时限,但参照比例原则来看,对于人身自由的限制期限不宜设定得如此之长。同时,结合《刑事诉讼法》第 154 条"侦查羁押期限不得超过 2 个月……可以经上一级人民检察院批准延长一个月"的规定来看,6个月~1 年的规定过长,可以说也是不甚合理的。《监察法》在《山西省纪委监委机关审查措施使用规范》规定的"使用留置措施时间不得超过 90 日,特殊情况下经批准可延长一次,时间不得超过 90 日"的基础上,作出了"留置时间不得超过三个月。在特殊情况下,可以延长一次,延长时间不得超过三个月。省级以下监察机关采取留置措施的,延长留置时间应当报上一级监察机关批准。监察机关发现采取留置措施不当的,应当及时解除"的规定,该规定比较适宜,能够兼顾案件调查。监察委员会在实际采用留置措施的过程中应参照比例原则规定留置措施的时限,使之与被调查人涉嫌罪行的严重程度、妨碍侦查的可能性的大小、人身危险性大小和案件具体情况(如涉案金额、人数等)相适应,尽量减少不必要的留置,以确保该项措施使用的合理性。

---

[1] 王晓:"监察委员会的留置措施论要",载《北京联合大学学报(人文社会科学版)》2017年第 2 期。

[2]《公安机关适用继续盘问规定》第 11 条第 1 款:"继续盘问的时限一般为 12 小时;对在 12小时以内确实难以证实或者排除其违法犯罪嫌疑的,可以延长至 24 小时;对不讲真实姓名、住址、身份,且在 24 小时以内仍不能证实或者排除其违法犯罪嫌疑的,可以延长至 48 小时。"

[3]《行政监察法》第 33 条:"监察机关立案调查的案件,应当自立案之日起六个月内结案;因特殊原因需要延长办案期限的,可以适当延长,但是最长不得超过一年,并应当报上一级监察机关备案。"

3. 留置衔接

（1）留置与逮捕的衔接。前文提及检察机关在采取留置措施的过程中应当享有留置措施的审批权，在职务违纪调查或职务犯罪侦查阶段结束之后，如何实现留置措施与逮捕的衔接则是另一需要考虑的问题。陈光中教授指出，留置向逮捕的转化依案件情节严重程度或证据材料完整性的不同，可能产生三类处理情形：检察院依法决定独立逮捕、依法转为取保候审或监视居住、依法决定不予逮捕（说明理由、退回补充调查）[1]，笔者赞同此种观点。此外，在留置结束转向刑事羁押之后，应当尽量减少未决羁押的时间。原因之一在于《监察法》第 44 条规定："被留置人员涉嫌犯罪移送司法机关后，被依法判处管制、拘役和有期徒刑的，留置一日折抵管制二日，折抵拘役、有期徒刑一日。"但在逮捕之前，留置措施对犯罪嫌疑人的人身自由限制已经经过了较长时期，若再对犯罪嫌疑人进行较长时间的未决羁押，可能导致最终判决应折抵期限超过服刑期限的问题。原因之二在于我国目前的未决羁押存在适用范围过大、羁押期限过长、超期羁押非常普遍且久禁不止等问题。[2]若在羁押期限之上再加入留置期限，显然是有悖于人权保障原则的。因此，在留置向羁押转化的过程中应当尤其注意严格规范羁押的适用。

此外，在留置与羁押场所交接的过程中，应当不间断地留存影像资料，使得整个留置与羁押的交接过程透明，避免在交接过程中出现侵犯被留置人人身权利的情况，同时避免重要证据因来源不合法而被排除以及进行重复侦查等浪费侦查资源与司法资源的现象。

（2）案件证据移送制度的完善。对于监察委员会的证据制度，《监察法》第 33 条对证据种类、证据的要求和标准作出了相应的规定[3]，但对于监察委员会将证据移送至检察机关的流程并无明文规定。在留置措施与刑事司法程序的衔接上，应当规定较为完善的证据移送制度，以实现监察留置与刑事司法程序的衔接。首先，应当确定移送相关证据材料的种类，可参考《行政

---

〔1〕 陈光中："我国监察体制改革若干问题的思考"，载《中国法学》2017 年第 4 期。

〔2〕 陈永生："我国未决羁押的问题及其成因与对策"，载《中国刑事法杂志》2003 年第 4 期。

〔3〕 《监察法》第 33 条规定："监察机关依照本法规定收集的物证、书证、证人证言、被调查人供述和辩解、视听资料、电子数据等证据材料，在刑事诉讼中可以作为证据使用。监察机关在收集、固定、审查、运用证据时，应当与刑事审判关于证据的要求和标准相一致。以非法方法收集的证据应当依法予以排除，不得作为案件处置的依据。"

执法机关移送涉嫌犯罪案件的规定》对于移送证据材料的规定[1]。其次，《监察法》未对证据的合法性审查主体作出明确规定，应当认为检察机关为提起刑事诉讼的机关，具有对证据取得的合法性进行审查的职能。监察委员会对于职务犯罪案件的侦查权相当于公安机关对于普通刑事案件的侦查权。我国《刑事诉讼法》第 171 条规定，[2]对于人民检察院在证据审查过程中发现证据取得存疑可以要求公安机关对证据收集的合法性作出说明以及退回补充侦查的规定，在检察机关对监察委员会证据审查的过程中应当同样予以适用。

五、被留置人的权利保障

伴随着人权观念的传播发展，无论是基于历史渊源、现实基础抑或是具体的宪法规定，落实基本人权原则，切实保障公民基本权利必然是一个国家在进行制度建设时的重要考量因素。[3]因此，被留置人的权利保障是监察体制改革中不可忽视的环节。进行相应的制度构建时应当着眼于事前权利保障与事后权利救济两个方面：事前权利保障主要包括使被留置人明确自身合法权利的内容（即前文所述应当张贴于留置场所的内容）、免于逼供权、律师会见权、陈述申辩权。而事后的权利救济主要应当着眼于监察申诉和司法救济，即被留置人的合法权利被侵犯之后，如何向监察委员会进行申诉及向司法机关提起诉讼，以期获得应有赔偿的权利。

（一）免于逼供权

刑事侦查行为与人权保障息息相关。前文提及了杰里·马修教授提出的"尊严价值理论"，进而引申出在监察留置措施的构建过程中，正当程序原则的遵循尤为重要，其关乎一国人权保障的价值取向，与我国当前进行的司法

---

〔1〕《行政执法机关移送涉嫌犯罪案件的规定》第 6 条："行政执法机关向公安机关移送涉嫌犯罪案件，应当附有下列材料：（一）涉嫌犯罪案件移送书；（二）涉嫌犯罪案件情况的调查报告；（三）涉案物品清单；（四）有关检验报告或者鉴定结论；（五）其他有关涉嫌犯罪的材料。"

〔2〕《中华人民共和国刑事诉讼法》第 171 条："人民检察院审查案件，可以要求公安机关提供法庭审判所必需的证据材料；认为可能存在本法第五十四条规定的以非法方法收集证据情形的，可以要求其对证据收集的合法性作出说明。人民检察院审查案件，对于需要补充侦查的，可以退回公安机关补充侦查，也可以自行侦查。对于补充侦查的案件，应当在一个月以内补充侦查完毕。补充侦查以二次为限。补充侦查完毕移送人民检察院后，人民检察院重新计算审查起诉期限。对于二次补充侦查的案件，人民检察院仍然认为证据不足，不符合起诉条件的，应当作出不起诉的决定。"

〔3〕周叶中、莫广明："论反腐败制度建设与公民基本权利保障"，载《学习与实践》2017 年第 3 期。

领域的改革的基本精神应当保持一致。而刑讯逼供将侵犯被留置人生命权、健康权、人格权、自由权中的一项或多项权利，与我国当前进行的司法改革的精神背道而驰，应当在监察体制改革过程中摒弃。

《监察法》第 33 条第 3 款对于非法证据排除原则作出了明文规定，即"以非法方法收集的证据应当依法予以排除，不得作为案件处置的依据"。除在检察机关提起公诉前法院在诉讼过程中进行非法证据排除之外，相关的惩戒制度也应当被纳入到刑事司法体系当中。当前，纪委监察机关在采取"两规"措施时所用程序的正当性存疑，但因纪委人员不属于"司法工作人员"范畴，对其并不能够适用刑讯逼供罪的量刑，仅能适用故意伤害罪、故意杀人罪的一般规定[1]，这显然是不合理的。因此，应当将监察委员会行使职务违纪调查权与职务犯罪侦查权的人员确定为司法工作人员[2]，适用《刑法》中对于刑讯逼供罪的相关规定，敦促其谨慎履行相应职能。

（二）陈述申辩权

在"正当程序"一节中，笔者曾经提及，监察委员会在采取留置措施时应当听取被留置人的陈述、申辩。《监察法》第 41 条对正当程序原则有所涉及，即"调查人员采取讯问、询问、留置、搜查、调取、查封、扣押、勘验检查等调查措施，均应当依照规定出示证件，出具书面通知，由二人以上进行，形成笔录、报告等书面材料，并由相关人员签名、盖章。调查人员进行讯问以及搜查、查封、扣押等重要取证工作，应当对全过程进行录音、录像，留存备查"。但该案却并未明确指出被调查人是否享有陈述、申辩的权利。留置措施具有行政属性，可参照《行政处罚法》第 32 条和第 41 条作出相应的程序性规定，在采取留置措施时充分听取当事人的意见，若未履行此程序，应当认定为监察委员会留置措施违反了正当程序原则。在此情况之下应当要求履职人员承担程序违法的责任，并重新履行留置程序。

（三）申诉救济权

1. 监察申诉

陈述申辩权着眼于被正式采取留置措施之前被调查人对人身权利的维护，

---

〔1〕 因其不属于司法工作人员，故不能不适用《刑法》第 247 条对于司法工作人员刑讯逼供导致触犯故意杀人、故意伤害罪时从重处罚的规定。

〔2〕 关于监察委员会行使职务违纪调查权的人员是否属于司法工作人员尚存疑问，实际上，在实践中职务违纪与职务犯罪行为在开始进行留置之时并不易进行区分，为规范留置措施的使用，应当认为其属于司法工作人员，敦促其在实施调查与侦查行为的过程中更加谨慎地遵循程序的正当性。

监察申诉则是着眼于被留置人在留置过程中的权利救济。目前，我国的行政申诉制度尚未进行体系化的构建，有关于行政申诉制度的简要规定可见于《行政复议法》第 8 条[1]，《行政监察法》第 38、39 条[2]，《行政处罚法》第 54 条[3]。但就实用性方面而言，这样的规定显然有所欠缺，且行政监察机关的独立性不足，其履职的公正性当然地存疑。留置作为一项具有行政属性的措施，所限制的是公民最基本的人身自由、通信自由权，应当在未来的监察立法过程中规定行政申诉（包括监察申诉）的内容作为独立的行政救济制度，设置独立于监察委员会和检察机关的机构。譬如，可仿照香港建立行政申诉专员制度来受理一般的行政申诉案件，同时也包括监察申诉案件，并规定相应的受案范围与配套程序，作为被调查对象权利救济的途径之一。

2. 司法救济

前述几项权利所具有的防御功能并不能够完全杜绝公权力对被留置人合法权益的侵害，但在中国整个审判前程序中，由于并不存在类似西方国家那样的预审法官、侦查法官或者治安法官的参与，因此，法院对侦查、审查起诉阶段的诉讼行为无法进行同步的司法审查。[4]故应当引入司法救济机制作为事后救济途径之一。再如姜明安教授所言，国家监察法立法有必要适当引入司法救济机制，即监察对象对于监察机关采取的限制人身自由的强制措施（如留置）、对财产的部分强制措施（如查封、冻结、扣押、搜查等），以及个别最严厉的行政处分决定（如开除公职）不服，《监察法》应赋予相对人向法院提起诉讼的权利。[5]司法的终局性特点决定了其应当作为解决司法救

---

[1]《中华人民共和国行政复议法》第 8 条第 1 款："不服行政机关作出的行政处分或者其他人事处理决定的，依照有关法律、行政法规的规定提出申诉。"

[2]《中华人民共和国行政监察法》第 38 条："国家行政机关公务员和国家行政机关任命的其他人员对主管行政机关作出的处分决定不服的，可以自收到处分决定之日起三十日内向监察机关提出申诉，监察机关应当自收到申诉之日起三十日内作出复查决定；对复查决定仍不服的，可以自收到复查决定之日起三十日内向上一级监察机关申请复核，上一级监察机关应当自收到复核申请之日起六十日内作出复核决定。复查、复核期间，不停止原决定的执行。第三十九条：监察机关对受理的不服主管行政机关处分决定的申诉，经复查认为原决定不适当的，可以建议原决定机关予以变更或者撤销；监察机关在职权范围内，也可以直接作出变更或者撤销的决定。"

[3]《中华人民共和国行政处罚法》第 54 条第 2 款："公民、法人或者其他组织对行政机关作出的行政处罚，有权申诉或者检举；行政机关应当认真审查，发现行政处罚有错误的，应当主动改正。"

[4] 陈瑞华："未决羁押制度的理论反思"，载《法学研究》2002 年第 5 期。

[5] 姜明安："国家监察法立法的若干问题探讨"，载《法学杂志》2017 年第 3 期。

济含有司法机关对于监察委员会行使留置措施的监督之义，具有附随性，即法院仅能够在诉讼中对于监察委员会职权行使的合法性进行审查。在此类诉讼中，监察委员会为留置措施的实施主体，若其行为侵犯到被留置人的合法权利，自然应当由其自身作为诉讼的被告一方。

不可否认，监察委员会的性质定位具有特殊性，以之为被告的诉讼性质尚有待明确。陈光中教授指出，此次监察体制改革将监察权从行政权中剥离，明显提高了监察权在国家权力架构中的等级，使之成为与行政权、司法权并列的国家权力。[1] 从一方面来说，监察委员会并不能够被定义为行政机关，行政复议与行政复核的规定并不能够直接适用。设若承认被留置人对监察委员会提起的诉讼为行政诉讼，便等同于承认监察委员会是行政机关，其所行使的权力为行政权，这显然是不成立的。但不可否认的是，监察委员会的职权具有特殊性质，留置措施的适用类似于一般犯罪的侦查机关对于拘留或羁押的适用，与民事、刑事诉讼相比较而言，此类诉讼更贴近于行政诉讼，应当由法院的行政庭进行审判，但这一诉讼的具体定性还有待于在今后的研究中进一步挖掘。

结　语

尽管《监察法》已经出台，但基于留置措施为改革过程中所新设，在监察委员会采用此项措施时，可能会遇到较多关于程序合法性的问题，包括前述所列举的留置措施行使对象、场所、时限、条件、审批主体、权利救济等。除此之外，仍有一些问题须在未来监察体制改革进程中予以进一步的考量，譬如针对涉嫌职务犯罪与职务违法行为，是否应当采用不同程度、不同时限的留置措施，使该项强制措施与被调查人行为的社会危害性大致等同。再比如留置过程中是否应当赋予被调查人会见律师的权利，同时又应当如何操作才不致使得案件信息外泄。再者，在监察委员会工作人员采取留置措施的过程中因不当行使权力造成被调查人合法权利受损的情况下，是否应当适用、应当怎样适用《国家赔偿法》，以及国家进行赔偿之后，是否能够向该工作人员进行追偿的问题等。在各地已有经验的基础上，立法者应当进行经验的总结并进行进一步的立法、修法，使监察委员会的权力在法律的轨道内运行。

---

〔1〕　陈光中、邵俊："我国监察体制改革若干问题的思考"，载《中国法学》2017年第4期。

第七节　监察权行使的程序设置

2018 年 3 月 20 日通过的《监察法》除了应规定国家监察机关的职责、权限和监察手段外，还应明确规定国家监察机关履行职责、行使职权的程序。对于监察程序的设置，有双层次的标准：其一为在法理上监察程序所需要恪守的原则；其二为在实体法上监察程序的具体工作流程。这样设置主要是基于以下两点考虑：其一，仅有监察程序所恪守的宏观原则，而无监察权行使的具体程序设置，监察程序无法落地；其二，仅有具体工作程序，缺乏宏观原则理念的引导，程序本身的价值将会大打折扣。就目前而言，新通过的《监察法》对国家监察程序作出了一定的规定但是过于宽泛，如果结合其产生的渊源，从监察委所具有的国家职权上来看，国家监察程序应当会在很大程度上吸收行政监察程序以及刑事侦查程序。因此，我们主张国家监察委应当在新《监察法》的规定的基础上，恪守正当程序理念、遵循原有惯例来进行监察程序。在法制层面，也应尽快出台《监察程序法》及相关配套制度。

一、监察权行使应符合正当程序原则

国家监察机关履职运作程序的原则性规定，对监察权的行使起着指导作用。我们认为，应当设置宏观性的程序制度，来保障监察权的行使。具体应当包括监察公开制度、公众参与制度、证据审查核实制度、回避制度、听取陈述申报制度等。

（一）监察公开

监察机关应坚持在阳光下行使权力，在阳光下办案，防止和杜绝"暗箱操作"。实行监察公开制度是贯彻依法治国方略，落实人民当家作主的重要手段，应当将监察权行使的法律法规、被监察对象的权利和义务等内容如实公示，增强监察权行使的透明度。这样做的好处有二：一方面，有利于人民群众对监察权的行使实行有效的监督；另一方面，又能督促履行监察职责的监察人员认真履行职责，及时纠正和查处不良行为。实行监察公开制度，可以有效防止执法不严、权大于法、情大于法等现象的发生，有效地增强监察人员依法履行监察职责的自觉性。

众所周知，监察权是一把双刃剑，它既有积极进步的一面，也有其被不当利用而产生负面作用的一面。我们不能把希望完全寄托在监察人员的道德水准、思想觉悟和对违法违纪后果的恐惧而不进行监督上，就像我们需要设置监察机关来监督国家工作人员一样。一切有权力的人都容易滥用权力，这是一条万古不易的经验。任何权力都具有自利性和扩张性，尤其是监察委所具有的这样一种容易涉及他人人身自由、名誉、财产等重要利益的权力。这种扩张性容易导致侵害公民的合法权益。尤其是在监察机关及其监察人员不将行使监察权的依据、程序、过程等予以公开的情形下，就更无法监督监察机关的监察行为。进而，监察机关也就会缺乏依法办事的动力和压力，容易滥用权力和侵权。监察公开制度对监察活动的基本程序作了明确规定，对行政权的运行构成强有力的约束。同时，这种监察程序的法律化实现了对公民具体权利的保障。

此外，监察机关应当将群众监督作为检验和完善自身工作的重要途径。监察机关应认真受理群众来信来访、将解决群众反映的问题作为查办案件的线索，公民通过事前询问、事中参与、事后监督等多种手段来规制监察权力，加大信访公开的力度，除了涉及办案机密和当事人合法权利不得公开的外，凡是可以公开的一律向群众公开，增强信访工作的透明度和公信力。对实名举报的案件，调查终结之后，要将调查结果公开告知举报人，举报人所反映的问题能够查清的和不能够查清以及查清的可以认定错误构成违纪的和不构成违纪的，都要向举报人说明清楚。

可见，实行监察公开，对于开展群众监督、遏制腐败现象、改进监察机关作风、密切监察人员与群众的关系，推进社会主义民主法治建设都具有重大意义。

（二）回避制度

回避制度是程序公正的重要内容。回避制度的理论依据是西方传统理论中的"自然公正原则"。该原则要求：第一，任何人不得做自己案件的法官，也即法官不得与案件本身存在任何利害关系，在审判中不得存在任何偏私，且须使任何公平、正直的人不对其中立性产生合理的怀疑；第二，应当听取双方当事人的意见，即法官应保证所有与案件结果有直接利害关系的人有充分表达自己意见的机会，并对他们的意见给予平等的对待。[1]在监察权行使

---

〔1〕 参见陈瑞华：《刑事审判原理论》，北京大学出版社 1998 年版，第 55 页。

的过程中，监察人员的回避和审判程序中审批人员的回避有着同等重要的意义。回避制度的意义主要表现为：①有利于监察案件得到客观公正的处理，这是回避制度的实体意义；②有利于当事人在监察程序中受到公正的对待，这是回避制度的程序意义；③回避制度的实施及其所保障的程序公正价值，还可唤起社会公众对法律制度和法律实施过程的普遍尊重，从而有助于法治秩序的建立和维护。

监察程序中回避制度可以分为申请回避、自行回避与指令回避。监察权行使过程中的申请回避，是指监察案件的当事人及其法定代理人认为回避对象具有法定的回避情形时，向办案的监察机关提出申请，要求相关监察办案人员进行回避。申请回避是当事人及其法定代理人的一项重要的权利，但申请人员需要提供证据证明被申请回避的人员具有需要回避的情形。监察权行使过程中的自行回避，是指行使监察权的办案人员等在行使监察权的过程中遇有需要回避的法定情形时，自行主动地要求退出监察程序的制度。自行回避制度的落实更多地依赖于监察人员的职业自律以及自我约束意识。监察权行使过程中的指令回避，也称职权回避，是指在监察权的行使过程中，当事人及其法定代理人没有申请监察人员回避，而具有法定回避情形的监察人员没有自行回避时，监察机关的负责人或相应组织有权作出责令这些监察人员退出相关监察活动的决定。其中自行回避和申请回避是刑事回避制度的两种基本形式，指令回避制度则是对自行回避和申请回避的必要而有益的补充，可以克服前两种回避方式自身不可避免的缺陷。

监察工作应实行严格的回避制度：案件审查审理人员如果是被审查人或检举人的近亲属、主要证人、利害关系人或者存在其他可能影响公正审查审理情形的，均应当回避，不得参与相关审查审理工作。

（三）听取陈述申辩制度

听取陈述申辩，是正当法律程序的基本要求，监察工作尤应如此。监察权行使过程中的听取陈述和申辩制度，是指当具体监察行为涉及他人的合法权益时，监察机关及其工作人员应当听取相对人的陈述和申辩的制度。

听取陈述申报制度，具有以下重要意义：①避免监察错误的发生。古人云："兼听则明，偏听则暗。"比利时的凡·豪埃克提出："法律人之间的理性对话是'正确'地解释和适用法律的最终保证。"监察人员听取相对人的陈述和申辩，有助于查清事实，准确适用法律，从而保证监察决定的正确性。在监察权的行使过程中，认真听取行政相对人的意见，可以有效防止或者减少错误的发生。另外，听取陈述和申辩制度，也是为了以权利控制权力，防止监察权被滥用。因此，行政相对人充分行使陈述和申辩权，会对监察权的肆意妄为起到遏制作用。②提高监察工作的效率。在监察权的行使过程中，有时需要相对人的配合，如果相对人没有表达自己意见的机会，难免会产生抵触情绪。如果他认为监察工作不公，可能还会和监察机关工作人员产生摩擦乃至冲突。这无疑会使监察工作难以展开。因此，听取当事人的陈述和申辩，可以实现公平与效率的有机统一。③保障当事人的人权的要求。监察人员听取当事人的陈述和申辩，首先要体现出对当事人人格和尊严的尊重和保护；其次，通过听取陈述申辩从而避免错误的监察决定的发生，在一定意义上保障了当事人的自由、财产和名誉等重要权利。对于违法违纪嫌疑人，即使监察机关对其违法违纪事实已经充分掌握，也必须听取他们的陈述申辩。这不仅是保证办案质量的要求，也是保障当事人人权的法治要求。

监察程序当然不止上述这些制度，但上述制度是最重要的，国家监察法立法必须予以确立。

二、监察权行使的具体程序

（一）线索处置

监察机关所查办的监察案件，除了小部分是自己发现案件事实之外，实际上，大部分得靠群众的信访、举报等提供线索。因此，在监察权的行使程序设置中，对线索处置设定程序是相当必要的。否则，监察机关很可能无案可办，正如"巧妇难为无米之炊"。

监察机关应当设立专门的案件监督管理部门，受理群众的信访举报，统一接收下一级监察机关报送的相关信访举报，分类摘要后移送案件监督管理部门。案件的收集仅仅是第一步。由于监察部门要受理的信访和举报案件很多，若处置不当，很容易造成案件积压或遗漏。因此，案件监督管理部门应当对问题线索实行集中管理、动态更新、定期汇总核对，提出分办意见，报监察机关主要负责人批准，按程序移送承办部门。只有这样，才能更好地提高工作效率。当然，由于承办部门要同时承办的案件也不少，承办部门也应当指定专人负责管理问题线索，逐件编号登记、建立管理台账。线索管理处置各环节均须由经手人员签名，全程登记备查。重要检查事项的立项，应当报上一级监察机关备案。这样有利于上级监察机关对下级监察机关的监察工作给予必要的指导和帮助。

监察机关应当根据工作需要，定期召开专题会议，听取问题线索综合情况汇报，进行分析研判，对重要检举事项和反映问题集中的领域深入研究，提出处置要求。这样，才能集中力量解决重大疑难问题，避免差错。

同时，承办部门应当定期汇总线索处置情况，及时向案件监督管理部门通报。案件监督管理部门定期汇总、核对问题线索及处置情况，向监察关主要负责人报告。

（二）谈话函询

谈话函询不是监察权行使过程中的必经程序，而是选择性程序。监察机关对于不同的案件，可以根据案件性质和违法违纪程度的不同，作出不同的处置措施。对于违纪、违法的行为，承办部门可以采取谈话函询方式处置问题线索。但应当拟订谈话函询方案和相关工作预案，按程序报批。只有做好前期准备工作，才能有备无患，否则，很容易被谈话人钻空子。谈话过程应当形成工作记录，谈话后可视情况由被谈话人写出书面说明。谈话内容很可能会在以后的调查中使用，并且是审查审理的重要依据。因此，只有做好工作记录，后续的工作才能更好地开展。

函询应当以监察机关办公厅（室）的名义发函给被反映人，并抄送其所在党委（党组）、所在国家机关或单位主要负责人。以机关部门的名义发布，在很大程度上，能够避免监察人员个人滥用职权，同时，对于被函询人来说，函询文书也更正式。为了提高效率，对被函询人的发函回复设定一个时间限度是非常必要的。被函询人应当在收到函件后 15 个工作日内写出说明材料，由其所在党政机关单位主要负责人签署意见后发函回复。采取函询方式调查，在监察程序设置上要求将函询内容抄送其所在党委（党组）、所在国家机关或单位主要负责人，并要求被函询人将其回复内容由其所在党政机关单位主要负责人签署意见后发函回复，这样做是为了让被函询人所在党组织、机关、单位了解相关情况，能够对调查工作采取一定的配合措施。当然，被函询人为党政机关主要负责人的，或者被函询人所作说明涉及党政机关主要负责人的，应当直接回复发函监察机关。

（三）初步核实

承办部门承办案件，并采取函询方式进行了初步了解后，应采取初步核实方式处置问题线索，制定工作方案，成立调查组，履行审批程序。若被核查人员为党政机关主要负责人的，通常案件具有较大影响，牵扯到被调查人较大利益，因此，为了慎重起见，监察程序中应当规定，若被核查人为党政机关主要负责人，监察机关应当报上级监察机关批准。

为了便于收集证据，应赋予调查组一定的权限。调查组经批准可采取必要措施收集证据，与相关人员谈话了解情况，要求相关组织作出说明，调取个人有关事项报告，查阅复制文件、账目、档案等资料，查核资产情况和有关信息，进行鉴定勘验。

初步核实工作结束后，调查组应当撰写初核情况报告，列明被核查人基本情况、反映的主要问题、办理依据及初核结果、存在疑点、处理建议，由调查组全体人员签名备查。谁办案，谁负责。要求调查组全体成员签字，是为了督促调查组秉公办案，同时，若因调查环节的舞弊行为造成了冤案错案，也便于核查调查人员，追究其违法责任。

调查组应当综合分析初核情况，按照拟立案审查、予以了结、谈话提醒、暂存待查等方式提出处置建议。

（四）立案审查

经过初步核实，对存在严重违纪需要追究党纪责任的或严重违法需要追究行政责任以及刑事责任的，应当立案审查。凡报请批准立案的，应当已经掌握部分事实和证据，具备进行审查的条件。这是"以事实为根据，以法律为准绳"的必然要求。

对符合立案条件的，承办部门应当起草立案审查呈批报告，经监察机关主要负责人审批，予以立案审查。经监察机关主要负责人审批，是对案件的进入审查程序进行初步把关。纪检机关主要负责人主持召开审查专题会议，研究确定审查方案，提出需要采取的审查措施。

严重违纪涉嫌犯罪接受审查的，应当向社会公开发布。这是监察公开原则的具体体现。因为被调查对象为国家工作人员，代表国家行使国家权力，人民群众有权利了解情况。同时，通过向社会公布，能够收到群众提供的其他线索和证据。

在审查方案的形成和通过过程中，监察机关主要负责人应该严格把关，由监察机关主要负责人批准审查方案。监察机关相关负责人批准成立审查组，确定审查谈话方案、调查方案，审批重要信息查询、涉案款物处置等事项。

审查组组长应当严格执行审查方案，不得擅自更改；以书面形式报告审查进展情况，遇重要事项及时请示。

在审查过程中，难免会遇到一些审查程序中需要进一步了解有关事实或有关事实不明，但又不对审查构成实质性障碍的情况。在这种情况下，如果因为些许事实原因直接将审查方案发回至调查组，难免会造成效率低下的问题。因此，在这种情况下，审查组可以依照相关法律法规，经审批对相关人员进行调查谈话，查阅、复制有关文件资料，查询有关信息，暂扣、封存、冻结涉案款物，提请有关机关采取技术调查、限制出境等措施。

我们认为，对审查时间应当设定必要的限制，否则，容易造成案件久拖不决，影响当事人的合法权利。审查时间应不得超过90日。但有些时候，案件又属于疑难复杂类型，或有其他特殊情形，在90日内无法审查完毕，此时，应设定准予延长时间的程序。在特殊情况下，经上一级监察机关批准，可以延长一次，延长时间不得超过90日。

审查谈话、执行审查措施、调查取证等审查事项，必须由2名以上监察人员共同进行。由2名以上监察人员共同进行，一是为了保障监察人员的人身安全，二是为了防止监察人员在办案过程中舞弊。

监察机关办案，应当以事实为根据，而事实需要由证据证明。因此，证据在监察机关办理案件的过程中，起着至关重要的作用。在监察程序中，应当对证据进行必要的规制。监察机关应当严格依规收集、鉴别证据，做到全面、客观，形成相互印证、完整稳定的证据链。调查取证应当收集原物原件，逐件清点编号，现场登记，由在场人员签字盖章；调查谈话应当现场制作谈话笔录并由被谈话人阅看后签字。已调取证据必须及时交审查组统一保管。这样，能够更好地查看证据，也能防止证据被他人轻易更改。严禁以威胁、引诱、欺骗及其他违规违法方式收集证据；严禁隐匿、损毁、篡改、伪造证据。

监察机关在办案过程中，对于暂扣、暂扣、封存、冻结、移交涉案款物，应当严格履行审批手续。若程序不严，容易侵犯或影响当事人的财产权益。执行暂扣、封存措施，执纪人员应当会同原款物持有人或者保管人、见证人，当面逐一拍照、登记、编号，现场填写登记表，由在场人员签名。对价值不明物品应当及时鉴定，专门封存保管。

此外，监察机关应当设立专用账户、专门场所，确定专门人员保管涉案款物，严格履行交接、调取手续，定期对账核实。严禁私自占有、处置涉案款物及其孳息。这样能够尽可能防止涉案物品被挪用或侵占。

为了保障被调查人员的人身安全，为了防止监察人员采取暴力、威胁等手段调取证据，审查谈话、重要的调查谈话和暂扣、封存涉案款物等调查取证环节应当全程录音、录像。录音、录像资料由案件监督管理部门和审查组分别保管，定期核查。未经批准并办理相关手续，不得将被审查人或者其他谈话调查对象带离规定的谈话场所，不得在未配置监控设备的场所进行审查谈话或者重要的调查谈话，不得在谈话期间关闭录音、录像设备。

查明违纪事实后，审查组应当撰写违纪事实材料，与被审查人见面，听取意见，以保障被审查人员的陈述申辩的权利。防止之前的调查环节中，调查人员未给予被调查人陈述申辩的权利的现象发生。因而，在审查环节中仍需要询问被调查人员是否需要陈述申辩。要求被审查人在违纪事实材料上签署意见，对签署不同意见或者拒不签署意见的，审查组应当作出说明或者注明情况。

审查工作结束，审查组应当集体讨论，形成审查报告，列明被审查人基本情况、问题线索来源及审查依据、审查过程、主要违纪或违法事实、被审查人的态度和认识、处理建议及依据，并由审查组组长及有关人员签名。审查全过程形成的材料应当结成案卷、进行归档。

（五）审理

监察机关应当成立专门的案件审理部门，由案件审理部门对审查组审查的案件进行审核。审理工作应当严格依纪依法，提出纪律处理或者纪律处分、行政处分或者移送监察机关审查起诉的意见，做到事实清楚、证据确凿、手续完备、程序合规。

在审理程序中，应当坚持审查与审理分离，审查人员不得参与审理。这是为了防止审理人员在审理中，因参与过案件之前的程序，而产生先入为主的偏见，从而对被审查人不利。

审理工作按照以下程序进行：案件审理部门收到审查报告后，应当成立由3人以上组成的审理组，全面审理案卷材料，提出审理意见。要坚持集体审议，在民主讨论基础上形成处理意见；对争议较大的应当及时报告，形成一致意见后再作出决定。对主要事实不清、证据不足的，经监察机关主要负责人批准，退回审查部门重新调查；需要补充完善证据的，经监察机关相关负责人批准，可以退回审查部门补证。

被审查人涉嫌犯罪的，此时，应当由案件监督管理部门协调办理移送司法机关事宜。执纪审查部门应当在通知司法机关之日起 7 个工作日内，完成移送工作。案件移送司法机关后，执纪审查部门应当跟踪了解处置情况，发现问题及时报告，不得违规过问、干预处置工作。

对被审查人违纪所得款物，应当依规依纪予以没收、追缴、责令退赔或者登记上交。对涉嫌犯罪所得款物，应当随案移送司法机关。对经认定不属于违纪所得的，应当在案件审结后依纪依法予以返还，办理签收手续。

（六）监督管理

为了保障监察程序的正常行使，防止办案人员徇私舞弊，监察机关内部应当设立专门的案件监督管理部门，对监察人员进行监察。对监察干部打听案情、过问案件、说情干预的，受请托人应当向审查组组长、执纪审查部门主要负责人报告并登记备案。发现审查组成员未经批准接触被审查人、涉案人员及其特定关系人，或者存在交往情形的，应当及时向审查组组长、执纪审查部门主要负责人直至纪检机关主要负责人报告并登记备案。

对于正在办理的案件，不属于公开范围的内容，应当保密。严格执行保密制度，控制审查工作事项知悉范围和时间，不准私自留存、隐匿、查阅、摘抄、复制、携带问题线索和涉案资料，严禁泄露审查工作情况。

第八节　监察委员会与司法机关的衔接机制

在设立监察委的改革措施提出伊始，中共中央在《关于在北京市、山西省、浙江省开展国家监察体制改革试点方案》中就已经明确要求，在国家监察体制改革试点过程中，应建立监察委员会与司法机关的协调衔接机制。国家监察体制改革的实质性内容，是将检察机关的职务犯罪侦查职能和机构转隶监察委员会，即由后者实际承担原由检察机关承担的职务犯罪侦查职能，由此，在原有固定的刑事犯罪侦查—起诉—审判程序之中必然会因为监察委这一新的国家机构的加入而产生侦查与审查起诉及刑事审判的业务衔接问题。因此，研究监察委员会与司法机关的协调衔接问题，对于国家监察体制改革，具有重要意义。

一、衔接工作的基本要求

国家监察委员会专责行使国家监察职能与司法机关依法独立行使国家法律监督职能（检察院）、国家审判职能（法院）必须协调衔接，才能形成分工负责、互相配合、互相制约的国家反腐败工作机制，这是法治反腐的内在要求。国家监察委员会与司法机关的协调衔接，具体而言有以下三点要义：

（一）协调衔接的前提是权力有分工

监察委员会的法律地位具有独立性，但同时其权力也具有有限性。国家监察委员会、人民检察院和人民法院三者，共同组成我国法治反腐的力量，三者权力有分工、互相独立、各司其职：国家监察委员会享有对违纪违法人员的调查权和纪律处分权，但是不享有最终的违法犯罪判定权；检察机关享有对被调查人是否批准逮捕权和公诉权，不再享有侦查权；法院享有最终的裁判权，判断被调查人是否构成违法犯罪。三者需要在各自的权力范围内承担宪法和法律责任，每一个机关的权力都是有限的，在行使职权的过程中要以尊重其他机关权力的独立性为前提，不能过度介入甚至替代。《监察法》之所以需要明确规定这一点，是因为法院、检察院法律地位的独立性、法定职权的专属性是由宪法确定并受宪法保障的，国家监察委员会不能僭越。唯有明确各自的职权和职责，相互之间不越位、不错位、不缺位，国家监察委员会、检察院和法院才能够在相对独立的制度环境中发挥各自的功能，实现法治反腐之目的。

（二）协调衔接是工作程序互相配合

监察委员会、检察院和法院在反腐败工作的程序外观上，呈现的是"监察委员会调查——检察院审查批捕、提起公诉——法院裁判"这种"流水作业"式的线性程序。[1]三者在工作程序上的互相配合，其意涵有三：①工作程序上的配合是相互的，不存在谁主导、谁服从的问题，三者共同服从于宪法和法律，这即意味着，监察委员会经过调查之后，检察院不是必须以监察委员会调查情况为依据提起公诉、法院不是必须依据监察委员会调查情况作

---

[1] 监察委员会调查违纪违法行为人，若被调查行为人涉嫌犯罪，就需要移送检察院审查起诉，由法院最终裁判是否构成犯罪；若认为不构成犯罪，只是违反党纪政纪，则依党内法规和行政纪律作出处分，被处分当事人可以向上级监察委员会申诉，涉及处分宪法和法律权利的，当事人还可以向法院提起诉讼，由法院依法裁判。

出判决，检察院和法院必须依据法律独立作出自己的判断；②工作程序上的配合是为了在遵守宪法和法律、尊重和保障人权的前提下，实现效率的要求，但是必须秉持"公平优先、兼顾效率"的价值；③工作程序上的配合不是"联合办案"式的配合，而是在遵守法律规定的基础之上，三者之间不故设障碍，以实现国家反腐败职权的有效运转。

（三）协调衔接重在相互制约和监督

监察委员会、检察院和法院三者关系协调衔接的核心价值要求是互相制约监督，这是国家监察委员会和司法机关协调衔接机制的核心所在。具体要义有三：①国家权力存在分工、权力相互制约的基本原理在古今中外的国家统治和治理过程中是相通的，只不过具体的制度安排各有不同、民主程度和政治文明程度各有高低，我国现行《宪法》第135条也明确使用了"制约"这一表述。[1]《监察法》需要明确三者之间的关系重在相互制约和监督。②公权力之间的制约受宪法价值约束，即以维护公民基本权利为价值取向。《宪法》第33条第3款规定："国家尊重和保障人权。"人权条款是"互相制约"关系的宪法规范指引，即通过合宪、合法和有效的制约，防止权力滥用，[2]以此确保国家监察权、检察权和审判权规范公正行使。③制约本身不是目的，根本目的在于通过制约来保障准确公正适用法律，从而实现保障公民权利的宪法价值。在文义上，"互相"一词体现了双向而非单向的制约关系，即"每一机关都对其他机关形成一定制约，同时它也成为其他机关制约的对象"。[3]《监察法》要确立以审判为中心的模式，"只有树立以法院为中心的司法观，侦查机关在办案时，才能够规范办案程序，完善取证方法，严格按照法官认证标准展开证据的搜集工作，做到实体公正与程序公正并重"。[4]纪检监察机关和检察机关、审判机关均应各自独立办案，既不得联合办案，也不得进行干涉或协调定案。[5]唯此，才能避免国家监察委员会成为权力的利维坦，从

---

[1] 《宪法》第135条："人民法院、人民检察院和公安机关办理刑事案件，应当分工负责，互相配合，互相制约，以保证准确有效地执行法律。"

[2] 韩大元、于文豪："法院、检察院和公安机关的宪法关系"，载《法学研究》2011年第3期。

[3] 沈德咏主编：《中国特色社会主义司法制度论纲》，人民法院出版社2009年版，第228页。

[4] 沈德咏主编：《中国特色社会主义司法制度论纲》，人民法院出版社2009年版，第153页。

[5] 谭世贵、陈党："依法独立行使审判权检察权的保障机制研究"，载《江汉论坛》2015年第10期。

而形成有效的权力制约关系，型构法治反腐的制度体系。

二、立案程序的衔接

监察制度与刑事诉讼程序制度的衔接，同时涉及检察机关和审判机关对调查（侦查）程序的审查，其中有一个较为突出、需要认真研究的问题，即监察委调查中的刑事立案问题。《监察法》第 39 条规定，监察程序中对"经过初步核实，对监察对象涉嫌职务违法犯罪，需要追究法律责任的，监察机关应当按照规定的权限和程序办理立案手续"，即在监察程序中实行立案制度。然而，此处所称的"违法犯罪"并非平常使用该词所特指的违反刑法所构成的犯罪，而是指职务违法和职务犯罪这两种情况。此处的"追究法律责任"，也非平常人所理解的刑事责任，而是包括职务违法在内的法律责任。这种"违法"与"犯罪"的并列关系，在该条第 3 款中实已阐明："立案调查决定应当向被调查人宣布，并通报相关组织。严重违法或者涉嫌犯罪的，应当通知被调查人家属，并向社会公开发布。"而且，在《监察法》其他条文中使用"违法犯罪"一词，也是既指职务违法，也指职务犯罪。然而，涉嫌违法即构成监察立案条件，同时不专设刑事立案程序，将造成较为明显的程序不协调问题。[1]

其一，造成国家刑事程序法制的不统一。同为专门性调查并实施强制性措施，监察委以违法嫌疑立案即启动对人和对物的强制手段，而刑事诉讼法上的立案以涉嫌犯罪为条件，只有涉嫌犯罪才能启动专门调查并采取强制性取证手段，这必然会造成明显的法治不协调。

其二，未能较适当地兼顾到相当一部分关联案件的立案问题。因监察国家工作人员而适用特别法律规范，其正当合理性依据暂且不论，但还应考虑的是，监察委管辖的案件，包括职务犯罪的关联案件，如行贿案件，并且，一名受贿官员通常牵涉多名行贿人员，此外还有共同实施职务犯罪的非国家工作人员，如其亲友，因此，非国家工作人员的违法犯罪案件应当占比更大。这些人亦仅因涉嫌违法即可被立案并采取强制措施。相比较之下，在其他犯罪中，即使涉及国家安全、恐怖主义等性质严重的违法犯罪，也必须是涉嫌犯罪才能立案并采取专门调查手段和强制措施。所以，按照《监察法》第 39

---

〔1〕 龙宗智："监察与司法协调衔接的法规范分析"，载《政治与法律》2018 年第 1 期。

条规定的做法，显然妨碍对公民适用法律的平等原则，而且对普通公民尚无犯罪嫌疑即可实施长时间羁押等强制措施，不符合国家强制力使用的比例原则，也不符合行政强制法和刑事诉讼法的基本精神。

其三，造成某些刑法中规定的制度与刑事诉讼法规定的制度实施的法理障碍。如刑事追诉时效制度，根据我国《刑法》第88条的规定，以刑事立案为延长时效的条件。虽然也可以将监察立案视为刑事立案，但毕竟两者适用条件和对象不同，以非刑事立案的监察立案延长刑事追诉时效，在法理上有一定障碍。

其四，《监察法》中强制调查措施的区别适用将存在困难。由于监察立案既针对职务违法又针对职务犯罪，违法与犯罪之间的区别缺乏标志和程序节点。《监察法》所确认的部分强制性措施既针对违法又针对犯罪，但某些措施仅能对涉嫌职务犯罪的被调查人适用，如讯问被调查人、搜查和技术调查措施。然而，如何区分是职务违法或是职务犯罪并确定相应的强制性调查措施，有关规定并未设定相应程序及法律手续，如刑事立案手续。在这种情况下，判定特定的调查手段是否违法适用，就缺乏较为客观的标准。这就有可能为办案人员较随意地认定和适用打开方便之门。这显然不符合程序法定原则，也给监察与司法的衔接（尤其是司法对监察取证的合法性审查）带来了困难。

由于纪检、监察合署办公，两方面程序虽有区别，但应相互协调，监察立案以职务违法为启动条件是必要、可行的，但可借鉴纪检规则，进一步明确立案条件，如对职务违法的严重程度作出规定，一般违法可以不立案而直接处理。非国家工作人员不涉及职务违法问题，因此，不能以违法嫌疑对其实施监察立案。在此基础上，对国家工作人员已涉嫌职务犯罪的案件，以及对于非国家工作人员涉嫌犯罪而应由监察委管辖的案件，适用刑事立案程序。〔1〕同时，法律还可规定，经过初核，已确认职务犯罪嫌疑，需要追究刑事责任的，可以直接予以刑事立案。在这种情况下，监察立案与刑事立案一步完成。

实行监察立案与刑事立案的二元制及可合并制度，既实现了监察与纪检的协调，又实现了监察与司法的衔接，而且兼顾了国家工作人员与非国家工作人员查处程序的异同，同时使《监察法》中规定的高强度强制调查措施适

---

〔1〕 汪海燕：“监察制度与《刑事诉讼法》的衔接”，载《政法论坛》2017年第6期。

用有了程序节点及许可标志，可以防止权力滥用。并且，两种立案的区别还为查办案件尤其是监察审讯留出了更大的政策空间，从而有利于查办职务违法和职务犯罪。

三、人身强制措施的衔接

监察机关所查办的案件在强制措施上的协调衔接，主要涉及留置措施的适用对象和条件，留置措施的决定程序，以及检察机关逮捕措施与留置的衔接。此外，关于留置场所的问题，应当在法律中明确规定在看守所执行留置，以便于管理，防止违法并防止意外情况发生。长时间单独羁押在国际上属于禁止实施的侵犯人权的行为。法律规定在看守所留置，对保障被留置人的基本人权和保障依法办理案件十分重要。

（一）留置措施适用对象和条件

根据《监察法》第22条和第43条的规定，被调查人涉嫌严重职务违法或职务犯罪，同时具有案情重大、复杂，或可能逃跑、自杀，或可能有妨碍证据或妨碍调查行为情形的，可以经审批采取留置措施。在这里，留置措施应当限于刑事立案后，仅对涉嫌职务犯罪的人员及相关涉嫌犯罪人员适用，对仅有违法嫌疑尚无犯罪嫌疑的人员不适用，主要理由如下：

其一，留置具有等同于逮捕的法律效果，其对象和条件应当与逮捕协调衔接。根据《监察法》的规定，留置时间为3个月~6个月，留置一日折抵刑期一日。可见，其时限与严厉性均不低于逮捕，如果留置在专门场所，其单独关押方式的严厉性超过逮捕，但如可适用于涉嫌违法而未涉嫌犯罪的人员，则与逮捕措施不协调。

其二，按照公权力运用的比例原则，长时期羁押仅适用于涉嫌刑事犯罪并存在羁押必要性的人员，不适用未涉嫌刑事犯罪，仅涉嫌行政违法的人员。这也是我国刑事诉讼法设置拘留、逮捕措施的法律精神。[1]

其三，留置措施的严厉性，使其不符合行政强制措施的适用原则。我国《行政强制法》第2条规定的人身强制措施是指"依法对公民的人身自由实施暂时性限制"，根据相关法律的规定，这种限制人身的强制措施，具体是指盘

---

[1] 梁三利："留置取代'两规'措施的法治化路径"，载《天津行政学院学报》2018年第1期。

间、约束、强制带离现场、短时间留置等临时性人身控制措施。按照行政强制法的立法精神，长时间丧失人身自由的高强度强制措施不应属于行政强制措施的范畴。因此，对涉嫌行政违法的人员适用留置亦不符合行政强制法规范。[1]

其四，"公务人员权利扣减"，不能为尚未涉嫌刑事犯罪的人员实施长时间羁押提供有效的法理依据。根据宪法对公民人身自由等基本权利保障规范及法律适用的平等原则，对公务人员例外的正当性与合法性将持续受到质疑。根据《监察法》的规定，留置同样适用于占较大比例的非公务人员的行贿犯罪人员以及职务犯罪的共犯等公民。如果对未涉嫌犯罪而仅涉嫌行政违法的人员适用留置，与刑事诉讼法所规定的长期羁押性强制措施的适用将发生矛盾，也明显不符合法律适用的平等原则。

其五，以"留置"替代"双规"是一个进步，但因其适用范围扩大到非党员和非国家工作人员，同时办案单位自行决定、单独关押的执行方式仍与"双规"一致。因此，将其限制于"涉嫌职务犯罪"的人员，是防止适用面扩大以致严重侵害公民权利的必要措施。

其六，将留置措施作为调查职务犯罪的专门措施，有利于加强"初核"，注意客观证据，保证办案质量。对职务违法的嫌疑人实施留置，降低了留置门槛，其积极意义在于更容易突破案件和获得口供，但其思路，还是长期形成的"以拘代侦"办案思路。这可能发生的问题，是固化"口供中心""由供到证"的办案模式，妨碍办案质量，甚至产生冤错案件。刑事立案后才能对犯罪嫌疑人留置，有利于促使改善调查模式，提高办案质量，同时也体现党和国家对国家工作人员权利的保障，将会取得更好的法律效果和社会效果。

其七，将留置措施作为立案后调查涉嫌职务犯罪的措施，有利于解决争议较大的律师介入问题。当事人被羁押后律师应当介入，但根据《监察法》的规定，律师介入留置存在规范上的难题：律师刑事辩护只针对刑事犯罪嫌疑人，而监察留置时，可能尚未刑事立案，留置对象也不一定是犯罪嫌疑人，留置对象存在不确定性，因此律师以刑事案件辩护人的身份介入可能存在法律障碍，除非创设律师可对涉嫌职务违法的人员提供法律帮助的新规范。如将留置对象限制于犯罪嫌疑人，并且规定在刑事立案后实施，律师介入提供

---

[1] 龙宗智："监察与司法协调衔接的法规范分析"，载《政治与法律》2018年第1期。

刑事法律帮助的性质和职责就比较明确，介入留置程序不致发生法律障碍。[1]

其八，将留置对象限于职务犯罪的嫌疑人，与《监察法》的规定并无根本矛盾。《监察法》所规定的因职务违法而适用留置的对象，须"涉嫌严重职务违法"，且"案情重大、复杂"，二者结合，可以基本评价为"涉嫌职务犯罪"。

（二）留置措施的决定程序

留置措施的决定及实施程序，似乎属于国家监察制度自身设置的所谓"内部问题"，不属于监察与司法协调衔接的"外部问题"。然而，留置措施的决定主体和决定方式，涉及刑事强制措施的制度逻辑的协调，也影响检察机关对强制措施变更等问题，因此，也属于监察与司法协调衔接的问题之一。

中共十八届三中全会启动的司法改革的核心是建立司法责任制，即让"审理者裁判，裁判者负责"，以及"谁办案谁负责，谁决定谁负责"。同时，司法改革确认司法权行使的独立性和专业性，防止司法外的力量对案件办理的不当影响。不过，这种司法责任制，仍坚持了"中国特色"，即对某些大要案件的处置，尤其是涉及领导干部职务犯罪的案件，就程序和实体问题，仍需实行党内报告制度。

对案件办理的司法责任制，以及对某些特殊的案件实行党内报告制度，是符合当前中国国情的。其基本精神和要求，在监察委决定强制措施时亦可参考适用。也就是说，在法律制度上，涉案人员的留置措施，一律由办案的监察委或其上级监察委审查决定，但对中央和地方党委管理的重要干部，决定留置时，可执行党内报告程序。[2]

留置措施统一由监察机关决定，同时对某些特殊的留置对象执行党内报告程序，这一决定和执行留置措施的方式，具有两方面的意义：一方面，将决定留置的法律责任落实给监察机关，而将某些特殊案件留置审查的政治责任赋予党委书记，可以避免党委书记直接审批留置带来的责任界限不清晰的问题。因为事实认定和法律适用属于专业性问题，由专门从事查案的机关来

---

〔1〕　秦前红："国家监察委员会制度试点改革中的两个问题"，载《四川师范大学学报（社会科学版）》2017年第3期。

〔2〕　秦前红、石泽华："论监察权的独立行使及其外部衔接"，载《法制现代化研究》2017年第6期。

决定并对其负责更为适当，党委书记只需根据报告对某些特殊的案件进行政治上的把关。另一方面，由监察机关决定留置，才可能实施对强制措施的司法审查，包括在检察、审判环节依法审查羁押必要性，并决定强制措施的实施和变更。否则，如留置由党委书记审批并负责，司法审查在法理上难以成立，在实践中则难以实施。

（三）留置与检察机关决定逮捕的关系

从试点情况看，监察机关决定留置的案件，在移送起诉后，由检察机关自行审查羁押必要性并决定逮捕。此种实施方式，可以说是在强制措施上，检察机关对监察委"自行衔接"。根据《监察法》第47条的规定，监察机关将案件移送检察机关依法提起公诉时，"检察机关依法对被移交人员采取强制措施"。根据以上实践和《监察法》中的规定，就逮捕措施上监察机关与检察机关的协调衔接，有两个问题需解决。

第一，对已经采取羁押措施（留置）的犯罪嫌疑人，是直接采取逮捕措施，还是需要审查逮捕（包括对羁押必要性进行审查）的问题。由于我国宪法规定检察机关是逮捕审查机关。对犯罪调查即侦查机关提请逮捕的案件进行审查，按照我国《刑事诉讼法》第79条关于逮捕条件的规定，确定是否批准逮捕，是检察机关的基本职责之一。我国《刑事诉讼法》第93条进一步规定："犯罪嫌疑人、被告人被逮捕后，人民检察院仍应当对羁押的必要性进行审查。对不需要继续羁押的，应当建议予以释放或者变更强制措施。有关机关应当在十日以内将处理情况通知人民检察院。"鉴于检察机关的法定职责，为了防止对公民的错误逮捕并导致错案和刑事赔偿，且贯彻羁押必要性审查制度，并使《监察法》与刑事诉讼法协调衔接，当然应确认检察机关对留置转捕案件进行审查的职责与权限。[1]因此，应当将"检察机关依法对被移交人员采取强制措施"修改为"检察机关依法审查后采取必要的强制措施"，从而为检察机关审查逮捕提供依据。

第二，"自行衔接"引起的强制措施衔接与转换问题。监察体制改革后，检察机关对证据不足的案件退回补充调查，即产生一个程序衔接问题：检察机关审查起诉时决定逮捕的犯罪嫌疑人，退回补充调查时，应当适用何种强制措施，乃至羁押地点是否需要转换，需要研究解决。也就是说，留置转为逮

---

[1] 韩大元："论国家监察体制改革中的若干宪法问题"，载《法学评论》2017年第3期。

捕，已将嫌疑人从留置场所转押至看守所，如果退回补充调查，是在看守所继续羁押，计算逮捕时限，还是退回留置场所，计算留置时间，这是程序衔接需要解决的问题。

虽然留置与逮捕均具有一段时间内剥夺当事人人身自由的性质，且留置可能采取高度隔离的关押方式，较之逮捕后的看守所羁押，使当事人感受更为窘迫，但从法律程序的角度来看，逮捕条件更高、要求更严格，且逮捕对于留置而言具有程序递进关系，逮捕后不宜再退回留置状态。如退回留置，又可能需要改变羁押场所，待补充调查终结后还需重新办理逮捕手续，移送嫌疑人，程序繁琐且缺乏实际意义。因此，退回补充调查的案件，可以维持逮捕决定，参照刑事诉讼法关于补充侦查的相关规定，起算补充调查 1 个月的羁押时限。监察机关调查人员在补充调查期间须到看守所会见并审讯犯罪嫌疑人。不过，如果监察立法最终确认在看守所执行留置，这一问题就不成问题了。

四、证据制度的衔接

证据裁判是刑事诉讼的基石，在证据适用方面，监察与司法亦须有效衔接。这其中较为突出的可能有两个方面：

第一个方面是非法证据排除规则的适用。检察机关和审判机关对监察机关所搜集的证据进行审查，适用非法证据排除规则，法理上应无疑义，但困难在于实际操作。其中一个问题是监察机关在调查程序中对审讯及重要取证活动实行全程录音、录像及资料可核查问题。对讯问及其他重要取证过程实行全程录音、录像，是保证口供获取过程合法性并有效证明程序合法的重要措施。《刑事诉讼法》对此有明确规定，近年来的一系列司法文件（包括2017 年最高人民法院、最高人民检察院、公安部、国家安全部、司法部联合发布的《关于办理刑事案件严格排除非法证据若干问题的规定》）也重申和强调了这一制度。监察机关办理职务犯罪案件，无疑应当按照相关规定，严格实行全程录音、录像制度。《监察法》第 41 条第 2 款规定："调查人员进行讯问以及搜查、查封、扣押等重要取证工作，应当对全过程进行录音、录像，留存备查。"这一规定总体看是必要的，但有两点需完善：一是应当规定批准初核后对被调查人的全部询问过程录音、录像，而不是仅针对有职务犯罪嫌疑的被调查人的讯问过程。因为如果被确定为职务犯罪嫌疑人，通常已经过初核阶段的询问，被调查人已初步交代违法犯罪事实，而这种交代如何形成，是确定调查过程是否存在违法情形的关键。二是录音、录像资料不应当"留存备查"，而应当"随案移送"。监察机关调查程序（尤其是其留置程序）具有高度的封闭性，而由于监察机关的惩治性功能特征和特殊法律地位，"留存备查"这一规定基本封闭了辩方查核的可能性，甚至连检察机关查核、审判机关调取均有一定困难。[1]为了使高度封闭的监察调查尤其是留置条件下的调查具有一定的可查核性，建议将上述条文修改为移送起诉时录像资料随案移送检察机关。如果这样规定有困难，也应当明确规定允许司法机关及辩护律师查阅。

第二个方面是证人包括侦查（调查）人员出庭的问题。加强证人出庭，是当前实现庭审实质化进而推动以审判为中心的诉讼制度改革的关键性举措，是保障案件证据质量最重要的措施之一。这样符合《监察法》关于监察机关的调查取证行为与刑事审判关于证据的要求和标准保持一致的原则性规定。然而，实际推动这一制度难度较大，尤其是职务犯罪，证人出庭极为困难，其主要原因不是证人不能出庭，而是办案单位担心证人出庭后证言发生变化。职务犯罪调查取证的权力与责任转隶后，由于监察机关有别于审判和公诉的特殊法律地位，让有争议案件的重要证人出庭作证的问题可能更为突出。因此，在处理监察与司法的程序协调与衔接问题时，应当着力于解决这一难题，在《监察法》中对监察机关协助职务犯罪证人出庭的责任作出明确要求，以保障职务犯罪案件的审理质量。同时，对监察机关犯罪调查人员出庭问题也需要进一步明确，即参照《刑事诉讼法》关于目击犯罪的侦查人员出庭作证以及对侦查合法性问题出庭说明情况的相关规定作出规定。否则，这一问题在实践中将难以解决，也导致与刑事诉讼相关的规定不协调，并妨碍法院对是否存在非法证据的有效审查。

五、案件移送中的衔接

向检察机关移送涉嫌构成职务犯罪的案件，通过检察机关向法院提起公诉，是监察机关调查程序与检察机关起诉程序直接衔接的程序行为。为实现程序协调和有效衔接，相关程序问题必须明确，潜在的冲突应妥善解决。在

---

〔1〕 刘振洋："论国家监察体制重构的基本问题与具体路径"，载《法学》2017 年第 5 期。

检察机关审查起诉过程中，应当适用刑事诉讼法规定的审查起诉程序。

首先，必须明确检察机关对监察机关移送的案件，既要注意配合，也要严格制约，必须严格按照刑事诉讼法的规定，担负审查起诉职责。如果只讲配合，不讲制约，检察机关成为单纯办理起诉手续的机关，检察机关的职责和作用就不复存在了。由于监察机关的特殊地位，强调检察机关有效承担审查起诉职能和责任尤为重要。

其次，应当按照《刑事诉讼法》的程序规定审查起诉，即第一，审查起诉的内容应根据我国《刑事诉讼法》第168条的规定，必须查明：犯罪事实、情节是否清楚，证据是否确实、充分，犯罪性质和罪名的认定是否正确；有无遗漏罪行和其他应当追究刑事责任的人；是否属于不应追究刑事责任的；有无附带民事诉讼；侦查活动是否合法。也就是说，既要审查实体问题、证据问题，也要审查程序合法性。第二，根据我国《刑事诉讼法》第171条1款的规定，人民检察院审查案件，可以要求监察机关提供法庭审判所必需的证据材料；认为可能存在该法第54条规定的以非法方法收集证据情形的，可以要求其对证据收集的合法性作出说明。第三，根据我国《刑事诉讼法》第171条第2款，人民检察院审查案件，对于需要补充侦查的，可以退回监察机关补充调查，也可以自行侦查。补充侦查（调查）适用《刑事诉讼法》的时限规定。第四，根据我国《刑事诉讼法》第173条的规定，对于依照法律规定，欠缺起诉条件的案件，人民检察院应当或可以作出不起诉决定。不过，《监察法》关于审查起诉的规定，与《刑事诉讼法》的规定有一定区别。根据《监察法》第47条的规定，监察机关移送的案件，受理案件的检察机关"人民检察院对于有《中华人民共和国刑事诉讼法》规定的不起诉的情形的，经上一级人民检察院批准，依法作出不起诉的决定。监察机关认为不起诉的决定有错误的，可以向上一级人民检察院提请复议"。这一规定，实际上将检察机关审查的内容限于证据事实及行为情节是否符合不起诉的条件，而未体现我国《刑事诉讼法》第168条所规定的审查有无漏罪漏犯、侦查活动是否不合法的内容，且对拟作不起诉的案件增加了横向征求意见和纵向报经批准的双重约束。

第九节　监察委员会之监督机制

监察委员会"位高"——与"一府两院"法律地位平行，而且"权重"——集中统一行使国家监察职权、全面覆盖行使公权力的公职人员。在此情况下如何破解"最后的监督者"难题？即谁来监督作为监督者的监察委员会呢？《监察法》必须建构起一套具有实效性的、法治化的监督制约机制，规范监督权的行使，确保监察权在法律轨道上运行，防止监察权自身成为摆脱权力制约的脱缰野马。具体而言，对监察权的监督制约主要有以下四个方面：

一、上级党委和上级纪委的监督

党对监察委员会的监督，是通过与其合署办公的党的纪委这一党的机构和对监察委员会中具有党员身份的领导干部来实现的。党对监察委员会的监督，其监督主体只能是上级党委和上级纪委，而不是指同级党委或者纪委。具体理由有三：①监察委员会是党统一领导下的国家反腐败工作机构，必须坚持党的领导。②监察委员会实行垂直领导体制，同级党委不能干涉其具体工作，以确保监察委员会对同级党委的监督实效性。③监察委员会和党的纪律检查委员会合署办公，同级纪委的监督属于监察委员会内部自我监督；上级党委和上级纪委可以依据党章和党内法规对监察委员会进行监督，这种监督才是真正意义上的党的监督。从中央层面而言，党的中央纪律检查委员会要接受党的中央政治局常务委员会的监督，国家监察委员会也应该接受党的中央政治局常务委员会的监督。

上级党委和上级纪委对监察委员会的监督，主要是对监察委员会中党员的监督。根据党章和党内法规，下文将上级党委和上级纪委的监督分而述之。

对上级党委而言，首先，在监察职责上，依据《中国共产党党内监督条例》（后简称为《党内监督条例》）第三章第15条的规定，上级党委履行以下监察职责：①领导本地区本部门本单位党内监督工作，组织实施各项监督制度，抓好督促检查；②加强对同级纪委和所辖范围内纪律检查工作的领导，检查其监督执纪问责工作情况；③对党委常委会委员（党组成员）、党委委员，同级纪委、党的工作部门和直接领导的党组织领导班子及其成员进行监督；④对上级党委、纪委工作提出意见和建议，开展监督。其次，在监督方式上，根据《党内监督条例》第三章第19~25条的规定，党委进行党内监督的主要方式是巡视，依据的主要制度有党的组织生活制度、党内谈话制度、干部考察考核制度、领导干部个人有关事项报告制度、党的领导干部插手干预重大事项记录制度等。最后，上级党委和监察委员会中具有党员身份的领导干部之间虽然是监督与被监督的关系，两者身份带有一定的不平等性，但这并不意味着对被监督者人权的忽视，根据《党内监督条例》第44条的规定，监督对象的申辩权、申诉权等相关权利受到保障；经调查，监督对象没有不当行为的，应当予以澄清和证明；监督对象对处理决定不服的，可以依照党章规定提起申诉，有关党组织应当认真复议复查，并作出结论。

对上级纪委而言，首先，依据《党内监督条例》第四章第26条的规定，纪委是党内监督的专责机关，具体承担以下监督任务：①加强对同级党委特别是常委会委员、党的工作部门和直接领导的党组织、党的领导干部履行职责、行使权力情况的监督，即监督同级的党委，而同级的党委又监督监察委员会；②落实纪律检查工作双重领导体制，执纪审查工作以上级纪委领导为主，线索处置和执纪审查情况在向同级党委报告的同时也需向上级纪委报告；③强化上级纪委对下级纪委的领导，纪委发现同级党委主要领导干部的问题，可以直接向上级纪委报告；下级纪委至少每半年向上级纪委报告1次工作，每年向上级纪委进行述职。其次，上级纪委进行监督的主要手段包括谈话提醒、约谈函询、处理信访举报并对相关重大问题进行研究审查、对恶劣腐败问题点名道姓通报曝光等方式。

二、产生监察委员会的人民代表大会及其常务委员会的监督

各级监察委员会由同级人民代表大会产生，向产生它的人民代表大会负责、报告工作并接受监督，具体而言有以下几种方式：①监察委员会主任由本级人民代表大会选举产生；监察委员会副主任、委员，由监察委员会主任提请本级人民代表大会常务委员会任免。②罢免监察委员会主任、副主任和委员。③听取和审议监察委员会的工作报告，组织执法检查。④询问和质询。⑤特定问题调查。⑥撤职案的审议和决定等。《监察法》应明确监察委员会及其工作人员接受产生它的人民代表大会及其常务委员会监督的方式。

根据《监察法》第七章第53条的规定，各级人民代表大会及其常务委员

会对同级监察委员会进行监督的具体方式有：①听取和审议本级监察委员会的专项工作报告，组织执法检查；②县级以上各级人民代表大会及其常务委员会举行会议时，人民代表大会或者常务委员会组成人员可以依照法律规定的程序，就监察工作中的有关问题提出询问或质询。

可以看出，目前的监察立法关于人民代表大会及其常务委员会对监察委员会进行监督的规定还有一些不足，具体包括以下几点：①监察委员应向各级人大作年度工作报告。[1]将如今"一府一委两院"新格局中的"一委"同"一府""两院"进行对比，三者都是由人大产生、向人大负责、受人大监督，但其中还有细微不同。《宪法》第 92 条、《法院组织法》第 16 条、《检察院组织法》第 10 条对"一府两院"受人大监督的描述都是"……对本级人民代表大会及其常务委员会负责并报告工作"，而《监察法》仅规定了"听取和审议本级监察委员会的专项工作报告"，并未要求监察委员会向本级人民代表大会及其常务委员会负责并报告工作，这是一种体系上的不协调。②监督规范还需细化。《各级人民代表大会常务委员会监督法》在第二章中对听取和审议人民政府、人民法院和人民检察院的专项工作报告作了更细致的规定，如需要审议的议题的选取、受监督主体对专项工作报告的审议意见研究处理或执行情况的公布等该如何进行，都有详细规定。而对监察委员会的专项工作报告的审议，目前仅有概括性规定，尚缺少规范加以明确。

国家权力机关对监察委员会的监督，除了上述方式，还可以通过行使立法权来规范和限制监察委员会。下一步的监察立法，可以效仿《国务院组织法》《法院组织法》和《监察院组织法》，根据《宪法》第七节有关监察委员会的规定制定《国家监察委员会组织法》，进一步明确监察委员会的人员任用、职权分配、内部结构等问题，并通过修改《各级人民代表大会常务委员会监督法》来细化监察委员会受人民代表大会及其常务委员会监督的方式和程序。也有学者提出，可以在各级人民代表大会及其常务委员会内部设立专门监督监察委员会的常设机构，即监督监察委员会，其职责包括对监察工作中出现的问题的审议、研究、答复、提出建议以及协助人民代表大会及其常

---

[1]　陈光中、姜丹："关于《监察法（草案）》的八点修改意见"，载《比较法研究》2017 年第 6 期。

务委员会对监察委员会进行监督等。[1]

如上所述，监察委员会位高权重，而人民代表大会作为国家权力机关，来自它的监督理应成为约束监察委员会的最有力的权力之笼，但权力之笼也要于法有据，否则必将危害监察委员会自身职权之行使的有效性。因此人民代表大会及其常务委员会对监察委员会之监督若想有效，尚需更明确的运行规范。

三、监察委员会内部的监督

内部监督主要包括同级党的纪委的监督和监察委员会内设机构的监督以及上级监察委员会对下级监察委员会的监督。由于党的纪委和监察委员会合署办公，同级党的纪委的监督只能算作内部自我监督。例如，中纪委秉持"信任不能代替监督"的理念，成立"纪检监察干部监督室"以加强自我监督，防止"灯下黑"的情况发生。《监察法》应要求各级监察委员会完善内部监督机制，增强自我监督的能力。需要强调的是，自我监督是一种很有力的监督，党的十八大以来中纪委铁拳反腐"打老虎"即是实践明证。也正因为监察委员会和纪委合署办公，在全面从严治党的要求下，这种自我监督力度只会越来越大，从而确保"位高权重"的国家监察委员会的权力能在宪法法律范围之内正确运行。

下文将内部监督分为同级党的纪委的监督、监察委员会内设机构的监督和上级监察委员会对下级监察委员会的监督，分而述之。

第一，同级党的纪委的监督。其主要依据是《党内监督条例》第四章的规定，其监督对象为监察委员会内的党员，监督内容主要为相关人员是否遵守党章党规党纪、是否贯彻执行党的路线方针政策情况。此外，需要说明的是，同级纪委和监察委员会合署办公属于"一套人马两个牌子"，从个体角度来看，该机构的每个成员既是党的纪检干部，又是国家监察人员，[2]受党规国法双重约束。

第二，监督委员会内设机构的监督。根据《监察法》第55条的规定，监

---

〔1〕　童之伟："对监察委员会自身的监督制约何以强化"，载《法学评论》2017年第1期。

〔2〕　任建明、杨梦婕："国家监察体制改革：总体方案、分析评论与对策建议"，载《河南社会科学》2017年第6期。

察机关通过设立内部专门的监督机构等方式，加强对监察人员执行职务和遵守法律情况的监督，建设忠诚、干净、有担当的监察队伍。有学者指出，可以参照香港廉政公署的审查贪污举报咨询委员会设立监察审查咨询委员会。[1] 参照香港的廉政公署的审查贪污举报咨询委员会的职权设置，[2] 我国监督委员会拟内设的监察审查咨询委员会的职权范围如下：①听取对监察委员会接受的贪污举报、公民申诉及其处理情况；②听取监察委员会委员报告监察委员会对其所辖范围内公职人员和相关人员的监察结果；③就监察委员会委员提出的事项，或主动就任何事项提供意见；④听取监察委员会委员报告监察委员会已经调查完成的个案，对检察机关经审查后认为需要补充核实而退回进行补充调查的案件，建议应采取的行动；⑤向同级人民代表大会及其常务委员会提交工作年报，并将工作年报内容通过政府公报、政府网站等方式向公众公开。

第三，上级监察委员会对下级监察委员会的监督。根据《监察法》第 9 条第 4 款的规定，地方各级监察委员会对本级人民代表大会及其常务委员会和上一级监察委员会负责，并接受其监督。

四、公民个人和社会的监督

公民个人和社会对监察委员会的监督方式具体有以下几种：①根据《宪法》第 41 条的规定，中华人民共和国公民对于任何国家机关和国家工作人员，有提出批评和建议的权利；对于任何国家机关和国家工作人员的违法失职行为，有向有关国家机关提出申诉、控告或者检举的权利。监察委员会作为国家监察机关，公民可以通过行使批评权、建议权、申诉权、控告权和检举权等的方式进行监督。②通过知情权的行使来监督。根据《监察法》第 54 条的规定，监察机关应当依法公开监察工作信息，接受民主监督、社会监督、舆论监督。信息公开之法理依据之一即是对公民知情权的尊重。③公民通过提起诉讼的方式对监察委员会违法损害其合法权益的具体行政行为进行监督。④新闻媒体借助传媒手段对监察委员会的行为进行舆论监督，该种监督形式

---

〔1〕 章之伟："对监察委员会自身的监督制约何以强化"，载《法学评论》2017 年第 1 期。

〔2〕 "香港廉政公署官网之'咨询委员会'"，载 http://www.icac.org.hk/tc/check/advisory/orc/index.html，访问日期：2018 年 4 月 3 日。

最能体现社会监督的广泛性和公开性。⑤根据《监察法》第60条[1]的规定，被调查人及其近亲属针对监察机关及其工作人员的几种违法行为，有权向该监察机关申诉。

　　社会监督功能之实现受到如下条件制约：①行为主体话语权[2]和地位的平等性，[3]若行为主体的话语权得不到保障，舆论监督就无从谈起；若监督者与被监督者处在完全不平等的地位，社会监督之实现必将在权力重压下阻碍重重。②个人和组织的自主性，[4]近代行政强调服务行政和民主行政，政府不再是管理者、统治者，而是服务者、公共服务的提供者，相对应的，公民对行政的参与也不仅仅局限于选举代表，而是体现在对行政更为直接的参与上，因此个人和组织对行政的参与之自主性关系着社会监督功能能否实现。③协商合作的正式制度和规则，[5]有了平等地位和话语权，有了参与行政的自主性，还需要良好的制度作为桥梁，只有遵循特定的制度和规则，才能保障监督的效果与效率。④畅通的信息资源共享和沟通网络等，在自媒体和数字传媒时代，移动终端和互联网为公众监督提供了非常便捷的技术支撑，通过自媒体和数字传媒、互联网技术手段，公民个人和社会媒体可以形成一张全天候、全时段的监督之网。监察委员会这张全面覆盖公权力之网，怎么才能真正接受社会公众的监督呢？问题的核心不在于监督的方式，而在于监督的有效性，即社会公众的监督能否实质性地引起权力当局注意、是否有畅通的制度化渠道来传导社会监督、社会监督可否导致不法不当行使权力者依法

---

　　[1]　《监察法》第60条："监察机关及其工作人员有下列行为之一的，被调查人及其近亲属有权向该机关申诉：（一）留置法定期限届满，不予以解除的；（二）查封、扣押、冻结与案件无关的财物的；（三）应当解除查封、扣押、冻结措施而不解除的；（四）贪污、挪用、私分、调换以及违反规定使用查封、扣押、冻结的财物的；（五）其他违反法律法规、侵害被调查人合法权益的行为。受理申诉的监察机关应当在受理申诉之日起一个月内作出处理决定。申诉人对处理决定不服的，可以在收到处理决定之日起一个月内向上一级监察机关申请复查，上一级监察机关应当在收到复查申请之日起二个月内作出处理决定，情况属实的，及时予以纠正。"

　　[2]　Pepper D. Culpepper, *Institutional Rules, Social Capacity, and the Stuff of Politics: Experiments in Collaborative Governance in France and Italy*, Cambridge: Harvard University, 2003, p. 4.

　　[3]　Keon Chi, *Four Strategies to Transform State Governance*, IBM Center for the Business of Government: Washington, D. C., 2008, p. 25.

　　[4]　Mark T. Imperial, "Using Collaboration as a Governance Strategy: Lessons from Six Watershed Management Programs", *Administration and Society*, 2005, 37 (3). pp. 281~320.

　　[5]　S. Zadek, "The Logic of Collaborative Governance: Corporate Responsibility, Accountability and the Social Contract", *Corporate Social Responsibility Initiative Working Paper*, 2006, (17).

承担法律责任。这就要求《监察法》必须明确以下问题：①监察不作为、违法不当作为能否被提起诉讼？若可诉，应该由谁、依据什么法来起诉？人民法院的管辖权又如何？若不可诉，缺少司法监督的监察委员会是否有成为权力利维坦的风险？该风险如何解决？②监察权违法不当行使应当承担怎样的法律责任？《监察法》第七章法律责任部分的规定尚较为单薄，仅作了概括性规定。例如第65条规定："监察机关及其工作人员有下列行为之一的，对负有责任的领导人员和直接责任人员依法给予处理：（一）未经批准、授权处置问题线索，发现重大案情隐瞒不报，或者私自留存、处理涉案材料的……"第66条规定："违反本法规定，构成犯罪的，依法追究刑事责任。"可是具体如何处分并没有作出详细说明。③监察委员会内部接受社会公众意见建议和监督的工作机构、职责职权、工作程序及其法律责任等。目前尚缺少相关组织法对监察委员会内部组织结构进行详细规定。

第五章

构建中国特色监察法治体系[*]

在法理上，国家监察机关的宪法地位、组织结构、职权内容和程序设置等构成了国家监察法治体系的核心内容。国家监察机关由国家权力机关产生、受权力机关监督、对权力机关负责，并构成了独立于行政机关和司法机关之外的专责监察的国家机关，受此影响，必须修改宪法以确认其宪法地位。就其组织体系而言，应当明确监察机关双重领导之体制和集体决策之法则，形成以办案组织为核心的监察机关内设机构体系。就其职权体系而言，应当通过列举加概括的方式明确监察委员会之职权构成和权限范围。就其运行程序而言，应当明确正当程序和人权保障的基本原则，并对各类监察措施之适用条件、审批程序、适用期限、监诉衔接等内容作出专门规定。

第一节　监察委员会的宪法地位

作为一项事关全局的重大政治改革，监察体制改革之后将产生一个独立于行政机关和司法机关之外的全新的国家机关，各级国家监察机关由人大产生，对其负责，并接受其监督。由此，在人民代表大会的制度框架内，国家机构体系将由现行的"一府两院"演变为"一府一委两院"（"一委"即监察委员会）的新格局。[1]从其现实意义而言，国家监察体制改革对于国家宪法

---

　　* 本章曾以"中国特色监察法治体系论纲"为题，发表于《新疆师范大学学报（哲学社会科学版）》2018 年第 5 期，特此说明。
　　[1]　江国华："国家监察体制改革的逻辑与取向"，载《学术论坛》2017 年第 3 期。

体制的影响已经远远超过了 1988 年以来的六次国务院机构的改革之总和[1]，成为 1982 年《宪法》实施以来国家机构层面幅度最大的改革。[2]作为具有宪制改革意味的重大改革试验，有必要适时修改宪法以确认国家监察机关的宪法地位，保证监察法治建设"于宪有据"。

一、与权力机关的关系

从改革决定来看，"试点地区监察委员会由本级人民代表大会产生，监察委员会对本级人民代表大会及其常务委员会和上一级监察委员会负责，并接受监督"[3]。由此，监察机关和权力机关至少形成了产生与被产生、监督与被监督、负责与被负责三类关系。具体而言：

其一，产生与被产生的关系。改革之后，监察机关将与行政机关、检察机关和审判机关一样，成为由人大产生的重要国家机关，而这一产生与被产生的关系至少反映在以下两个层次上：①监察机关组织的"产生"。从现行宪法的文本来看，基本无法通过宪法解释的方式对监察机关的成立进行合宪性说明，为此，必须通过宪法修改由权力机关对其机构性质和定位在宪法上重新进行说明。另外，根据监察工作的实际需求，监察改革之后所产生的后续配套立法工作都需要权力机关予以完成，尤其是涉及国家监察基本制度的一系列基本法都应由全国人大通过。如果没有权力机关的以上工作，监察机关就无法进入到由宪法所规范的国家机构体系之中，其相关的职权行使也将缺乏基本法的支持和依据。②监察机关人员的"产生"，根据改革决定，各级监察委员会主任将由同级权力机关选举产生，副主任、委员由监察委员会主任提请本级人民代表大会常务委员会任免，即监察机关的组成人员都要通过权力机关的选举和任命产生，并基于权力机关对其监督还有进行人员罢免的权力。

其二，就监督与负责的关系来看，作为国家机关的监察委员会，在实现机构地位提升的同时，其权力行使的过程也须得接受更为严格的人大监督。

---

[1] 沈岿："论宪制改革试验的授权主体——以监察体制改革试点为分析样本"，载《当代法学》2017 年第 4 期。

[2] 参考王旭："国家监察体制改革的宪法学思考"，载《中国政法大学学报》2017 年第 5 期。

[3] 参见"全国人大常委会关于在全国各地推开国家监察体制改革试点工作的决定"，载《人民日报》2017 年 11 月 5 日。

从当前宪法和《监督法》的规定来看，权力机关对由其产生的机关可行使以下广泛的监督权，即有权撤销其制定的同宪法、法律相抵触的监察法规、决定和命令；听取和审议工作报告；审查和批准计划和预算；罢免和撤职；询问和质询；对法律的实施情况进行检查；组织特定问题调查等。但《监察法》仅规定了听取和审议其专项工作报告，组织执法监察，询问或者质询等几种方式，并未将所有人大监督的方式纳入其中。另外，只是明确了监察机关应当向人大做"专项工作报告"[1]，但对于其是否应当遵循惯例向人大报告工作的问题还未得以明确。[2] 但从法理上而言，权力机关依据《监督法》所拥有的监督手段，是其依法履行监督职责、代表人民监督公权运行的必要内容，如其各项监督手段不能在监察领域有效展开，就将在实质上动摇人民代表大会制度的权威性，有损法治主义精神和宪法所规定的基本秩序。当然，反向而言，"行使国家监察职能"的监察委员会也有权对人大进行一定的"监督"，但应当注意的是监察机关监察的对象只能是"人"而不是"机关"[3]。这就意味着监察机关并不能对各级人大进行直接的监察，只能对其公职人员行使公权力的职务行为进行具体监督，所有监察行为都要最终落实到公职人员的履职行为之上。

二、与其他国家机关的关系

根据改革方案，监察委员会将由权力机关直接产生，而非由行政机关和司法机关来产生。从其位阶来看，监察机关独立于行政机关、检察机关和审判机关、在法律地位上与之平行、与之无任何直接的隶属关系，也不会受其管理和领导。具体而言，监察机关在改革后将与其他国家机关大致形成以下关系：

其一，监察与被监察的关系。根据改革方案和《监察法》的规定，监察

---

〔1〕《国家监察法》第53条提出："各级人民代表大会常务委员会听取和审议本级监察委员会的专项工作报告，组织执法检查。"

〔2〕作为人大监督的常用手段，虽然我国宪法和监督法中都未再对行政机关、检察机关和审判机关向人大报告工作进行明确规定，但作为一种实践中的惯例，以上国家机关向同级人大报告工作的做法一直被延续了下来。如《全国人大会议事规则》第30条规定："全国人民代表大会每年举行会议的时候，全国人民代表人会常务委员会、国务院、最高人民法院、最高人民检察院向会议提出的工作报告，经各代表团审议之后，会议可以作出相应的决议。"

〔3〕参见"监察的是'人'而不是'机关'"，载《中国纪检监察报》2017年11月13日。

委员会作为"行使国家监察职能的专责机关",将依法监察公职人员行使公权力的情况,并通过"监督、调查和处置"三项职权的综合运用,"对公职人员开展廉政教育,对其依法履职、秉公用权、廉洁从政从业以及道德操守情况进行监督检查",对其"涉嫌贪污贿赂、滥用职权、玩忽职守、权力寻租、利益输送、徇私舞弊以及浪费国家资财等职务违法和职务犯罪"进行调查。此外,《监察法》还明确了监察机关对其他国家机关进行监察的具体方式,提出了"政务处分""监察建议""问责""移送起诉"等处置手段。由此,监察机关通过对其他国家机关公职人员履职行为的具体监督,实现了对包括行政机关、检察机关和审判机关在内的具体行为的监察。当然,监察委员会的监察虽然范围广、力度强,但是其监察只是针对"人"的具体监察,而非是直接对"机关"的监察,这一点需要特别注意。

其二,互相配合的协作关系。鉴于监察委员会成立后将构建起集中统一、权威高效的反腐败体制,为此,其他国家机关有配合监察机关开展监察工作的法定义务。《监察法》第 34 条明确提出:"人民法院、人民检察院、公安机关、审计机关等国家机关在工作中发现公职人员涉嫌贪污贿赂、失职渎职等职务违法或者职务犯罪的问题线索,应当移送监察机关,由监察机关依法调查处置。"此外,"监察权限"一章还明确列举了在线索移交、调查、查询、冻结、搜查、通缉和限制出境等各项工作中的协作规定。[1]但应当特别注意的是,互相配合的协作关系应当首先建立在对权力分工的基础上,即对于其他国家机关的法定权力,监察机关既不能侵入也不能越权代替,[2]只有在此前提下才能谈具体工作上的配合与协作问题,否则权力一旦混同,就无分工协作的可能和必要。

其三,互相制约的监督关系。在改革之后,作为职务犯罪侦查的法定主体,监察机关必须要接受司法机关对其工作的监督,不同于公安机关对监察委员会的配合,检察机关和审判机关则要更多地承担其对监察工作的监督职责。具体而言,检察机关将通过审查起诉的过程对监察委员会的工作进行监督和制约,如对其移送起诉的案件,除"认为犯罪事实已经查清,证据确实充分,依法应当追究刑事责任的"可以直接起诉外,检察机关还能够在特定

---

〔1〕 分别参见《监察法》第四章"监察权限"中第 34、18、23、24、29、30 条之规定。

〔2〕 参见江国华、彭超:"国家监察立法的六个基本问题",载《江汉论坛》2017 年第 1 期。

条件下提出"退回补充调查""自行补充侦查""不起诉"等其他决定〔1〕，从而形成对其办案过程和结果的监督和制约。而审判机关将以审判过程为中心展开对监察委员会侦办案件的监督，换言之，监察委员会虽然拥有一定的处置权，但其处置权不能代替审判权，其处置结果也非最终的裁判结果，被监察人员是否构成犯罪的裁判权要由也只能由审判机关行使。〔2〕

三、监察委员会的机构性质

对于监察委员会的性质问题，改革方案的表述为"国家反腐败工作机构"和"行使国家监察职能的专责机关"〔3〕，《监察法》的表述为"行使国家监察职能的专责机关"〔4〕，并通过"中华人民共和国监察委员会是最高国家监察机关"的规定确认了监察委员会是国家监察机关的通说。对于以上三种表述，"反腐败工作机构"仅突出了监察委员会在反腐败斗争中的作用，未对其更广泛的监察职能进行概括；而"行使国家监察职能的专责机关"的说法虽然对监察委的职权进行了整体概括，但其描述功能大于抽象的性质界定，缺乏对其机构性质的进一步凝练和对特点的进一步阐明；"国家监察机关"的说法较为简洁明确地对其职权内容和机构地位进行了概括，综合而言更适宜作为对其机构性质的表述。当然，"行使国家监察职能的专责机关"的说法也可以继续作为对其机构性质的具体描述，监察委员会的机构性质可以总结为以下几点：①监察委员会是"国家机关"，作为由各级人民代表大会选举产生的机构，监察委员会与行政机关、检察机关和审判机关一样，其机构性质为正

---

〔1〕《监察法》第47条提出："对监察机关移送的案件，人民检察院依照《中华人民共和国刑事诉讼法》对被调查人采取强制措施。人民检察院经审查，认为犯罪事实已经查清，证据确实、充分，依法应当追究刑事责任的，应当作出起诉决定。人民检察院经审查，认为需要补充核实的，应当退回监察机关补充调查，必要时可以自行补充侦查。对于补充调查的案件，应当在一个月内补充调查完毕。补充调查以二次为限。人民检察院对于有《中华人民共和国刑事诉讼法》规定的不起诉的情形的，经上一级人民检察院批准，依法作出不起诉的决定。监察机关认为不起诉的决定有错误的，可以向上一级人民检察院提请复议。"

〔2〕 参见江国华、彭超："国家监察立法的六个基本问题"，载《江汉论坛》2017年第1期。

〔3〕《方案》提出，"深化国家监察体制改的目标，是建立党统一领导下的国家反腐败工作机构""由省（市）代表大会产生省（市）监察委员会，作为行使国家监察职能的专责机关"等说法。姜洁："中办印发《关于在北京市、山西省、浙江省开展国家监察体制改革试点方案》"，载《人民日报》2016年11月8日。

〔4〕 参见《监察法》第3条之规定："各级监察委员会是行使国家监察职能的专责机关。"

式的国家机关，而非与国家机关属性相异的其他机关，或者国家机关之中的内设机构；②监察委员会是"监察机关"，就其职权内容而言，监察委员会将作为行使监察权、而非是行使其他权力的国家机关而存在，其所行使的也是完整的监察权而非是职务犯罪侦查或者廉政监督权，在此前提之下，监察委员会将具体承担"监督、调查和处置"三项监督职责，依法展开对所有公职人员行使公权力的情况的监督、调查和处置，展开对所有公职人员职务违法和职务犯罪情况的调查和处置；③监察委员会是"专责机关"，这就意味着监察委员会只承担国家监察职责，不得履行监察职责之外的其他职责。另外，就其监察职责的实现方式来看，其监察职责不仅要专门履行还要具体履行，即均要通过对公职人员具体的履职行为展开监督和监察，不能对公权力机关展开抽象的监督和调查。

第二节　监察委员会的组织体系

根据全国人大常委会作出的改革决定，[1]监察委员会将由三省的局部试点向全国试点全面推开，从其涉及的各级监察委员会的设置上来看，省（自治区、直辖市）、市（自治州）、县（自治县、市辖区）三级行政区将普遍设立监察委员会，在改革向全国推开的情况下，应尽早完成对监察机构进行组织建构的任务，具体如下：

一、基本的组织制度

其一，双重领导制度。对于上下级监察机关之间隶属关系的问题，改革决定提出，"监察委员会对本级人民代表大会及其常务委员会和上一级监察委员会负责，并接受监督"。[2]据此表述，学界大多认为监察委员会在隶属关系上将与人民检察院的"双重领导"模式类似，即在对同级人大及其常委会负

---

〔1〕 改革决定提出，"在各省、自治区、直辖市、自治州、县、自治县、市、市辖区设立监察委员会，行使监察职权"。"全国人大常委会关于在全国各地推开国家监察体制改革试点工作的决定"，载《人民日报》2017 年 11 月 5 日。

〔2〕 "全国人大常委会关于在全国各地推开国家监察体制改革试点工作的决定"，载《人民日报》2017 年 11 月 5 日。

责的同时，也要对上级监察委员会负责。[1]但值得注意的是，检察机关的"双重领导"还通过《宪法》第 132 条进行了补充规定。"最高人民检察院领导地方各级人民检察院和专门人民检察院的工作，上级人民检察院领导下级人民检察院的工作"的表述，进一步说明了上级检察机关对下级检察机关的领导关系。就监察机关纵向组织关系而言，现有的改革决定虽然只作出了"监察委员会对本级人民代表大会及其常务委员会和上一级监察委员会负责"的原则规定，但《监察法》第 10 条依然作出了与《检察院组织法》相一致的表述，即"国家监察委员会领导地方各级监察委员会的工作，上级监察委员会领导下级监察委员会的工作"。[2]由此来看，改革者对于监察机关隶属关系的设计还是维持了与当前检察机关相一致的双重领导模式，而学界所提出的以"垂直领导"为主的"双重领导"模式[3]的看法并未得到支持。这样的制度设计从现实情况来看是非常必要的，改革之后，监察机关作为"位高权重"的专门反腐机构，[4]其自身的权威地位以及与党的纪检机关合署办公的特殊设置，使得其在监察活动中将很少受到地方党委和政府的干预。在此条件下，如果再对其双重领导模式进行垂直化改造，其机构地位将会更加崇高，这将从根本上导致检察机关和审判机关对其工作的监督困难。作为对比，虽然学界多年来一直有要求检察机关进行垂直领导，实现检察一体化的呼声[5]，但二者所拥有的现实资源和地位的巨大差异，决定了检察机关进行一定的垂直领导是实践所必需的，而监察机关进行垂直领导则有成为权力利维坦的可

---

〔1〕 参见江国华："国家监察体制改革的逻辑与取向"，载《学术论坛》2017 年第 3 期。当然，也有学者指出，国家监察委上下级领导方式不同于人民检察院，"未来国家监察机关的体制应该具有比检察机关内部领导关系的领导性更强的特性"，但从当前的改革试点方案来看，还尚且无法断定两机构的模式到底有何不同，在没有新的改革文件出台之前，应当认为监察委员会还是采取了类似检察机关的"双重领导"模式。参见姜明安："国家监察法立法初探"，载《中国法律评论》2017 年第 2 期。

〔2〕 我国《检察院组织法》规定为"最高人民检察院领导地方各级人民检察院和专门人民检察院的工作，上级人民检察院领导下级人民检察院的工作"。

〔3〕 参见陈光中："关于我国监察体制改革的几点看法"，载《环球法律评论》2017 年第 2 期。

〔4〕 参见江国华、彭超："国家监察立法的六个基本问题"，载《江汉论坛》2017 年第 1 期。

〔5〕 诉讼法学界对"检察一体化"有过长期的研究，也有不少学者提议我国检察机关实行"检察一体化"，代表性观点如张建伟：《论检察》，中国检察出版社 2014 年版，第 18~30 页；谢鹏程：《论检察》，中国检察出版社 2014 年版，第 174~176 页；甄贞：《法律监督原论》，法律出版社 2007 年版，第 89~100 页；陈卫东："检察工作一体化及其保障与规范"，载《河北法学》2010 年第 1 期。

能。当然，出于保证监察权独立行使的考虑，可在人财物管理方面作出一定的特殊安排，使其日常的业务管理方面进行更加符合监察权运行规律的设置，但完全的垂直管理在现有的条件下应当慎行。

其二，集体决策制度。《监察法》中涉及监察委员会决策制度的条款主要集中在"监察权限"和"监察程序"两章中，其中，第31、32、39、42、43条分别在从轻减轻处罚的建议、调查方案的确定、调查过程中的重要事项以及留置措施的决定权等内容中规定了"应当集体研究"的要求。作为对比，《监察法》中提及监察机关领导人员个人决策的内容主要集中在第38、39条的规定之中，即对初核情况报告和分类处理意见的审批、立案报告的审批应由"监察机关主要领导人员"进行。综合《监察法》的规定来看，监察权运行过程中的重大事项应由集体研究后决定，在监察机关内部的案件处理的过程中，领导干部可以决策的事项是对被监察对象的人身和财产权利没有直接影响的程序性事项。对此，我们可以基本判定改革者当前所要确立的是集体决策的机制，即主要领导的决策权只限于案件流转和文件审批等内部行为，重大事项都需要严格的集体研究。另外，从各试点地区监察委员会的实际运行情况来看，也基本上是维持了与当前纪检监察机关相同的集体领导的方式，以此来实现监察委员会与纪检机关在试点改革期间的良好协作和顺利过渡。其具体做法就是在民主集中制的基础上，通过内部的分工协作，建立由相关部门主要负责人、监察委员会主要领导为主要责任主体的集体讨论、集体审议、集体处置的工作机制，对于重大、复杂、疑难等案件必须坚持集体审议的原则，在民主讨论的基础上形成最后的处理意见。[1]有鉴于立法层面和操作层面共同的制度选择，可以基本判定监察委员会将奉行集体决策制度，与首长负责的方式相比，这一模式更能体现出监察权运行的自身特点和内在规律，可以实现对监察手段的审慎运用以及保证监察权的公正规范运行，并起到对被监察对象基本权利最大程度保护的目的。

---

〔1〕 对于山西、北京、浙江三地监察试点改革的具体情况及其决策模式的总结，主要参见了"从一开始就把监察权关进笼子——北京开展国家监察体制改革试点工作纪实（下）"，载《中国纪检监察报》2017年6月2日；"做好深度融合大文章——山西开展国家监察体制改革试点工作纪实（下）"，载《中国纪检监察报》2017年6月8日；"改革，不止于挂牌——浙江省开展国家监察体制改革试点工作纪实（下）"，载《中国纪检监察报》2017年6月14日中的报道。

二、内设机构和办案组织

从我国现有的各类组织法的立法情况来看，内部机构的规定往往非常简单，如现行的《检察院组织法》中规定"最高人民检察院根据需要，设立若干检察厅和其他业务机构。地方各级人民检察院可以分别设立相应的检察处、科和其他业务机构"[1]，而在《国务院组织法》中甚至都未直接出现内部机构设置条款，只有对国务院直属机构设置的简单规定。[2]这样的立法现状显然是与我国当前法治精细化发展的要求不相匹配的，对此，有必要在参考改革之前检察机关[3]和行政监察机关[4]办案组织形式的基础上，根据监察权运行的自身规律，形成以办案组织为核心的内设机构设置，明确办案组织的主体要素、权力配置和运行机制，以促进监察权的专业和高效运行。

其一，办案组织的主体要素，即要明确办案组织是由独任制监察官还是监察官办案组担任的问题。对此，应综合考虑监察机关工作的实际情况以及人员配置情况，在保障监察权独立行使之外也要促进监察机关内部的有效管理和统一行动。参考学界对检察机关办案组织形式的研究，[5]可按照其行使的权力类型不同，将这一问题具化为职务犯罪侦查部门需要何种办案组织、立案审查部门需要何种办案组织、廉政监督部门需要何种办案组织，以及线

---

〔1〕　值得注意的是，《人民检察院组织法》已经在修订中，修订草案丰富了其内设机构的规定，但鉴于该草案还未审议通过，本书仍以当前组织法的文本为准进行分析。

〔2〕　《国务院组织法》规定："国务院可以根据工作需要和精简的原则，设立若干直属机构主管各项专门业务，设立若干办事机构协助总理办理专门事项。"

〔3〕　参见最高人民检察院 2015 年 9 月出台的《关于完善人民检察院司法责任制的若干意见》第二部分对"司法办案组织"的规定。

〔4〕　《中国共产党纪律检查机关监督执纪工作规则》就要求纪检机关在初步核实阶段应当建立核查组，在立案审查阶段应当建立审查组，并对核查组和审查组的办案程序及其权限进行了规定，参见《监督执纪工作规则》第 22、23 条规定，"采取初步核实方式处置问题线索，应当制定工作方案，成立核查组"，以及"核查组经批准可采取必要措施收集证据，与相关人员谈话了解情况，要求相关组织作出说明，调取个人有关事项报告，查阅复制文件、账目、档案等资料，查核资产情况和有关信息，进行鉴定勘验。需要采取技术调查或者限制出境等措施的，纪检机关应当严格履行审批手续，交有关机关执行"；第 27、28 条对立案审查阶段办案组织的设置与具体职权范围进行了规定，提出"纪检机关相关负责人批准成立审查组，确定审查谈话方案、外查方案，审批重要信息查询、涉案款物处置等事项"，以及"审查组可以依照相关法律法规，经审批对相关人员进行调查谈话，查阅、复制有关文件资料，查询有关信息，暂扣、封存、冻结涉案款物，提请有关机关采取技术调查、限制出境等措施"等规定。

〔5〕　参见龙宗智："检察官办案责任制相关问题研究"，载《中国法学》2015 年第 1 期。

索处置部门需要何种办案组织等若干问题。依其各自行使的职权特点,建立与其职权需要相适应的组织形式,如在职务犯罪侦查中可能更强调行动的高效与统一,那么,就可建立以主任检察官为核心、进行"团队作战"的办案组;对于案件审查部门而言,其工作性质则更多地具有司法的属性,强调办案人员的独立判断,那么独任制监察官的模式更适合其对相关材料的严格把关。[1]基于监察权内容的复合性,有必要在业务细分的基础上,建立起与其职能相对应的差异化的办案组织形式。

其二,办案组织的权力配置,即应当明确监察机关的办案组织享有哪些权力,承担哪些责任的问题。从目前的检察实践情况来看,[2]检察机关对办案组织进行了如下的权力配置,其一是规定了独任制检察官和检察官办案组所能够管辖的案件范围,其二是规定了办案组织在作出重大决定时所具有的办案权力。而从党的《监督执纪工作规则》中来看其也按照办案的不同阶段,规定了办案组织所能享有的办案权力的范围,尤其是对其使用技术调查措施和强制措施的权力进行了严格的限制性规定。对此,监察机关办案机构的权力配置可以从管辖范围和权力范围两个层面入手:首先,要明确其各自的管辖范围,规定重大、疑难案件应当由监察官办案组来承办,并通过配套文件对重大、疑难案件的标准进行具化;其次,应明确其权力范围,规定两种形式的办案组织能够行使的监察手段,规定对于留置、技术调查措施、搜查等手段,必须由监察官办案组来掌握,不能由独任制监察官进行决策等问题。

其三,办案组织的运行机制,即应明确办案组织监察权如何行使的问题,尤其是如何决策、如何指挥和领导的问题。从《监察法》来看,虽然已经设计了专章对"监察权限"进行规定,但关于办案组织运行机制的规定仍需进一步明确,如在第31、32、42、43条都出现了"应当监察机关集体研究"之后再行使特定职权的规定。那么,这就意味着对于办案组织的运行机制而言,需要考虑的不仅是办案组织与分管领导、监察委主任之间的领导与被领导关系,而且还需要考虑与日后具有集体领导和决策性质的领导机构的关系。那么,监察机关集体研究的事项范围、决策方式与程序以及责任承担问题就必

---

〔1〕 参见何静:"司法责任制背景下检察办案组织的优化",载《河南财经政法大学学报》2017年第2期。

〔2〕 参见最高检在司法改革中出台的《关于完善人民检察院司法责任制的若干意见》。

须予以明确，以保障监察权的科学、高效和独立行使，防止监察委员会权力
的滥用。

三、人员管理制度

从《监察法》的规定来看，涉及监察委员会人员管理制度的规定还停留
在原则性层面，仅在形式上简单地确立了监察官制度，对于具体的选任办法、
等级晋升、职业保障等问题都未进行明确规定。[1]有必要建立适应监察工作
需要的监察官制度，明确监察官的职责、义务和权利，人员选任和奖惩，职
业保障和申诉控告等内容，以推进监察队伍的专业化和职业化建设。

其一，人员组成与任免。根据当前的改革精神，应在后续监察立法中对
监察机关的人员任免和组成情况进行如下规定：①监察委员会实行主任负责
制，设置主任一人，全面领导监察委员会的工作，管理本委员会的监察行政
事务；其下设副主任和委员若干人，副主任协助主任工作。②监察委员会主
任由本级人民代表大会选举产生，监察委员会副主任、委员，由监察委员会
主任提请本级人民代表大会常务委员会任免；地方各级监察委员会主任的任
免，须报上一级监察委员会主任提请该级人民代表大会常务委员会批准；监
察委员会主任任期与产生它的人民代表大会每届任期相同，连续任职不得超
过两届。

其二，监察官的选任条件。一般而言，选任条件包括了政治条件、品行
条件、年龄要求和专业要求，以及特殊的禁止性条件。在监察体制改革之后，
监察机关和党的纪检机关合署办公的特殊设置，决定了日后监察官的管理将
不可避免地与党的纪检干部的管理产生一定的交叉影响，而二者工作上的协
同与合作关系又决定了对于双方的人员管理应当尽可能的协调一致。对此，
就监察官的选任而言，就需要着重讨论以下问题，即监察官是否必须为中国
共产党党员；监察官是否应当具有法学教育背景且通过司法考试；在被选任
为监察官之前，该人选是否应当具有相当程度的司法类工作经验；受过纪律
处罚而无犯罪记录的人员是否可以被选任为监察官；等等。这些都需要在日
后的改革实践和监察立法中进行完善。

---

[1]《监察法》第14条规定："国家实行监察官制度，依法确定监察官的等级设置、任免、考评
和晋升等制度。"

其三，监察官的职责、权利与义务。为保证监察工作的高效和公正，有必要建立适应检察工作实际的监察官责任制，通过列明监察官所拥有的职责义务，突出监察官在监察权行使中的主体地位，明确监察机关内部案件流转中的权责界限，避免由于多层审批和过程冗长导致的责任互相推诿的现象。具体而言，在组织立法赋予监察官监督、调查和处置等抽象职权之后，还应以监察法规的形式明确监察官所拥有的职权清单，并结合不同岗位监察官的履职需要，设定相应的职责内容。对于需要上级多次进行审批的重大复杂案件，应当以监察权的运行为中心，设置案件调查和处理的关键节点，并明确在此节点中承办监察官、监察组和监察委员会领导人员的职权和责任，实现监察全程的分工明确以及责任明晰。

其四，监察官的职业保障制度。为促进监察官队伍的专业化和规范化管理，有必要建立以下基本的职业保障制度：①明确监察官非因法定事由，非经法定程序，不被调离、降职、免职、辞退或者处分，监察官依法履行职务不受追究；②建立适应监察工作自身特点的考评和奖惩机制，提出科学的奖惩方案和具体指标，重点考核其工作业绩和职业品质，组建权威的考评和奖惩机构，防止考评和奖惩的形式化和行政化，根据考评结果，建立相应的职级晋升或者降级的办法；③监察官的人格尊严和人身安全应当受到法律的特别保护，鉴于监察工作的特殊性，为保证监察官的办案安全，监察机关应当采取必要措施对承办重大复杂案件的监察官及其近亲属进行安全保护，对妨碍监察委员会依法行使职权的违法犯罪行为，对侮辱诽谤、暴力侵害、报复陷害等行为，应当及时制止，依法追究法律责任。

第三节 监察委员会的职权范围

从改革决定的内容来看，监察委员会拥有监督、调查和处置三项职权。从法理上看，当前赋予监察机关的三项职权都是行动性的权力，[1]针对的都是具体的违纪违法监督和职务犯罪侦查工作的职权需要。而根据国家机构运转对职权的一般需求来看，除了以上必需的行动性权力之外，还需要一些事

---

〔1〕 参见李森："国家监察委员会职权的立法配置与逻辑思考"，载《首都师范大学学报（社会科学版）》2017年第5期。

前和事后性的权力来加以补充，类如规则制定权和策略形成权等。为此，有必要对监察机关之职权范围作一系统梳理，以明确监察机关职权内容和行使范围。

一、监察委员会的职权类型

从理论上来看，重要国家机关的职权体系应分为抽象职权和具体职权两类，[1]其中，抽象职权指国家机关为确保机构的自主性和专业性，[2]所具有的一定的规则制定权和决策形成权，以强化内部监督和管理，促进机构行为的规范化；而具体职权则是其机构日常工作的职权所需，所针对的均为具体的特定事务。当前监察机关所拥有的三项职权并不能涵括其作为国家机关应当具有的所有职权内容。结合监察工作的实际，未来监察机关至少应当具有以下抽象职权：①出台监察措施权；②发布监察决定和命令之权；③根据立法权限拥有一定的监察法规和规章的制定权；④向同级人民代表大会或者人民代表大会常务委员会提出监察议案权；⑤领导下级监察委员会工作，改变或者撤销下级监察委员会发布的不适当的决定和命令权。具体的监察职权可沿用改革决定所明确授予的监督、调查、处置三权，监察机关履行"监察公职人员行使公权力的情况""调查职务违法和职务犯罪""开展廉政建设和反腐败工作"等职能时所需的权力内容都可以从监督、调查、处置三权中加以解释和运用。具体应当包括：①对公职人员履职行为和廉洁操守情况的监督检查权；②职务违法和职务犯罪行为调查权；③提出监察建议权；④进行政务处分权；⑤对失职失责官员进行问责权；⑥依法移交司法机关处理权等。

在此理解之下，作为最高国家监察机关的国家监察委员会就应当享有以下职权：①向全国人民代表大会或者全国人民代表大会常务委员会提出议案；②统一领导全国地方各级国家监察委员会的工作，规定中央和省、自治区、直辖市的监察委员会职责的具体划分，改变或者撤销地方各级监察委员会不适当的规章、决定和命令；③统一领导各专业监察委员会的工作，规定各专业监察委员会的任务和职责，改变或者撤销各专业监察委员会不适当的决定

---

〔1〕　参见江国华，"国家监察体制改革的逻辑与取向"，载《学术论坛》2017年第3期。
〔2〕　参见［日］芦部信喜：《宪法》（第3版），林来梵等译，北京大学出版社2006年版，第307页。书中，芦氏以最高法院的规则制定权为例，提起该规定的目的在与确保法院的自主性，在司法部门内部强化最高法院的统治权和监督权，以及尊重通晓司法实务之法院的专业化判断。

和命令；④根据宪法和法律，制定监察法规和规章；⑤根据监察工作实际需要，发布监察决定和命令；⑥监督公职人员行使公权力的情况；⑦调查职务违法和职务犯罪；⑧对监察和调查活动发现的违法犯罪行为进行处置。而其他各级监察机关也将根据《地方各级人民代表大会和地方各级人民政府组织法》和《立法法》的相关规定，拥有相应的提案权和立法权。当然，鉴于监察权的行使直接关系到公民人身财产等基本权利，监察法规和规章的立法内容应当遵循立法保留的相关要求。涉及犯罪和刑罚、对公民政治权利的剥夺、限制人身自由的强制措施和处罚、诉讼制度等内容都必须留待法律进行规定。

二、"全面覆盖"的监察范围

从改革决定的内容来看，监察权的行使范围不再局限于以往的行政监察领域，而意图实现国家监察的全面覆盖。[1]当然，必须要注意的是，监察权全面覆盖的实质是对所有行使公权力的公职人员的全面监察，而非直接对其所在机构的全面监察。具体而言，"全面覆盖"可从以下方面进行理解：①全面覆盖权力运行的全过程。从监察机关的职权内容来看，监察委员会对于公职人员行使公权力情况实行的是全程监督，不同于以往着重事后监督和惩戒的监察模式，此次改革之后所构建的"全面覆盖"的监察权，其监察范围既包括了事前的廉政宣传和建设，又包括事中的履职监督和违纪违法行为监督，还包括事后对职务违法犯罪行为的有效处置。总体来看，监察委员会将实现监察的"全面覆盖"，集事前监督、事中监督和事后监督三位一体，形成"既监察于已然，又监察于未然"的全程监察。②全面覆盖所有行使公权力的公职人员。对公职人员的全面覆盖首先意味着打破了之前党的纪律检查机关，政府的行政监察机关以及检察院职务犯罪侦查与预防部门"各管一段"的监督格局，实现了不分党员与非党员，但凡行使公权力就须得接受监督的重大制度创新。改革之前的监察部门是行政机关的职能部门，其监察范围虽涵盖各类行政权的运行过程和活动，[2]但无法涉足对其他国家机关的权力运行情况的监督和监察。而监察委员会作为与"一府两院"法律地位相平行，且专责

---

〔1〕 全国人大网站公布的《国家监察法（草案）》总则第1条即明确提出，国家监察法的立法目的是"为了推进全面依法治国，实现国家监察全面覆盖，深入开展反腐败工作，制定本法"。
〔2〕《中华人民共和国行政监察法》第2条："监察机关是人民政府行使监察职能的机关，依照本法对国家行政机关及其公务员和国家行政机关任命的其他人员实施监察。"

国家监察职能的专门机关，能够实现对包括立法机关、行政机关和司法机关在内的所有国家机关公职人员的监督和监察。对于"行使公权力的公职人员"的具体范围，《监察法》规定了六类人员〔1〕，对之前有学者所提出的九类人员的范围进行了限缩〔2〕，以是否真正"行使公权力"为中心，将事业单位和社会自治组织中的普通工作人员排除在外，避免了因监察范围的盲目扩大而导致的监察不力现象，在实现"全面覆盖"的同时，保证了监察权的专业和高效。

此外，从法治主义的观点出发，监察权的"全面覆盖"应以不有损其他机关的职权的独立行使作为基本要求，在对人大代表、法官和检察官进行监督时必须谨慎。具体而言：①对人大代表的监督只限于其在本职工作中行使公权力的行为，作为民选产生的人大代表，对其的监督理论上只能由各级人民代表大会来进行。此种监督在性质上是政治监督而非监察机关所能进行的一般监督，故而，监察机关对人大代表的监督事实上应当局限在人大代表在其本职工作中行使公权力的行为，而不能对人大代表的履职行为进行监督，以避免权力之间的冲突。〔3〕②对检察官和法官的监督不能影响其对案件的独立判断，不应干扰检察权和审判权的独立行使，监察机关与检察机关和审判机关在工作上存在前后衔接的关系，监察机关调查完毕的案件都需要移送检察机关审查起诉后才能进入到正式的司法裁判过程中，由人民法院依据国家法律对监察对象作出最终的公正裁决。故此，监察机关对司法机关工作人员的监督方式和力度事实上将引起较大的连锁反应，如果监察机关对于检察机

---

〔1〕《监察法》第15条规定："监察机关对下列公职人员和有关人员进行监察：（一）中国共产党机关、人民代表大会及其常务委员会机关、人民政府、监察委员会、人民法院、人民检察院、中国人民政治协商会议各级委员会机关、民主党派机关和工商业联合会机关的公务员，以及参照《中华人民共和国公务员法》管理的人员；（二）法律、法规授权或者受国家机关依法委托管理公共事务的组织中从事公务的人员；（三）国有企业管理人员；（四）公办的教育、科研、文化、医疗卫生、体育等单位中从事管理的人员；（五）基层群众性自治组织中从事管理的人员；（六）其他依法履行公职的人员。"

〔2〕马怀德教授在年初提出，监察对象具体包括中国共产党各级机关工作人员；各级人民政府工作人员；各级司法机关工作人员；各级人大机关工作人员；各级政协机关工作人员；民主党派各级机关工作人员；法律法规授权组织内行使国家公权力的国家工作人员；科教文卫体等事业单位的工作人员；国有企业管理人员。参见马怀德："《国家监察法》的立法思路与重点"，载《环球法律评论》2017年第2期。

〔3〕莫纪宏："论监督行为的合法性依据"，载《中国政法大学学报》2017年第5期。

关和审判机关的监督力度超出了合理的范围，就会使司法机关在正常的案件审理过程中面临巨大的现实压力，在实质上破坏三机关之间分工合作、互相制约、互相监督的关系，造成国家机关之间权力运行和司法生态的失衡。

三、监督、调查、处置三权的具体设计

从改革决定对监察机关职权的设计来看，[1]"监督、调查、处置"三项职权将成为监察委员会最为主要也是使用最为频繁的权力内容，有鉴于以上三权在其职权体系中的重要地位，以及对于我国现行监督制度和刑事司法制度的深刻影响，有必要对其现有的职权内容进行思考和具化，通过事前的审慎的制度设计，避免作为监督权的监察权在实践中的自我异化。

其一，在统合了原行政监察权和检察机关的部分法律监督权之后，监察机关既能够对所有行使公权力的公职人员进行监督，也可以对公权力活动和行使过程展开全面监督，实现了包括"对人监督"和"对事监督"在内的广泛的监察和监督。但值得注意和研究的是，就其所列举的"依法履职""秉公用权""廉洁从政"以及"道德操守"四项具体的监察内容来看，前三项毫无疑问是监察机关履行监察职责所必需的内容，但是对于其最后一项职权，即对公职人员道德操守的监察而言，还存在以下问题需要审慎考虑：一是公职人员道德操守情况与其规范行使公权力之间的相关关系，或者说，公职人员道德品质较差，是否与其完成本职工作，与其合法行使公权有必然的相关关系。进而，我们需要考虑以监察公职人员行使公权力情况为核心的监察制度是否需要将个人的道德品质纳入监察范围的问题。当然，如果为了监察机关履职方便，需要保留该项职权的话，就须得对道德操守的范围加以明确，将其限于职业操守和公共责任的范畴之内。二是既然当前已经有多个机构可以对公职人员的道德情况进行监督，监察机关为何还要在其之上继续对该项内容进行监督。从现实层面考虑，在繁重的日常监察和职务犯罪侦查工作之余，

---

〔1〕 改革决定所提出的监察职权内容为："监察委员会按照管理权限，履行监督、调查、处置职责，监督检查公职人员依法履职、秉公用权、廉洁从政以及道德操守情况，调查涉嫌贪污贿赂、滥用职权、玩忽职守、权力寻租、利益输送、徇私舞弊以及浪费国家资财等职务违法和职务犯罪行为并作出处置决定；对涉嫌职务犯罪的，移送检察机关依法提起公诉。"参见 2017 年 11 月 4 日第十二届全国人民代表大会常务委员会第三十次会议通过的《关于在全国各地推开国家监察体制改革试点工作的决定》。

监察机关是否还有足够的精力对公职人员的道德操守情况进行有效监督？如果没有的话，我们认为监察机关还是应当专注于自身核心职权领域，不应过多地涉及其他机构已有的职权范围，以避免留下监察权可以恣意解释和运用的空间。

其二，监察机关的调查权包括了一般调查权和特殊调查权两种形式，一般调查权是对公职人员的违法乱纪行为进行调查，而特殊调查权只针对职务犯罪行为，即来源于检察机关在改革中转隶的职务犯罪侦查和预防权。当然，监察委员会调查权在实际行使的过程中并不能截然地分为"调查"和"侦查"两个层面。正如有学者提出的，"调查"和"侦查"的属性不是截然分开和相互对立的[1]，调查权事实上是既包括"调查"属性，也包括"侦查"属性的，既可以认为其是监督权的一种，其也在事实上具有了司法权的特性。但也正因如此，如何规范调查权、如何将其纳入合适的法治框架之中、如何确保被监察对象的基本人权不受侵犯等，成了在调查权制度设计中所不可回避的问题。换言之，人权保障在此问题上应当具有比监察效率更加明确的优越地位，只有在确保调查权设计安全可控的前提下，才能去考虑如何使调查更有效率的问题。囿于学界对调查权的性质之争尚未结束，对于将其纳入监察法体系自我调整还是适用《刑事诉讼法》进行调整的问题，引发了社会的较大争议。[2]对此，有必要首先对当前的调查权的范畴进行调整，在监察职权的规定中对职务犯罪调查行为和非职务犯罪调查行为进行明确区分，为后续对其权力运行过程的程序控制提供依据。

其三，作为对监察机关履行监督和调查职权的保障，处置权通过对违法的公职人员进行处置，对公权力不当行使的行为进行处置，能够避免监察权的虚置，使国家监察能够真正发挥出应有的监督效力。针对其所要处置对象的差别，国家监察机关的处置行为具体划分为以下类型：①作出政务处分决

---

〔1〕　参见秦前红、石泽华："监察委员会调查活动性质研究——以山西省第一案为研究对象"，载《学术界》2017 年第 6 期。

〔2〕　中纪委网站曾发布《使党的主张成为国家意志》一文。文中提出："监察委员会是由国家权力机关设立的监督机关，与公安、检察机关等执法和司法机关性质完全不同。反腐败针对的职务犯罪区别于一般刑事犯罪，国家监察法也区别于刑事诉讼法；监察机关行使的调查权不同于刑事侦查权，不能简单套用司法机关的强制措施。"原文链接：http://www.thepaper.cn/newsDetail_forward_1734438，访问日期：2017 年 11 月 3 日。随后，对此观点，陈光中教授、童之伟教授、秦前红教授等人纷纷撰文指出国家监察活动应当适用刑事诉讼法。

定，对于违纪违法的公职人员，各级监察委员会可以在其法定的管理权限之内，依照法定程序，作出警告、记过、记大过、降级、撤职、开除等政务处分决定；②移送起诉，对于涉嫌职务犯罪的公职人员，监察机关经过调查后认为其犯罪事实清楚，证据确实充分的，应当移送检察机关依法提起公诉，并由检察机关对其依法采取相应的强制措施，由检察机关行使最终的处分权；[1]③提出监察建议，通过对公职人员依法履职、秉公用权、廉洁从政以及道德操守情况进行监督，以及对其相关的职务犯罪行为进行调查，监察机关可以对其监督和调查的公职人员的主管机关提出监察建议，令其对在其监督和调查过程中发现的廉政建设和依法用权等方面存在的问题进行整改；④进行廉政问责，对于不履行或者不正确履行廉政职责的，监察机关可依照权限对负有责任的领导人员直接作出问责决定，或者向有权作出问责决定的机关提出问责建议。

　　此外，还有以下问题需要进一步思考：一是监察机关的政务处分与当前国家机关中已经存在的各类惩戒程序是何关系，接受了监察机关政务处分的公职人员是否还需要接受其本职单位的惩戒和处罚？二是监察机关廉政问责与当前国家机关中已经存在的问责程序是何关系，接受了监察机关廉政问责的相关领导是否还需要接受其本职单位的继续问责？三是"提起公诉"还是"审查起诉"？《监察法（草案）》第18条对监察机关移送检察机关提起公诉的表述为"将调查结果移送检察机关依法提起公诉"，而我国《刑事诉讼法》第160条所规定的是，公安机关在侦查完毕后应当"移送同级人民检察院审查决定"[2]，从"移送审查决定"到"移送提起公诉"的表述变化，造成了检察机关审查起诉权内容的严重限缩。为此，根据现代法治的一般要求，建议修改此处表述，保留"移送检察机关进行审查决定"的基本规定。

---

　　〔1〕 吴健雄、李春阳："健全国家监察组织架构研究"，载《湘潭大学学报（哲学社会科学版）》2017年第1期。

　　〔2〕《刑事诉讼法》第160条规定："公安机关侦查终结的案件，应当做到犯罪事实清楚，证据确实、充分，并且写出起诉意见书，连同案卷材料、证据一并移送同级人民检察院审查决定；同时将案件移送情况告知犯罪嫌疑人及其辩护律师。"

第四节 监察委员会的程序设置

通过完善的行为程序来监督和约束公权力的行使，是近现代法治实践的基本经验。[1]在监督公职人员公权力行使情况的同时，监察机关的权力运行过程也必须受到严格的羁束和监督。对此，至少应规定以下内容：一是确立监察权行使的基本原则；二是建立监察权行使的基本制度；三是明确监察权行使的基本程序，尤其是要明确各类监察措施和职权手段的使用方式和程序。

一、监察权行使的基本原则

其一，正当程序原则。作为公权力运行的基本要求，正当程序原则既是所有程序立法的理论根据，也是程序立法重要的制度参考。传统的正当程序原则有两个基本要求：一是任何人不得做与自己有关案件的法官，利害关系人或者心存偏见的人不得参与相应判决或者决定；[2]二是任何人在遭受不利的公权力影响时，有获得告知、说明理由和提出申辩的权利，应为接受相应判决或行为不利影响的人提供辩护和异议的机会。[3]从此出发，正当程序原则的内涵逐步扩展为包括公平、公正、公开和参与等现代程序原则。正如美国学者巴里·海格所指出的："正当程序概念已成为公民个人可以诉诸的一套程序方面的权利和救济的最为警觉的守护神。"[4]从正当程序原则的实际作用来看，其通过精巧的程序设置在保障公民基本权利的同时，亦实现了对国家公权力的有效规制，建立起了一套高度法治化的权力运作范式。由此，作为国家公权力的一部分，监察权的行使没有理由逃脱正当程序原则的羁束，否则就会面临社会对其运作过程的否定性评价和合法性质疑。

其二，人权保障原则。从我国人权保障的立法实践来看，《宪法》第33条明确提出了"国家尊重和保障人权"的基本要求，并分别在《宪法》的第

---

〔1〕 参见季卫东：《法律程序的意义》，中国法制出版社 2012 年版，第 37 页。

〔2〕 H. W. R. Wade, *Administrative Law*, Oxford University Press, 1988, p. 466.

〔3〕 〔英〕丹宁：《法律的训诫》，杨百揆等译，法律出版社 1999 年版，第 102~104 页。

〔4〕 〔美〕巴里·海格：《法治：决策者概念指南》，曼斯菲尔德太平洋事务中心译，中国政法大学出版社 2005 年版，第 12 页，转引自张建伟："法律正当程序视野下的新监察制度"，载《环球法律评论》2017 年第 2 期。

37、39 条和第 40 条规定了国家对公民人身自由、公民住宅和公民通信自由的保护，这些条款事实上从原则和具体内容两个方面完整地确立了国家在刑事司法领域对公民各项人权的保障原则。作为宪法的基本原则，"国家尊重和保障人权"的原则也在刑事诉讼法中有充分地体现，除总则部分的规定之外，还通过"辩护与代理"一章对律师如何参与到刑事诉讼活动的各项程序进行了明确规定。此外，在立案、侦查、强制措施和证据等章节中也从具体的操作层面对"国家尊重和保障人权"这一宪法条款进行了落实。可见，人权保障在我国不仅是宪法层面的抽象原则，还是各类国家机关都应严格遵守的基本行为准则，作为行使国家监察权的专责机构，监察委员会在吸收了检察机关职务犯罪侦查与预防职能之后，其所拥有的各类监察措施具有较强的国家强制性，在事实上构成了对公民基本权利的一定限制。为此，有必要严格落实我国宪法和法律对人权保障工作提出的相关要求，将人权保障原则确立为监察程序的基本原则，以羁束监察权的行使，避免国家公权对公民基本权利的不当克减。

二、监察权行使的基本制度

其一，严格的回避制度。相比一般案件而言，监察委员会所要处理的案件更容易受到各方的不当干扰。为此，在监察程序立法中必须确立严格的回避制度，以保障监察权的行使不存偏见和歧视，被审查人或检举人的近亲属、主要证人、利害关系人或者存在其他可能影响公正审查审理情形的，均应当主动回避，不得参与相关审查审理工作。[1]

其二，监察权行使不受干预制度。监察机构所具有的相对的独立性是我国监察制度发展过程中一以贯之的重要传统，[2] 从监察工作开展的现实情况来看，基于职务违法和犯罪案件的特殊性，监察对象通常具有较高的社会地位和广泛的人际关系，为了避免其利用自身的影响力和人脉关系妨碍办案，保证监察活动对腐败行为治理的有效性和威严性，有必要仿效禁止领导干部违规过问司法案件处理的做法，建立监察工作不受外部干扰的保障机制，

---

〔1〕 江国华："国家监察体制改革的逻辑与取向"，载《学术论坛》2017 年第 3 期。

〔2〕 参见朱福惠："国家监察体制之宪法史观察——兼论监察委员会制度的时代特征"，载《武汉大学学报（哲学社会科学版）》2017 年第 3 期。

形成领导干部干预监察活动，插手具体案件处理的记录、通报和责任追究制度。

其三，监察活动公开制度。没有任何权力可以不受监督，为保证社会各界对监察权运行的有效监督，有必要将监察公开的要求贯彻在监察权行使的各个阶段，对国家监察权力行使的全过程进行充分的公开，详尽规定各环节需要向社会公开的内容范围，严格控制涉及国家机密和个人隐私的内容范围，并规定公开的时限和方式。"对被调查人采取留置措施后，应当在 24 小时以内，通知被留置人员所在单位和家属"，"立案调查决定应当向被调查人宣布，并通报相关组织。涉嫌严重职务违法或者职务犯罪的，应当通知被调查人家属，并向社会公开发布"[1]，并形成集中定期发布的重大案件通告机制。

其四，允许和听取监察对象申辩制度。公民在其自身权益遭到克减之时，享有被告知、可陈述、申辩和得到辩护的权利是现代法治的基本要求[2]，有必要在监察权行使的各个阶段都充分地赋予监察对象进行申辩的权利，尤其是在作出留置、重大处分等重要决定作出之前，应设置法定的听取被监察对象陈述和申辩的环节，以实现对被监察对象人身财产权利的有效保障。

其五，全程录音、录像制度。全程录音、录像制度是防止刑讯逼供，保障被监察对象人权不受侵犯的重要制度。近年来，全程录音、录像制度已经在司法实践中得到了普遍建立，人民检察院和公安部也已经就讯问中录音、录像制度出台了相关的细则规定。[3]在监察程序中有必要确立全程录音、录像制度，要求在职务犯罪调查和案件办理过程中，凡涉及对被监察对象的讯问的，都应按照全面、全部、全程的要求，坚持审、录分离的工作原则，进入讯问场所后立即启动录音、录像设备，并对讯问过程进行不间断的录音、

---

〔1〕　对此，《监察法》已经进行了相关规定。其中，第 39 条提出："立案调查决定应当向被调查人宣布，并通报相关组织。涉嫌严重职务违法或者职务犯罪的，应当通知被调查人家属，并向社会公开发布。"第 44 条提出："对被调查人采取留置措施后，应当在二十四小时以内，通知被留置人员所在单位和家属，但有可能毁灭、伪造证据，干扰证人作证或者串供等有碍调查情形的除外。有碍调查的情形消失后，应当立即通知被留置人员所在单位和家属。"

〔2〕　［美］约翰·V. 奥尔特：《正当法律程序简史》，杨明成、陈霜玲译，商务印书馆 2006 年版，第 66 页。

〔3〕　如检察机关分别制定有《人民检察院刑事诉讼规则（试行）》《人民检察院讯问职务犯罪嫌疑人实行全程同步录音、录像技术工作流程（试行）》和《人民检察院讯问职务犯罪嫌疑人实行全程同步录音、录像系统建设规范（试行）》等内部规定对全程录音、录像制度进行规定，而公安机关则制定有《公安机关讯问犯罪嫌疑人录音、录像工作规定》（公通字〔2014〕33 号）等。

录像。[1]

其六，律师参与制度。按照正当程序原则的要求，任何人在遭受不利的公权力影响时，都应当享有进行陈述和辩护的权利。[2]从我国香港地区以及域外监察制度和反腐经验来看，[3]允许律师会见职务犯罪侦查对象的做法是非常普遍的，如果禁止律师参与到职务犯罪侦查活动中，将不可避免地克减其为自己陈述辩护之权利。为此，有必要参照刑事诉讼法对于律师介入和律师辩护的规定，赋予被监察对象获得律师法律帮助的权利，在防御监察机关可能对其基本权利进行的不法侵犯之外，也能够借由律师的参与帮助监察机关更快地查明事实，实现监察效率和监察公正的双重目标。

三、监察措施的分类与程序控制

从改革决定来看，监察机关有监督、调查、处置三项职权，以及谈话、讯问、询问、查询、冻结、调取、查封、扣押、搜查、勘验检查、鉴定、留置等十二项监察措施。"职务犯罪侦查措施的基本目的是实现惩罚犯罪与保障人权的统一，直接目的是及时快速实现侦查目的"，[4]为实现正当程序和监察效率的双重要求，首先应当对其十二项监察措施进行性质上的分类，并根据其性质的不同，设定轻重不同和疏密相别的程序要求，保障监察过程的规范和可控。具体而言，对于不涉及公民人身和财产等基本权利的监察措施，如谈话、询问、查询、勘验检查、调取、鉴定等，即可以参照当前刑事司法领域和行政执法领域的相关做法进行规定，而对于直接影响公民人身自由和财产权利的监察措施，则应当审慎设定其适用对象、审批主体、审批程序与执行程序等内容。

其一，涉及公民财产权利的监察措施。相对于谈话、询问等单纯的纪律调查手段而言，查封、扣押、冻结、搜查等措施的强制性和对公民权利的限制更加明显，应对其做出严格的程序限定。从反腐败工作实践来看，查封、扣

---

〔1〕 参见《公安机关讯问犯罪嫌疑人录音、录像工作规定》已经详细规定了全程录音、录像的适用对象、技术要求和存储要求等内容，并在总则第3条规定，"对讯问过程进行录音、录像，应当对每一次讯问全程不间断进行，保持完整性，不得选择性地录制，不得剪接、删改"。

〔2〕 江国华："国家监察体制改革的逻辑与取向"，载《学术论坛》2017年第3期。

〔3〕 参见香港廉政公署《廉政公署（被扣留者的处理）令》[第204（A）章]第4条与法律顾问通讯的规定。

〔4〕 参见王建明："职务犯罪侦查措施的结构、功能及适用原则"，载《中国法学》2007年第5期。

押、冻结、搜查等措施对及时收集案件证据、避免涉案资产转移等具有关键作用。正如有学者所提出的："反腐败机构有权冻结那些被怀疑属于正在接受调查者的资产，这一点很重要。在迅速行动成为问题的关键所在时，反腐败机构应当能够在得到法院命令之前冻结财产。没有这种权力，银行家在几分钟之内就可以通过电子手段将钱财转移。反腐败机构通常也拥有扣押和没收旅行证件，以防止嫌疑人逃逸的权力。在紧迫的情况下，它甚至不必等待法院的命令就可以采取这种临时措施。"[1]相应地，对于此类措施的适用，至少应设定以下几方面的程序要求：①适用情形，须明确使用此措施应当掌握的证据条件。②决定主体，即须明确这些监察措施是自行决定、主管领导决定还是集体决定。《监察法》第42条提出："对调查过程中的重要事项，应当集体研究后按程序请示报告。"对此，应进一步明确哪些监察措施需要集体研究，哪些又需要主管领导决定。③执行程序，明确执行人员的数量、执法过程是否应当全程录音、录像，执行活动是否需要提前公示、是否需要出示证件以及相关文件等。④解除程序，即通过调查发现须扣押、查封的情形已经消失的情况下，如何启动解除程序以及涉案财物如何移交等。⑤事后救济，被执行人对监察机关所采取措施不服的，是否有陈述申辩的权利，申请复议或者进行司法救济等。此外，在调查结束后所采取的后续处置程序，如没收、拍卖被查封扣押的财物、划转冻结的存款汇款、追缴和责令退赔等，同样涉及公民财产权这一基本权利，也需要在程序法中进行统筹考虑。[2]

其二，涉及公民人身权利的监察措施。讯问、留置以及技术侦查等手段，从其性质来看，均属于刑事侦查措施，尤其是留置措施和技术侦查手段明显构成了对公民人身权利的严重限制，需要通过相应的程序设计来避免其权力的不当行使。具体而言，应当从以下方面对这些监察手段进行规范：

（1）适用情形。从《监察法》的规定来看，当前对于技术侦查手段的适用情形规定得还比较简单，具有实质影响力的条件只有"涉嫌重大贪污贿赂、失职渎职等职务犯罪"以及"根据需要"两项。而在留置措施的规定方面，立法者则显得异常审慎，分别列出了"涉嫌贪污贿赂、失职渎职等严重职务

---

〔1〕［新西兰］杰瑞米·波普：《制约腐败——建构国家廉政体系》，清华大学公共管理学院廉政研究室译，中国方正出版社2003年版，第148页。

〔2〕陈越峰："监察措施的合法性研究"，载《环球法律评论》2017年第2期。

违法或者职务犯罪""已经掌握其部分违法犯罪事实及证据""仍有重要问题需要进一步调查"三项基本条件，以及四项需要留置的特别情形，分别为"涉及案情重大、复杂的""可能逃跑、自杀的""可能串供或者伪造、销毁、转移、隐匿证据的"以及"可能有其他妨碍调查行为的"。总结起来，目前对技术侦查的适用只有案情重大一条，而留置的适用情形除了案情重大复杂之外，还提出应已经掌握了部分事实和证据的前提条件，以及具有人身危险性、可能有碍调查的两项特别条件。在此基础之上，我们还应明确以下问题。一是何谓案情重大复杂，何谓涉嫌重大贪污贿赂、失职渎职等职务犯罪？这一标准应当由谁来界定又将如何界定？二是其他妨碍调查的行为到底是哪些行为，以避免其成为留置措施适用的"口袋条款"，防止留置措施的滥用？三是技术侦查手段为何不需要像留置措施一样，要求监察机关提前掌握部分证据，在未经详尽调查之前即可采取技术侦查的手段，是否构成了对公民权利的直接侵犯？

（2）审批程序。涉及留置和技术侦查手段的运用，必须严格其审批程序，设定严格的审批主体和审批流程。具体而言，需要考虑此类措施是由办案组决定、主管领导决定还是委员会集体决定？审批程序是提请上级监察机关进行审批，还是统一到省级监察机关进行审批？从《监察法》的设计来看，其对技术侦查措施的决定和审批程序则未进行明确，而对留置措施则采取了"领导人员集体决定"的决定作出模式以及"省级以下报上一级监察机关批准，省级自行批准并报中央备案"的审批模式。[1]相较于部分试点期间的留置批准程序来看，去掉了部分试点期间三地对于留置措施需要经过同级党委批准的规定，[2]保障了监察系统内部对留置决定权和审批权的掌握，明确了

---

〔1〕 参见《监察法》第43条规定："监察机关采取留置措施，应当由监察机关领导人员集体研究决定。设区的市级以下监察机关采取留置措施，应当报上一级监察机关批准。省级监察机关采取留置措施，应当报国家监察委员会备案。"

〔2〕 如北京市对于留置措施的审批程序作出了如下规定："留置措施的使用须报同级党委主要负责人批准，予以立案审查（调查）；市纪委市监委机关对局级或相当于局级的监察对象采取留置措施的，还需报市委主要领导批准；区纪检监察机关对处级或相当于处级的监察对象采取留置措施的，还需报区委主要领导批准。"参见"从一开始就把监察权关进笼子——北京开展国家监察体制改革试点工作纪实（下）"，载《中国纪检监察报》2017年6月2日。而浙江省的规定则是"凡采取留置措施的，须监委领导人员集体研究、主任批准后报上一级监委批准，涉及同级党委管理对象的，还需报同级党委书记签批，凡使用、延长、解除留置措施的，市县两级监察机关都需报省级监察机关备案，而省监委则需报中央纪委备案"。参见"改革，不止于挂牌——浙江省开展国家监察体制改革试点工作纪实（下）"，载《中国纪检监察报》2017年6月14日。

留置措施应当进行提级审批，这项规定虽然相较于省级监委集中审批而言还稍显宽松，但是考虑到改革全面推开之后留置措施的使用频率将大大提高，届时，要求省级监察机关统一进行审批并要进行实质审查的做法就会欠缺实际上的合理性，从而使对留置措施的审批沦为形式，在实际效果上差于简单的提级审批。

（3）适用期限及延长程序。在草案出台之前，学界对于留置措施的适用期限提出了不同的建议，有学者以《刑事诉讼法》第125、165 条，《人民警察法》第9条以及《治安管理处罚法》的相关规定为参照，提出了调查职务违法行为时行政留置期限不超过 15 日，调查职务犯罪行为时刑事留置期限在17 日~37 日之间，监察法中规定的留置期限也不应超过以上两类限度。[1]还有学者直接提出，"监察委员会的留置措施相较于公安机关的留置措施，时间上可能会长一些，但最长可能不会超过三个月"[2]。从《监察法》的规定来看，对留置时限的规定与第二种观点相近，基本为"三个月+三个月"的留置时限安排，即一般而言，留置时间不得超过三个月，在特殊情况下，可以延长一次，延长时间不得超过三个月。从时限的规定来看，这样的留置时限明显长于以往的行政留置和刑事拘留时限，考虑到贪污贿赂案件的特殊性和重大案件侦办的复杂性，以往不到一个月左右的侦办期限确实无法实现对此类案件进行有效侦办的目的。但已经扩展至三个月的留置期限应该来说是可以满足监察机关案件调查需要的，如果要再次延长这一期限则需更加严格的相关程序，建立非有必要不应延期的操作规则。此外，从对技术调查措施的使用期限来看，《监察法》提出 "三个月+若干三个月"的制度安排[3]，并未对其有效期的延长次数进行限制，这就意味着如果有必要的话，该项措施可以一直延长下去。这样的制度设计事实上为技侦措施的长期使用提供了制度空间，出于人权保障和羁束公权的目的，应规定技侦措施的延长次数应当以

---

〔1〕　参见陈越峰："监察措施的合法性研究"，载《环球法律评论》2017 年第 2 期。

〔2〕　参见马怀德："国家监察体制改革的重要意义和主要任务"，载《国家行政学院学报》2016 年第 6 期。

〔3〕　《监察法》第 28 条规定："监察机关调查涉嫌重大贪污贿赂等职务犯罪，根据需要，经过严格的批准手续，可以采取技术调查措施，按照规定交有关机关执行。批准决定应当明确采取技术调查措施的种类和适用对象，自签发之日起三个月以内有效；对于复杂、疑难案件，期限届满仍有必要继续采取技术调查措施的，经过批准，有效期可以延长，每次不得超过三个月。对于不需要继续采取技术调查措施的，应当及时解除。"

一次为限，延长一次后即使还是无法调查出足够的犯罪事实，也应当停止技术侦查手段的运用，以确保监察权的有序和规范运行。

四、监察程序与刑事司法体系的衔接问题

对于监察程序与刑事司法程序的衔接问题，至少有以下三方面内容需要明确：一是监察程序和各类司法程序的衔接和转换问题；二是律师可否可以介入监察活动问题；三是被监察对象是否可提起国家赔偿的问题。

其一，监察程序与刑事司法体系中各项程序的衔接与转换。随着监察改革的全面铺开，监察程序与刑事司法体系的衔接就成了监察权运行中所遇到的首要问题。作为手握重权的"超级机构"，[1]两者的衔接与转换程序应围绕如何加强司法监督，如何落实人权保障要求来展开，以制衡过于强大的监察权和避免其权力的滥用。具体而言，应当重点做好以下几项程序的衔接工作：①留置程序转逮捕程序的问题，在留置向逮捕转化的过程中，依案件情节严重程度或证据材料完整性的不同，可分别采取决定逮捕、转为取保候审或监视居住、不予逮捕（说明理由、退回补充调查）等措施，[2]并以此决定为基础展开相应的后续程序。②证据移交的程序设置，对于监察机关所收集的相关证据材料是否能够在刑事诉讼法中作为证据使用的问题，《监察法》第33条对此作出了肯定回答。[3]但同时也有说明监察机关在收集证据时，应当与刑事审判关于证据的要求和标准一致，违法收集的证据不得作为案件处置的依据等内容。从理论上来看，《监察法》中关于证据移送的规定并不完整，至少应当依照《刑事诉讼法》的相关规定，规定检察机关在证据审查过程中发现证据取得存疑时可以要求监察机关对证据收集的合法性作出说明。③移送起诉的程序设置，《监察法》第45条第4款规定，"对涉嫌职务犯罪的，监察机关经调查认为犯罪事实清楚，证据确实、充分的，制作起诉意见书，连同案卷材料、证据一并移送人民检察院依法审查、提起公诉"。与之前的《监

---

[1] 参见童之伟："对监察委员会自身的监督制约何以强化"，载《法学评论》2017年第1期；马怀德："国家监察体制改革的重要意义和主要任务"，载《国家行政学院学报》2016年第6期。

[2] 陈光中："我国监察体制改革若干问题的思考"，载《中国法学》2017年第4期。

[3] 《监察法》第33条规定："监察机关依照本法规定收集的物证、书证、证人证言、被调查人供述和辩解、视听资料、电子数据等证据材料，在刑事诉讼中可以作为证据使用。监察机关在收集、固定、审查、运用证据时，应当与刑事审判关于证据的要求和标准相一致。以非法方法收集的证据应当依法予以排除，不得作为案件处置的依据。"

察法》草案相比，存在细微但意义重大的区别。《监察法（草案）》第43条所载明的内容为"监察机关经调查认为犯罪事实清楚，证据确实充分的……移送检察机关依法提起公诉"，而不是"移送检察机关依法审查起诉"。这一表述将监察机关向检察机关移送进行审查起诉的"请求"变成了"必须提起公诉"的"要求"，从而构成了对其职权内涵的实质限缩，削弱了检察机关的既有职权和权威，在无明确法律授权的情况下，直接更改国家机关的权力内容，显然是存在正当性问题的。

其二，律师会见和辩护的问题。关于律师能否介入职务犯罪侦查以及为被监察对象提供法律服务的问题，学界基本形成了以下两种观点：一者认为监察机关的调查活动从性质上而言是行政调查活动，属于监察机关的内部行为，律师无权介入；[1]二者认为监察机关的调查活动从性质上而言是刑事侦查活动，基于人权保障的原则，律师必须介入。[2]国家监察立法还未有涉及，从实质上来看，以上争议主要基于对调查活动性质的不同理解，有人将其理解为行政机关的内部行为，有人将其理解为刑事侦查行为。对此，我们可通过对监察措施进行分类的方式对是否允许律师介入的问题进行区分处理，如检察机关仅采取了谈话、询问、查询等措施，律师无须介入。但是，如果监察机关对被监察对象采取了限制其人身自由和财产权利的强制措施，律师就有权根据《刑事诉讼法》中辩护与代理一章中关于侦查阶段的相关规定介入到监察活动中。由于改革并未宣布对此部分内容暂停使用，监察立法没有理由禁止律师参与到侵犯被监察对象基本权利的监察活动中来，律师有权依据《刑事诉讼法》和《律师法》的规定依法执业。

其三，司法救济与国家赔偿的问题。作为一项古老的法治原则，"但有权利必有救济"（Ubi jus, ibi remedium）是公民权利救济的基本要求。[3]早在英国1703年的"阿什比诉怀特案"中，首席大法官就宣称："如果原告拥有一项权利，他就必然要有维护和保持该权利的方法，如果他在行使权利时遭到侵害则必须要有救济……对权利的需求和对救济的需求是相互的……一个

---

〔1〕 参见马怀德："《国家监察法》的立法思路与立法重点"，载《环球法律评论》2017年第2期。

〔2〕 参见陈光中："我国监察体制改革的几点看法"，载《环球法律评论》2017年第2期。

〔3〕 参见江国华："无诉讼即无法治——论宪法诉讼乃法治之精义"，载《法学论坛》2002年第4期。

人得到救济，也就得到了权利；失去救济，也就失去了权利。"[1]我国《宪法》第41条也明确规定，"由于国家机关和国家工作人员侵犯公民权利而受到损失的人，有依照法律规定取得赔偿的权利"，监察体制改革有必要为被监察对象设置必要的申诉和救济程序。而由于申诉行为的受理和决定都流转在监察系统内部，中立性的天然不足必定会影响其对申诉的公正处理。为此，对于公民基本权利的救济还是应当以司法救济为主，对于监察机关采取的留置措施、对财产的强制措施以及行政处分决定不服的，赋予监察对象向法院提起诉讼的权利。[2]此举将形成对监察活动中克减公民人身和财产等基本权利的活动的限制，并可以实现对监察对象要求归还被没收、查封和扣押的财物，冻结的存款、汇款等权利诉求的一并解决。当然，如果允许监察对象提起诉讼就又会对我国当前的诉讼规则体系产生冲击，迎来监察诉讼应当属于行政诉讼、刑事诉讼、民事诉讼，还是单独为其专设一诉讼类型的问题。对此，可运用《行政诉讼法》第12条第2款"人民法院受理法律、法规规定可以提起诉讼的其他案件"的规定，通过未来监察立法的特别规定，将监察诉讼容纳到行政诉讼的范畴之内。[3]在此前提之下，对于监察机关的不当行为而引发的对监察对象权利的损害，应当设置专门的监察赔偿程序并与现有的《国家赔偿法》相衔接，通过明确国家赔偿的适用条件和赔偿标准等内容，在督促监察机关公正规范行使监察权的同时，实现对被监察对象权利的有效保障和维护。

〔1〕 参见胡建淼主编：《外国宪法案例及评述》（下），北京大学出版社2004年版，第501~502页。

〔2〕 参见姜明安："国家监察法立法的若干问题探讨"，载《法学杂志》2017年第3期。

〔3〕 参见陈越峰："监察措施的合法性研究"，载《环球法律评论》2017年第2期。

中华人民共和国监察官法（专家建议稿）

目 录

第一章　总　则

第一条　为了提高监察官的素质，加强对监察官的管理，保障监察委员会实施国家监察职能，依法独立行使监察权，保障监察官依法履行职责，根据宪法，制定本法。

第二条　检察官是依法行使国家监察权的监察人员，包括国家监察委员会、地方各级监察委员会和军事监察委员会等专门监察委员会的主任、副主任、委员、监察官和助理监察官。

第三条　监察官必须忠实执行宪法和法律，全心全意为人民服务。

第四条　监察官依法履行职责，受法律保护。

第五条　国家监察委员会领导地方各级监察委员会和专门监察委员会的工作，上级监察委员会领导下级监察委员会的工作。

第二章　职　责

第六条　监察官的职责：

（一）依法进行监察工作；

（二）履行监督、调查、处置职责；

（三）法律规定的其他职责。

第七条　监察委员会的主任、副主任、委员除履行监察职责外，还应当履行与其职务相适应的职责。

第三章　义务和权利

第八条　监察官应当履行下列义务：

（一）严格遵守宪法和法律；

（二）履行职责必须以事实为根据，以法律为准绳，秉公执法，不得徇私枉法；

（三）维护国家利益、公共利益，维护自然人、法人和其他组织的合法权益；

（四）清正廉明，忠于职守，遵守纪律，恪守职业道德；

（五）保守国家秘密和监察工作秘密；

（六）接受法律监督和人民群众监督。

第九条　监察官享有下列权利：

（一）履行监察官职责应当具有的职权和工作条件；

（二）依法履行监察职责不受行政机关、社会团体和个人的干涉；

（三）非因法定事由、非经法定程序，不被免职、降职、辞退或者处分；

（四）获得劳动报酬，享受保险、福利待遇；

（五）人身、财产和住所安全受法律保护；

（六）参加培训；

（七）提出申诉或者控告；

（八）辞职。

第四章　检察官的条件

第十条　担任监察官必须具备下列条件：

（一）具有中华人民共和国国籍；

（二）年满二十三岁；

（三）拥护中华人民共和国宪法；

（四）有良好的政治、业务素质和良好的品行；

（五）身体健康；

（六）高等院校法律专业本科毕业或者高等院校非法律专业本科毕业具有法律专业知识，从事法律工作满二年，其中担任省、自治区、直辖市监察委员会、国家监察委员会监察官，应当从事法律工作满三年；获得法律专业硕士学位、博士学位或者非法律专业硕士学位、博士学位具有法律专业知识，从事法律工作满一年，其中担任监察委员会、国家监察委员会监察官，应当从事法律工作满二年。

本法施行前的监察人员不具备前款第六项规定的条件的，应当接受培训，具体办法由国家监察委员会制定。

适用第一款第六项规定的学历条件确有困难的地方，经国家监察委员会审核确定，在一定期限内，可以将担任监察官的学历条件放宽为高等院校法律专业专科毕业。

第十一条　下列人员不得担任监察官：

（一）曾因犯罪受过刑事处罚的；

（二）曾被开除公职的。

第五章　任　免

第十二条　监察官职务的任免，依照宪法和法律规定的任免权限和程序办理。

国家监察委员会主任由全国人民代表大会选举和罢免，副主任、委员由国家监察委员会主任提请全国人民代表大会常务委员会任免。

地方各级监察委员会主任由本级人民代表大会选举，副主任、委员由监察委员会主任提请本级人民代表大会常务委员会任免。

监察委员会的助理监察官由本级监察委员会主任任免。

军事监察委员会等专门监察委员会主任、副主任、委员和监察官的任免办法，由全国人民代表大会常务委员会另行规定。

第十三条 初任监察官采用严格考核的办法，按照德才兼备的标准，择优提出人选。

监察委员会主任、副主任应当从监察官或者其他具备监察官条件的人员中择优提出人选。

第十四条 监察官有下列情形之一的，应当依法提请免除其职务：

（一）丧失中华人民共和国国籍的；

（二）调出本监察委员会的；

（三）职务变动不需要保留原职务的；

（四）经考核确定为不称职的；

（五）因健康原因长期不能履行职务的；

（六）退休的；

（七）辞职或者被辞退的；

（八）因违纪、违法犯罪不能继续任职的。

第十五条 对于不具备本法规定条件或者违反法定程序被选举为监察委员会主任的，上一级监察委员会主任有权提请该级人民代表大会常务委员会不批准。

第十六条 对于违反本法规定的条件任命监察官的，一经发现，做出该项任命的机关应当撤销该项任命；上级监察委员会发现下级监察委员会监察官的任命有违反本法规定的条件的，应当责令下级监察委员会依法撤销该项任命，或者要求下级监察委员会依法提请同级人民代表大会常务委员会撤销该项任命。

第十七条 国家监察委员会和省、自治区、直辖市监察委员会主任可以建议本级人民代表大会常务委员会撤换下级监察委员会主任、副主任和委员。

第十八条　监察官不得兼任人民代表大会常务委员会的组成人员，不得兼任行政机关、司法机关以及企业、事业单位的职务，不得兼任律师。

第六章　任职回避

第十九条　监察官之间有夫妻关系、直系血亲关系、三代以内旁系血亲以及近姻亲关系的，不得同时担任下列职务：

（一）同一监察委员会的主任、副主任、委员、监察官和助理监察官；

（二）同一业务部门的监察官和助理监察官；

（三）上下相邻两级监察委员会的主任、副主任。

第二十条　监察官从监察委员会离任后二年内，不得以律师身份担任诉讼代理人或者辩护人。

第七章　监察官的等级

第二十一条　监察官的级别分为十二级。

国家监察委员会的主任为首席大监察官，二至十二级监察官分为大监察官、高级监察官、监察官。

第二十二条　监察官的等级的确定，以监察官所任职务、德才表现、业务水平、检察工作实绩和工作年限为依据。

第二十三条　监察官的等级编制、评定和晋升办法，由国家另行规定。

第八章　考　核

第二十四条　对监察官的考核，由所在监察委员会组织实施。

第二十五条　对监察官的考核，应当客观公正，实行领导和群众相结合，平时考核和年度考核相结合。

第二十六条　对监察官的考核内容包括：监察工作实绩，思想品德，监察业务水平，工作态度和工作作风。重点考核监察工作实绩。

第二十七条　年度考核结果分为优秀、称职、不称职三个等次。

考核结果作为对监察官奖惩、培训、免职、辞退以及调整等级和工资的依据。

第二十八条　考核结果以书面形式通知本人。本人对考核结果如有异议，可以申请复议。

第九章　培　训

第二十九条　对监察官应当有计划地进行理论培训和业务培训。

监察官的培训,贯彻理论联系实际、按需施教、讲求实效的原则。

第三十条　国家监察官院校和其他监察官培训机构按照有关规定承担培训监察官的任务。

第三十一条　监察官在培训期间的学习成绩和鉴定,作为其任职、晋升的依据之一。

第十章　奖　励

第三十二条　监察官在监察工作中有显著成绩和贡献的,或者有其他突出事迹的,应当给予奖励。

对监察官的奖励,实行精神鼓励和物质鼓励相结合的原则。

第三十三条　监察官有下列表现之一的,应当给予奖励:

(一)在监察工作中秉公执法,成绩显著的;

(二)提出监察建议或者对监察工作提出改革建议被采纳,效果显著的;

(三)保护国家、集体和人民利益,使其免受重大损失,事迹突出的;

(四)勇于同违法犯罪行为作斗争,事迹突出的;

(五)保护国家秘密和监察工作秘密,有显著成绩的;

(六)有其他功绩的。

第三十四条　奖励分为:嘉奖,记三等功、二等功、一等功,授予荣誉称号。

奖励的权限和程序按照有关规定办理。

第十一章　惩　戒

第三十五条　监察官不得有下列行为:

(一)散布有损国家声誉的言论,参加非法组织,参加旨在反对国家的集会、游行、示威等活动,参加罢工;

(二)贪污受贿;

(三)徇私枉法;

(四)刑讯逼供;

（五）隐瞒证据或者伪造证据；

（六）泄露国家秘密或者检察工作秘密；

（七）滥用职权，侵犯自然人、法人或者其他组织的合法权益；

（八）玩忽职守，造成错案或者给当事人造成严重损失；

（九）拖延办案，贻误工作；

（十）利用职权为自己或者他人谋取私利；

（十一）从事营利性的经营活动；

（十二）私自会见被监察对象，接受被监察对象的请客送礼；

（十三）其他违法乱纪的行为。

第三十六条　监察官有本法第三十五条所列行为之一的，应当给予处分；构成犯罪的，依法追究刑事责任。

第三十七条　处分分为：警告、记过、记大过、降级、撤职、开除。

受撤职处分的，同时降低工资和等级。

第三十八条　处分的权限和程序按照有关规定办理。

第十二章　工资保险福利

第三十九条　监察官的工资制度和工资标准，根据监察工作特点，由国家规定。

第四十条　监察官实行定期增资制度。经考核确定为优秀、称职的，可以按照规定晋升工资；有特殊贡献的，可以按照规定提前晋升工资。

第四十一条　监察官享受国家规定的检察津贴、地区津贴、其他津贴以及保险和福利待遇。

第十三章　辞职辞退

第四十二条　监察官要求辞职，应当由本人提出书面申请，依照法律规定的程序免除其职务。

第四十三条　监察官有下列情形之一的，予以辞退：

（一）在年度考核中，连续两年确定为不称职的；

（二）不胜任现职工作，又不接受另行安排的；

（三）因检察机构调整或者缩减编制员额需要调整工作，本人拒绝合理安排的；

（四）旷工或者无正当理由逾假不归连续超过十五天，或者一年内累计超过三十天的；

（五）不履行检察官义务，经教育仍不改正的。

第四十四条 辞退监察官应当依照法律规定的程序免除其职务。

第十四章 退休

第四十五条 监察官的退休制度，根据监察工作特点，由国家另行规定。

第四十六条 监察官退休后，享受国家规定的养老保险金和其他待遇。

第十五章 申诉控告

第四十七条 监察官对人民检察院关于本人的处分、处理不服的，自收到处分、处理决定之日起三十日内可以向原处分、处理机关申请复议，并有权向原处分、处理机关的上级机关申诉。

受理申诉的机关必须按照规定作出处理。

复议和申诉期间，不停止对监察官处分、处理决定的执行。

第四十八条 对于国家机关及其工作人员侵犯本法第九条规定的监察官权利的行为，监察官有权提出控告。

行政机关、社会团体或者个人干涉监察官依法履行监察职责的，应当依法追究其责任。

第四十九条 监察官提出申诉和控告，应当实事求是。对捏造事实、诬告陷害的，应当依法追究其责任。

第五十条 对监察官处分或者处理错误的，应当及时予以纠正；造成名誉损害的，应当恢复名誉、消除影响、赔礼道歉；造成经济损失的，应当赔偿。对打击报复的直接责任人员，应当依法追究其责任。

第十六章 监察官考评委员会

第五十一条 人民检察院设监察官考评委员会。

监察官考评委员会的职责是指导对监察官的培训、考核、评议工作。具体办法另行规定。

第五十二条 监察官考评委员会的组成人员为五至九人。

监察官考评委员会主任由本级监察委员会主任担任。

第十七章　附　则

第五十三条　国家对初任监察官、检察官、法官和取得律师资格实行统一的司法考试制度。国务院司法行政部门会同国家监察委员会、最高人民检察院、最高人民法院共同制定司法考试实施办法，由国务院司法行政部门负责实施。

第五十五条　监察委员会监察辅助人员的管理办法，由国家监察委员会制定。

对监察委员会的行政人员，依照国家有关规定进行管理。

第五十六条　本法自颁布之日起施行。

这是中国法学会"研究阐释党的十八届六中全会精神"重点专项课题"国家监察立法研究"的最终成果。感谢中国法学会和国家 2011 计划司法文明协同创新中心的经费支持。感谢课题组成员的精诚合作。我的学生张倩、张培、何盼盼、贺宁、周佳、王冲参与了课题的部分章节的撰写工作,吴筱微、贺林参与了书稿的后期校对工作,何盼盼对书稿做了全面整理、统稿和校对工作。在此一并表示感谢。

江国华

2018 年 6 月